Weiß · Zuchtpraxis des Imkers in Frage und Antwort

Bereits erschienen:

Bruder Adam, Meine Betriebsweise
Dany, Pollensammeln heute
Englerb, Imkern im Blätterstock
Evenius/Kaeser, Das Honigbuch
Hauck/Küthe/Stute/Wahl, Giftschäden an Bienenvölkern
Herold, Heilwerte aus dem Bienenvolk
Herold/Weiß, Neue Imkerschule
Maurizio/Grafl, Das Trachtpflanzenbuch
Pohl, Die Imkerfibel
Ruppertshofen, Der summende Wald
Ruttner, Zuchttechnik und Zuchtauslese bei der Biene
Weber, Das Wachsbuch
Weiß, Bienen-Pathologie
Weiß, Wochenend-Imker
Weiß, Zuchtpraxis des Imkers in Frage und Antwort

Ehrenwirth Verlag München

Karl Weiß

Zuchtpraxis des Imkers in Frage und Antwort

Königinnenzucht, Drohnenzucht, Futtersaftgewinnung, Paarung, Verwendung, Körung, Zuchtbegriffe

Ehrenwirth Verlag München

CIP-Kurztitelaufnahme der Deutschen Bibliothek

Weiss, Karl:
Zuchtpraxis des Imkers in Frage und Antwort : Königinnenzucht, Drohnenzucht, Futtersaftgewinnung, Paarung, Körung / Karl Weiss. – München : Ehrenwirth, 1986.
  (Imkerfreundbücher)
  ISBN 3-431-02820-9

ISBN 3-431-02820-9

© 1986 by Franz Ehrenwirth Verlag GmbH & Co, KG München
Ohne ausdrückliche Genehmigung des Verlages ist es auch nicht gestattet, das Buch oder Teile daraus auf irgendeinem Wege (fotomechanische Reproduktion, Fotokopie, Mikrokopie) zu vervielfältigen.
Umschlag: Walter Rupprecht-Freigang.
Gesamtherstellung: Pustet, Regensburg
Printed in Germany 1986

Inhalt

	Vorwort	11
I.	**Einleitung**	13
II.	**Die natürliche Vermehrung**	17

Frage 1: Wie macht sich die Schwarmlust im Bienenvolk bemerkbar?   17
Frage 2: Was löst den Schwarm aus?   20
Frage 3: Was ist der Bienenschwarm biologisch gesehen?   21
Frage 4: Was hat es mit der Stillen Umweiselung auf sich?   22
Frage 5: Was geschieht bei der Nachschaffung?   23
Frage 6: Welche äußeren und inneren Unterschiede bestehen zwischen Schwarmzellen, Stillen Umweiselungszellen und Nachschaffungszellen?   25
Frage 7: Worauf gründet sich die »künstliche« Vermehrung?   26

III. Der Umgang mit dem Zuchtstoff   28

Frage 8: Was ist Zuchtstoff?   28
Frage 9: Soll man zur Zucht Eier oder Maden verwenden?   28
Frage 10: Wie stellt man Zuchtbecher aus Wachs her?   29
Frage 11: Wie befestigt man getauchte Wachsnäpfchen am Zuchtrahmen?   30
Frage 12: Haben Wandstärke und Form der Weiselbecher einen Einfluß auf die Zuchtprodukte?   32
Frage 13: Hat die Größe der Weiselwiege einen Einfluß auf die Ausbildung der gezüchteten Königinnen?   33
Frage 14: Was ist der Bogenschnitt wert?   35
Frage 15: Wie gut sind »Zellenschneiden« und »Zellenstanzen«?   36
Frage 16: Gibt es eine »beste« Methode der Zucht aus der Larve?   36
Frage 17: Bevorzugen die Bienen Weiselbecher aus Jungfernwachs vor solchen aus Altwabenwachs?   41
Frage 18: Lassen sich Weiselbecher aus Wachs durch Becher aus Kunststoff ersetzen?   41
Frage 19: Wie steht es um die Wiederverwendung von Kunststoffbechern?   42
Frage 20: Ist es sinnvoll, die Umlarvbehälter vor Zuchtbeginn in das Pflegevolk einzugewöhnen?   43
Frage 21: Bevorzugen die Bienen Larven der eigenen Mutter vor fremden Maden?   44
Frage 22: Gibt es Annahmeunterschiede auf den verschieden plazierten Zuchtlatten des Zuchtrahmens?   44

Frage 23:	Werden Maden auf einem Tropfen Futtersaft lieber angenommen als trocken umgebettete?	45
Frage 24:	Ist »Doppeltes Umlarven« für die Aufzuchtpraxis von Vorteil?	46
Frage 25:	Kann man aus dem Ei züchten – und wie stellt man es an?	47
Frage 26:	Gibt es noch andere Arten der Aufbereitung von Zuchtstoff?	50
Frage 27:	Hat das Alter des Zuchtstoffs einen Einfluß auf den Zuchterfolg?	52
Frage 28:	Bevorzugen nachschaffende Bienen jüngere gegenüber älteren Larven?	55
Frage 29:	Wie empfindlich sind die Zuchtlarven gegen Abkühlung?	55
Frage 30:	Kann man angebrüteten Näpfchen einen längeren Transport zumuten?	56
Frage 31:	Was halten Bieneneier aus?	57
Frage 32:	Wie verschickt man »Eistücke«?	58

IV. Die Weiselpflege 60

Frage 33:	Was veranlaßt ein Volk zur Weiselpflege?	60
Frage 34:	Was ist ein gutes Pflegevolk?	60
Frage 35:	Ist Schwarmlust für die Pflege von Nutzen?	61
Frage 36:	Ist die Enge des Bienensitzes von Einfluß auf die Pflege?	62
Frage 37:	Gibt es veranlagungsbedingte Unterschiede bei den Pflegevölkern?	63
Frage 38:	Ist »Nachlarven« sinnvoll?	63
Frage 39:	Hat das Pflegevolk einen Einfluß auf die Vererbung?	64
Frage 40:	Welches sind die wichtigsten Methoden der Zucht im weisellosen Volk?	64
Frage 41:	Wie notwendig ist die Weiselunruhe für den Zuchterfolg, und welche Gefahren birgt sie?	67
Frage 42:	Was macht man mit der Königin (und Brut) des entweiselten Pflegevolkes?	68
Frage 43:	Was versteht man unter »aufgeteilter Pflege«, und welche Vorzüge hat sie?	69
Frage 44:	Wie gut ist die »Zucht im weiselrichtigen Volk«?	71
Frage 45:	Hat die Größe der Zuchtserie einen Einfluß auf die Ausbildung der Königinnen?	74
Frage 46:	Wie viele Zuchtserien mit optimalen Königinnen kann ein Pflegevolk aufziehen?	76
Frage 47:	Wie lange ist ein entweiseltes, unverjüngtes Volk zur Nachschaffung fähig?	78
Frage 48:	Was soll man vom Anbrütekasten halten?	82
Frage 49:	Warum beschränkt man sich in der Zuchtpraxis nicht auf eine einzige Pflegemethode?	84

	Frage 50: Was hat offene Brut im Pflegevolk zu suchen?	84
	Frage 51: Wie verträgt sich die Weiselpflege mit der Brutmilbenkrankheit?	85
	Frage 52: Was versteht man unter »Integrierter Königinnenzucht«?	86
V.	**Umwelteinflüsse**	**91**
	Frage 53: Sind Honig- und Pollentracht für den Zuchtablauf von Bedeutung?	91
	Frage 54: Soll man während der Weiselpflege füttern?	92
	Frage 55: Hat das Wetter einen Einfluß auf das Zuchtgeschehen?	93
	Frage 56: Welche Bedeutung hat die Jahreszeit für die Zucht?	93
VI.	**Königinnenfuttersaft als Ernteerzeugnis**	**95**
	Frage 57: Wieviel Königinnenfuttersaft produziert ein entweiseltes Pflegevolk in mehrmals aufeinanderfolgenden Pflegeansätzen?	95
	Frage 58: Gibt es zwischen dem »Umlarvalter« der Maden und ihrer nachfolgenden Versorgung mit Weiselfuttersaft eine Beziehung?	99
	Frage 59: Hat die Beschaffenheit der Weiselbehälter einen Einfluß auf die abgelagerte Futtersaftmenge?	99
	Frage 60: Welche Pflegeverfahren sind zur Futtersaftgewinnung geeignet?	101
	Frage 61: Welche Zeitabfolge schreibt die Futtersaftgewinnung vor?	102
	Frage 62: Wie erntet man den Futtersaft aus den Weiselzellen?	103
	Frage 63: Soll man den Königinnenfuttersaft reinigen – und wie bewahrt man ihn auf?	105
VII.	**Schlupf und Paarung der Königinnen**	**107**
	Frage 64: Läßt die äußere Erscheinung der Weiselzelle auf die Güte ihres Inhalts schließen?	107
	Frage 65: Besteht zwischen der unverbrauchten Restfuttermenge in der Weiselzelle und dem Königinnengewicht eine Beziehung?	108
	Frage 66: Was muß man beim Umgang mit gedeckelten Weiselzellen beachten?	110
	Frage 67: Wo sollen die Königinnen schlüpfen: im Begattungsableger, im Pflegevolk oder im Brutschrank?	111
	Frage 68: Wie werden die Weiselzellen verschult?	112
	Frage 69: Soll man die Königinnen mit Begleitbienen schlüpfen lassen?	115
	Frage 70: Wie lange dürfen die Königinnen im Schlupfkäfig bleiben?	117

Frage 71: Wie und wann zeichne ich die Königinnen?	118
Frage 72: Ein- oder Mehrwabenkästchen?	119
Frage 73: Womit füttere ich die Begattungsvölkchen?	126
Frage 74: Ist eine medikamentöse Vorbeugung gegen Nosema sinnvoll?	128
Frage 75: Mit welchen Bienen fülle ich die Begattungskästchen, und wie gehe ich dabei vor?	129
Frage 76: Wie beweisele ich die Begattungsvölkchen, und was geschieht anschließend mit ihnen?	132
Frage 77: Wie und wohin transportieren wir die Begattungsvölkchen?	134
Frage 78: Lassen sich durch Verflug bedingte Königinnenverluste verhindern?	135
Frage 79: Warum ziehen Begattungsvölkchen aus?	137
Frage 80: Was ist vom Begattungsableger zu halten?	138
Frage 81: Was versteht man unter »Schwarmzellenverwertung«, und welchen züchterischen Wert hat sie?	139
Frage 82: Welche Bedeutung hat die instrumentelle Besamung?	142
Frage 83: Welche Termine sind bei einem Zuchtgang zu beachten?	144

VIII. Drohnenaufzucht   145

Frage 84: Wie bekommt man frühzeitig geschlechtsreife Drohnen?	146
Frage 85: Wie viele Drohnen zieht ein Bienenvolk von Natur aus auf?	147
Frage 86: Wie viele Drohnen soll man von einem Drohnenvolk aufziehen lassen?	148
Frage 87: Wie kann man sonst noch zu Zuchtdrohnen kommen?	149
Frage 88: Wie läßt sich die Drohnensaison im Volk verlängern?	151
Frage 89: Was ist eine Belegstelle?	152
Frage 90: Wie sicher ist eine Belegstelle?	153
Frage 91: Wie hält man Drohnenvölker vor ihrem Einsatz auf der Belegstelle drohnenrein?	156
Frage 92: Wie viele Drohnenvölker sollen auf der Belegstelle stehen?	157
Frage 93: Belegstelle oder Belegstand?	158

IX. Nach der Paarung   159

Frage 94: Wann und wie sicher erkenne ich den Paarungserfolg?	159
Frage 95: Was geschieht mit den Begattungsvölkchen nach der Paarung?	160
Frage 96: Wie lange kann man die begatteten Königinnen in den Begattungsvölkchen lassen?	163

Frage 97: Wie versendet man begattete Königinnen? 163
Frage 98: Wo und wie kann man begattete Königinnen aufheben? 167
Frage 99: Soll man die Königinnen »kupieren«? 170
Frage 100: Was ist beim Beweiseln von Wirtschaftsvölkern zu beachten? 171
Frage 101: Gibt es ein bestes Zusetzverfahren? 174
Frage 102: Wie bilde ich einen Brutableger? 174
Frage 103: Wie stelle ich einen Kunstschwarm her? 175

X. Die Körung der Bienen 180

Frage 104: Was versteht man unter der Körung der Bienen? 180
Frage 105: Was ist am Erbgang der Bienen anders als bei anderen Tieren? 181
Frage 106: Mit welchen Bienenrassen haben wir es in Europa zu tun? 182
Frage 107: Welche Eigenschaften zeichnen die wichtigsten europäischen Bienenrassen aus? 183
Frage 108: Welche Grundsätze sind bei der Prüfung auf Honigleistung zu beachten? 186
Frage 109: Wie bestimmt man die Honigleistung? 186
Frage 110: Auf welche Eigenschaften legt man bei der Körung Gewicht, und wie hält man sie fest? 187
Frage 111: Was sind und wie arbeiten Prüfhöfe? 189
Frage 112: Gibt es eine Alternative zu den Prüfhöfen? 191
Frage 113: Warum Merkmalskörung – und worauf kommt es dabei an? 192
Frage 114: Welche und wie viele Bienen werden zur Merkmalskörung eines Volkes gebraucht? 193
Frage 115: Wer kört – und in welchem Zustand sollen die Körbienen sein? 194
Frage 116: Welche Geräte benötigt man zur Merkmalskörung? 195
Frage 117: Was versteht man unter Panzerzeichen, und wie beurteilt man sie? 197
Frage 118: Wie bestimmt man die Haarfarbe? 199
Frage 119: Wie stellt man die Haarlänge fest? 200
Frage 120: Was sind Filzbinden, und wie wird ihre Breite ermittelt? 201
Frage 121: Was versteht man unter dem Cubitalindex, und wie wird er bestimmt? 202
Frage 122: Wie kann man das Ergebnis der Indexmessung veranschaulichen? 205
Frage 123: Wie schreibt man eine Körformel – und was ist das typische Merkmalsbild unserer wichtigsten Bienenrassen? 209

Frage 124:	Soll man auch die Rüssellänge bestimmen – und wie geht man dabei vor?	212
Frage 125:	Wann ist eine Merkmalskörung sinnvoll?	214
XI.	**Definition und Erläuterungen von Begriffen aus der Zucht der Biene**	217
	Register	222

Vorwort

Ein halbes wissenschaftliches Leben lang habe ich mich mit Fragen der Zucht der Biene beschäftigt. Insbesondere war die Zuchttechnik mein Steckenpferd. Ich interessierte mich für alles, was von innen oder außen auf die Ausbildung der Geschlechtstiere einwirkt. Darüber habe ich in zahlreichen Abhandlungen wissenschaftlicher und populärer Art berichtet und eine Zusammenfassung mit Auswertung der reichhaltigen Weltliteratur zu diesem Thema in dem von der Apimondia 1980 herausgebrachten Mehrautorenwerk »Königinnenzucht« gegeben. Dieses Buch ist für den Imker, was Umfang und Detailfragen anlangt, aber eine schwere Kost. Der Anfänger bleibt dabei auf der Strecke. Ich habe mich deshalb in der hier vorliegenden Schrift bemüht, die gesamte Zuchttechnik neu aufzubereiten. Das gewählte Frage- und Antwortspiel soll einerseits der raschen Information, andererseits deren problemlosen Umsetzung in die praktische Zuchtarbeit dienen. Hierfür ist auch die reichliche Bebilderung bestimmt.

Inhaltlich sind Aufzucht und fachgerechte Verwendung der Geschlechtstiere das zentrale Thema. Nur wissenschaftlich Stichhaltiges und praktisch Erprobtes – nicht Spekulationen – werden behandelt. Ein Kapitel ist der Gewinnung von Weiselfuttersaft gewidmet, und auch die Körung der Bienen findet eingehende Berücksichtigung. Im Anhang sind die wichtigsten züchterischen Fachausdrücke zusammengestellt und erörtert.

Längst ist die Zuchttechnik kein Buch mit sieben Siegeln mehr. Nichts Magisches haftet ihr an. Aber die Überwindung alter Traditionen ist nicht leicht. Über der Durchsetzung neuer Wahrheiten vergeht oft mehr als nur *ein* Imkerleben. Ich würde mir wünschen, daß es diesem Buch gelänge, die Mühlen zur Verschrottung überholter Anschauungen und veralteter Praktiken etwas schneller laufen zu lassen, um neuen wissenschaftlichen Erkenntnissen und modernen Techniken Platz zu machen.

Auch in der Zucht gilt wie beim Umgang mit den Bienen schlechthin: Man soll nicht etwas tun, nur um es zu tun, sondern man tue es, weil es notwendig und sinnvoll ist.

Erlangen, im Frühjahr 1986 *Karl Weiß*

I. Einleitung

Die Natur ist eine Züchterin. Sie sorgt für die Vermehrung der von ihr hervorgebrachten Lebewesen und für deren Veränderung. Bei aller Mannigfaltigkeit des Lebendigen, der Schönheit, Bizarrheit und Häßlichkeit des Erschaffenen, besteht eine funktionelle Abhängigkeit alles von allem. Trotz akribischen Studiums der Formenveränderung der Lebewesen in der Erdgeschichte wissen wir nicht, wie sich das Lebendige weiter entwickeln wird. Wir kennen nicht das Ziel, wissen nicht einmal, ob es ein solches gibt. Im Verfolg der Einzelschicksale der Lebewesen wird uns nur vor Augen geführt, daß die Fähigkeit zur Anpassung – im Endeffekt das Überleben – ein wichtiges Auslesemoment der Züchterin Natur darstellt.

Auch wir Menschen züchten. Wir pfuschen sozusagen der Natur ins Handwerk. Wir stützen uns auf das von der Natur Geschaffene und im vorab Ausgelesene. Wir lesen nach unseren Wünschen und Bedürfnissen weiter aus – vermehren, kombinieren und kreuzen. *Die Natur hat Zeit,* sie kann auf Mutationen (Erbsprünge) warten, um neue Formen hervorzubringen. Dabei bleibt vieles auf der Strecke, wird ausgetilgt, weil andere Entwicklungen stärker sind. Das alles vollzieht sich nicht in menschlichen, sondern in erdgeschichtlichen Zeiträumen. *Wir Menschen haben keine Zeit.* Wir haben der Natur die Gesetze der Vererbung abgelauscht und wenden sie nach unserem Ermessen an. Wir züchten, aber *wir züchten in einem viel strengeren Sinn, als die Natur es tut.* Wir lesen strenger aus, wir vermehren ökonomischer, und wir haben ganz bestimmte Ziele, die mit den Ausleseprinzipien der Natur nur wenig gemein haben und ihnen häufig sogar entgegenstehen. Dabei können unsere züchterischen Wünsche sehr verschieden sein, entsprechend den Zuchtobjekten, mit denen wir uns befassen: *Schönheit und Mode* bei den Zierpflanzen, Heim- und Luxustieren, *besondere Fähigkeiten* im Dienste des Sportes, der Jagd oder des menschlichen Schutzes, z. B. bei Hunden, oder einfach *Produktivität,* wie sie auf dem gesamten landwirtschaftlichen Sektor vorrangig gefragt ist. Man denke an die Rekordmilchleistung bei Kühen, die Spitzenlegeleistung bei Hühnern oder den Körnerhöchstertrag beim Getreide.

Bei vielen Nutztieren ist die Zucht auf Produktivität schon längst so weit vorangetrieben, daß dabei wichtige lebenserhaltende Eigenschaften verlorengegangen sind. Die Tiere würden, auf sich selbst gestellt, nicht mehr überleben. Deshalb muß der Mensch den Verlust an Lebenstüchtigkeit durch *Pflegemaßnahmen* ausgleichen. Glücklicherweise gilt das nicht in gleichem Maße für Bienen. Sie bleiben schon aufgrund ihrer Sammeltätigkeit engstens mit der Natur verbunden. Die Hilfestellung des Menschen beschränkt sich, abgesehen von der Bereitstellung einer Wohnung, auf Notfütterungen und auf die Wintereinfütterung, die aber nur deshalb notwendig ist, weil wir den Völkern ihr eigenes Sammelprodukt, den Honig, wegnehmen. Dabei ist es eine kuriose Tatsache, daß die Bienen (unsere Zuchtbienen?) das Zuckerfutter besser vertragen als natürliches Futter, insbesondere das aus später Waldtracht und aus der Heide. Gute Überwinterungsfähigkeit und Widerstandsfähigkeit gegen Krankheiten – ohne Zweifel Zuchtziele der Natur – sind aber auch von seiten des Imkers uneingeschränkt gefragt.

Der Mensch betreibt die Zuchtauslese im Unterschied zur Natur nicht nur mit anderen Zielen, sondern auch in rationellerer Weise. Er will nicht wie die Natur eine Übervermehrung, um bei der Auslese den größten Teil wieder wegzuwerfen, sondern er strebt von vorneherein möglichst große *Gleichmäßigkeit seiner Zuchtprodukte* an. Dabei nützt er deren Verwandtschaftsbeziehungen. Er geht heute aber noch einen Schritt weiter und erstellt planmäßige *Kreuzungen* zwischen züchterisch bearbeiteten Linien und Herkünften. Solange solche Zuchtprodukte nahe genug verwandt sind, d. h., wenn sie wenigstens derselben (geographischen) Rasse angehören, kann man bei intensiver Auslese mit Erfolg davon nachzüchten. Bei Kreuzungen von Herkünften verschiedener Rassen *(Hybridzucht!)* ist eine fortgesetzte Neuerstellung dieser Hybriden notwendig. Man kann von ihnen nicht nachzüchten, weil die Nachkommen stark aufspalten würden und das Ziel, einen einheitlichen überdurchschnittlichen Bestand zu erreichen, nicht zu verwirklichen wäre.

Die Biene eignet sich normalerweise nicht zu dieser letztgenannten Zuchtform. Daran ist ihr besonderes Paarungsverhalten schuld, das wir, soweit es sich in der freien Natur abspielt, nur unvollständig in den Griff bekommen. Einen Ausweg könnte die künstliche Besamung weisen. Aber leider wird die nicht ganz einfache Verfahrenstechnik wohl immer nur von einzelnen, nicht von der breiten Imkerschaft zu bewältigen sein.

Alles, was ich bisher über die Zucht im allgemeinen und in Bezug auf die Biene gesagt habe, kann man präziser mit dem Begriff der »Züchtung« umreißen. Die *Züchtung* verbessert die erbliche Qualität der Biene. Auf einen kurzen Nenner gebracht, umfaßt sie *Auslese und kontrollierte Paarung*. Wenn man so will, ist sie die ideale Komponente der Zucht, die natürlich auch praktische Notwendigkeiten einschließt, wie etwa die praktischen Maßnahmen des Aufbaus und Unterhaltes von *Belegstellen* und die *Körung,* d. i. die Beurteilung der gezüchteten Bienen nach Leistung, Eigenschaften und Körpermerkmalen.

Daneben gibt es noch die zweite, rein *praktische Komponente der Zucht:* Oft spricht man von der »Zucht im engeren Sinn«, besser ist es aber, »Zuchttechnik« oder »Aufzuchtpraxis« dazu zu sagen. Dabei geht es um die Erzeugung der Geschlechtstiere – in erster Linie der Königinnen, aber auch der Drohnen.

Die *Drohnen* sind für die Vererbung ebenso wichtig wie die Königinnen, selbst wenn sie im Schema des Erbganges wegen ihrer Vaterlosigkeit weniger oft auftreten. Die Auslese von Drohnenvölkern (Vatervölker) ist damit eine ebenso wichtige Aufgabe wie die Auslese der Zuchtvölker für die Königinnen, wenn auch andere Gesetzmäßigkeiten dabei zu beachten sind (s. **Frage 105**). Dabei bekümmert die meisten Imker die Technik der Drohnenaufzucht recht wenig. »Die zur Paarung notwendigen Drohnen sind in der Zuchtsaison ja ohnehin vorhanden!« Dennoch: Es gibt genug Situationen, in denen es notwendig erscheint, auf die Drohnenerzeugung und -pflege im Bienenvolk Einfluß zu nehmen. So etwa, wenn es gilt, möglichst frühzeitig Drohnen auf der Belegstelle zu haben – vor allem solche, die auch geschlechtsreif und paarungswillig sind. Auf der anderen Seite kann man mit dem Wunsch, die Zuchtsaison zu verlängern, auch die Drohnensaison verlängern wollen und muß dann wissen, wie man

Abb. 1: Die begattete Königin – der Weisel – ist verantwortlich für die Harmonie und die funktionelle Einheit des Volkes. Sie ist während ihrer Legezeit ständig von einem Hofstaat umgeben.

das zu bewerkstelligen hat. Auch die Bereitstellung möglichst vieler Drohnen aus einer bestimmten begrenzten Völkerzahl kann gelegentlich gefordert sein. Drohnen sind nicht gleich Drohnen – auch körperlich gesehen. Deshalb darf der Züchter die Drohnenaufzucht auf keinen Fall vernachlässigen.

Viel offenkundiger als bei den Zuchtdrohnen ist die Abhängigkeit der körperlichen Ausbildung von der Güte der Aufzuchttechnik bei den *weiblichen Geschlechtstieren*. Diese gehen ja aus den gleichen befruchteten Eiern hervor wie die Arbeitsbienen. Es ist ausschließlich die unterschiedliche Nahrung der Larven, die zur Ausbildung der beiden verschiedenen Bienenwesen führt. Man wird ohne weiteres verstehen, daß Faktoren, die direkt oder indirekt auf die Larvenernährung einwirken, auch die Entstehung und Qualität der Königinnen beeinflussen. Zu der inneren Veranlagung des die Königinnenmaden pflegenden Volkes, zu der kaum beeinflußbaren Einwirkung des Wetters und der Tracht kommt die züchterische Geschicklichkeit des Imkers. Wir müssen damit rechnen, daß abhängig von unterschiedlichen Aufzuchtbedingungen gute und schlechte Königinnen entstehen können. Also müssen wir uns bemühen, Geschlechtstiere von nur bester körperlicher Qualität zu »züchten« (Abb. 1).

Die Aufzucht von Königinnen war in den letzten drei Dezennien weltweit Gegenstand intensiver Forschungsarbeit. Sie hat einen besonderen experimentellen Zweig der Bienenwissenschaft, die *Aufzuchtforschung,* hervorgebracht. Diese Forschungsrichtung hat es sich zur Aufgabe gemacht, alle möglichen Einflüsse auf die Entstehung der Königinnen im »künstlichen« Nachschaffungsverfahren zu untersuchen. Dabei werden auch die althergekommenen Gepflogenheiten in der Aufzuchtpraxis unter die Lupe genommen und auf ihre Zweckmäßigkeit und Berechtigung überprüft. Wir wollen wissen, ob sich alte Arbeitsmethoden ohne Nachteil für die Zuchtprodukte vereinfachen lassen, ob und wo neue Techniken angezeigt sind und was sich überhaupt an Optimalem in der Königinnenaufzucht erreichen läßt. Dabei ist auch der kommerziellen Gewinnung von Weiselfuttersaft ein Kapitel zu widmen.

Schließlich wäre eine Abhandlung der imkerlichen Zuchtpraxis unvollständig, wenn nicht auch der Körung der Bienen auf Leistung, Eigenschaften und Merkmale eine angemessene Rolle zuerkannt werden würde. Die Körung weist indessen bereits hinüber auf das mehr theoretische Gebiet der Züchtung, das nicht mehr Gegenstand dieses Buches ist.

II. Die natürliche Vermehrung

Wenn wir nicht nur imkergerecht, sondern vor allem auch bienengemäß züchten wollen, müssen wir uns zuerst gründliche Kenntnisse über die natürlichen Vermehrungsvorgänge im Bienenvolk aneignen. Sie bilden die biologische Grundlage, auf der die Königinnenzucht aufbaut. Erfolg kann nur haben, wer mit der Natur und nicht gegen sie arbeitet.

Das Bienenvolk mit seinen vielen Gliedern, Arbeiterinnen, Königin und Drohnen, ist mehr als eine Tiergesellschaft. Jedes Einzelwesen ist auf das andere angewiesen, und alle stehen in einer gegenseitigen funktionellen Abhängigkeit zueinander. Der Bienenstaat reagiert als *Wirkungseinheit,* fast wie ein höherer Organismus. In ihm sind alle arterhaltenden Vorgänge perfekt reguliert. Dabei erklärt die von der Königin erzeugte und im Volk verteilte »Königinnensubstanz« vieles, aber bei weitem nicht alles. Das Leben des Bienenvolkes gründet sich auf festgefügte *Erbmuster,* die aber eine hohe *Anpassungsfähigkeit* an die Umwelt zeigen. Das gilt nicht zuletzt auch für das Wachsen, die Vermehrung und die Verjüngung des Volkes.

> **Frage 1:** *Wie macht sich die Schwarmlust im Bienenvolk bemerkbar?*

Wenn man will, kann man bereits die *Erzeugung von Drohnenbau* und *Drohnenbrut* um die Zeit der ersten Frühjahrs(pollen)tracht zu den Vorboten des

Abb. 2: Oft schon im März erscheinen die ersten Drohnen im Bienenvolk.

Abb. 3a, b: Die frühzeitig an den Wabenrändern angesetzten »Spielnäpfchen« (*a*) sind für sich allein noch kein Schwarmanzeichen. Das ändert sich, wenn sie bestiftet werden und Schwarmzellen daraus entstehen (*b*).

späteren Schwarmgeschehens zählen. Die Drohnen sind die Hochzeiter der Königinnen und werden zu nichts anderem gebraucht. Ihr Erscheinen leitet die *Sexualphase* im Leben des Bienenvolkes ein. Mit seltenen, als Anomalien zu bezeichnenden Ausnahmen erzeugt jedes Volk im Frühjahr und Sommer ein paar Hundertschaften Drohnen. Aber die Völker müssen deshalb nicht schwärmen. Die Anwesenheit der Drohnen hat vielleicht mit dem Schwarmwillen, aber nicht mit dem tatsächlichen Schwarmgeschehen etwas zu tun (Abb. 2).

Ähnlich ist es mit den im Mai oft zahlreich an den Wabenrändern angesetzten *Weiselnäpfchen* (Abb. 3a). Diese »Spielnäpfchen«, wie man sie auch nennt, sehen in der Mehrzahl der Fälle niemals ein Ei. Wenn aber in einzelnen Völkern die Königin tatsächlich Eier in die Näpfchen legt und die schlüpfenden Larven

Abb. 4: Typische Schwarmzellen finden sich vornehmlich am Wabenrand.

mit Weiselfuttersaft versorgt werden, ist das Schwarmgeschehen im Gange. Die Plazierung am Wabenrand ist für die *Schwarmzellen* typisch (Abb. 3 b, 4).

Jetzt gehen auch noch andere charakteristische Dinge im Volke vor. Die Königin bestiftet die Arbeiterzellen nur noch zögernd. Die offene Brut wird weniger. Wenn man bei der Durchschau des Volkes die Königin trifft, wird man sich wundern, wie schlank sie geworden ist. Sie ist wegen ihrer Beweglichkeit um diese Zeit auch gar nicht leicht zu finden. Das kommt davon, daß sie von den Ammenbienen auf Schmalkost gesetzt wurde. Sie ist in ihrer Ernährung jetzt hauptsächlich auf sich selbst angewiesen und muß zwangsweise eine Honig-Schlankheitskur durchmachen. Ohne die hochwertige Eiweißnahrung bilden sich natürlich auch ihre mächtigen Eierstöcke zurück – daher die Stockung in der Eiablage. Wenn man zum Zeitpunkt des Heranwachsens der Weiselzellen eine Anzahl von *Stockbienen* aus dem Volk herausfangen und ihr Körperinneres unter die Lupe nehmen würde, könnte man bei vielen eine auffällige Entwicklung der rudimentären Eierstöcke und vergrößerte Futtersaftdrüsen konstatieren. Das hängt damit zusammen, daß die Jungbienen ihren Eiweißüberschuß nicht mehr an die offene Brut loswerden. Außerdem wird man Bienen finden, die mit *prall gefüllter Honigblase* im Stock umherlaufen, was sonst durchaus nicht üblich ist. Sie haben sich schon ungeduldig mit Vorräten für den Schwarmauszug eingedeckt.

Früher, als noch die *Nordbiene* bei uns gehalten wurde, konnte man auch außen am Stock bezeichnende Feststellungen machen: Die schwarmlustigen Bienenvölker ließen in ihrem Sammeleifer nach. Das hurtige Ein und Aus am Flugloch wich einer gewissen Trägheit. Es gab Bienenbärte am Stockeingang (Abb. 5). Wer einen Baurahmen verwendete und regelmäßig ausschnitt, konnte auch an ihm die Unlust der Bienen feststellen. Sie wollten nicht mehr bauen. Wenn diese Anzeichen heute bei der *Carnica-Rasse* auch nicht mehr so deutlich in Erscheinung treten, so sind sie doch vorhanden. Alles in allem stellen wir fest:

Abb. 5: Bei manchen Bienenrassen, so bei der früher weit verbreiteten Nordrasse oder bei dem Rassengemisch der »Heidebiene«, verrieten vorlagernde Bienen den nahenden Schwarm. Die heute gezüchtete Carnica-Rasse zeigt diese Eigenart nicht mehr.

Das Bienenvolk ist in seiner inneren Harmonie gestört, alle seine Kräfte sind jetzt nur auf eines ausgerichtet, auf das Schwärmen.

Sobald die ersten Weiselzellen gedeckelt werden, zieht in der Regel der Vorschwarm mit der alten Königin aus. Er kann die Hälfte der Bienen des Volkes und noch mehr mit sich nehmen. Alle Altersstufen mit Ausnahme der allerjüngsten, erst geschlüpften Bienen, die noch nicht fliegen können, sind vertreten. Später folgen die Nachschwärme mit jungen, unbegatteten Königinnen. Sie setzen sich häufig nicht wie der Vorschwarm in der Nähe des Standes ab, sondern suchen gleich das Weite. Damit haben sie in sehr frühen Zeiten, als es noch natürliche Nistgelegenheiten für die Bienen gab, dafür gesorgt, daß bestimmte Gegenden nicht mit Bienen übervölkert wurden. Heute sind Bienenschwärme, die nicht vom Imker eingefangen werden, meist verloren.

Frage 2: *Was löst den Schwarm aus?*

Fragen wir nach dem *äußeren Anlaß* des Schwärmens, so haben wir gleich eine Vielzahl von Faktoren zur Hand. Wir wissen, daß Völker in *kleinen Kästen* besonders leicht schwarmlustig werden, daß *Mangelzeiten nach guten Trachten* infolge Schlechtwettereinbrüchen die Schwarmlust begünstigen und daß *starkes Pollenangebot* aus Frühjahrstrachten (Raps) schwarmfördernd wirkt (Abb. 6). Wetter- und trachtbedingt ist der Umstand, daß in manchen Jahren viele, in anderen wenige Schwärme fallen. Von Bedeutung ist auch der *Standplatz der Bienen:* Warme Südlage ist Schwarmlage. Das *Alter der Königin* spielt eine

Abb. 6: In der pollenreichen Rapstracht gibt es Honig, aber auch Schwarmlust.

Rolle, z. B. fand man, daß 2jährige Königinnen dreimal so gerne schwärmten wie 1jährige. Aber auch die *Bienenrasse* und sogar die Zuchtauslese innerhalb der Rasse hat mit dem Schwarmverhalten der Bienen etwas zu tun. Die schwarmlustigen Heidebienen und die Kärntner Bauernbienen früherer Zeiten sind dafür gute Beispiele.

Immer wieder hat man versucht, das Problem des Schwärmens auf eine *gemeinsame Ursache* zurückzuführen. Berühmt wurde die Lehre GERSTUNGS von der *Futtersaftstauung,* wonach sinngemäß der mit dem Anwachsen der Jungbienenmasse im Volk gestaute Futtersaft die Schwarmlust fördern solle. Heute glaubt man, daß der Futtersaftüberschuß eher Folge als Ursache des Schwärmens ist. Später wollte man einfach die *Überfüllung des Brutnestes* mit Jungbienen als Ursache des Schwärmens sehen und fand dafür auch Begründungen. In jüngster Zeit neigt man dazu, die Schwarmvorgänge mit der Ausscheidung der *Weiselsubstanz* durch die Königin in Verbindung zu bringen. Ein Nachlassen könnte zum Schwärmen führen.

Es ist jedoch fraglich, ob man das Schwärmen ursächlich überhaupt auf einen einzigen Nenner bringen kann. *Die Veranlagung zum Schwärmen ist in jedem Volk*. Sie gehört schlechthin zur Existenz des Volkes. Ob es nun tatsächlich schwärmt oder nicht, hängt von seiner inneren Bereitschaft und den vorhandenen Umwelteinflüssen ab. Das Volk kann dadurch in einen physiologischen Zustand geraten, der zwangsläufig das Schwarmgeschehen in Gang setzt.

Frage 3: *Was ist der Bienenschwarm biologisch gesehen?*

Wenn *Ameisen* im Herbst schwärmen, dient das ihrer geschlechtlichen Fortpflanzung. Die Schwärme bestehen aus vielen Tausenden von Geschlechtstieren. Die geflügelten Männchen und Weibchen verlassen ihre Nester, meist in gesonderten Schwärmen, und treffen sich in der Luft, wo eine Massenhochzeit anhebt. Die Männchen, überflüssig, wehrlos, unfähig, selbst Nahrung aufzunehmen, gehen danach zugrunde. Die Weibchen werfen ihre Flügel ab, graben sich an passender Stelle eine Höhle und gründen, jedes für sich, einen neuen Staat.

Früher wollte man *das Schwärmen der Bienen* auch als eine Art Hochzeitsflug der Arbeitsbienen deuten. Damit hat der Bienenschwarm aber nichts zu tun. Mit dem Schwärmen der Bienen sind keinerlei geschlechtliche Vorgänge verbunden. Wie beim Zerfall der *Hummel-* und *Wespenstaaten* im Herbst die überlebenden weiblichen Geschlechtstiere entweder schon begattet sein können oder noch nicht, so können auch die *Bienenschwärme* entweder eine begattete (Vorschwarm) oder eine unbegattete Königin (Nachschwarm) enthalten. Die Geschlechtsvorgänge sind bei den Bienen vom Schwarmakt vollkommen getrennt. Der Bienenschwarm ist notwendig, weil die Königin ihre Selbständigkeit verloren hat und beim Abflug aus dem Volk einer Begleitung bedarf. Damit ist das Schwärmen nichts anderes als eine Teilung des Volkes – eine Vermehrung, aber eine *ungeschlechtliche Vermehrung,* vergleichbar etwa mit der Knos-

Abb. 7: Der Bienenschwarm dient der Teilung und Vervielfältigung des Volkes. Er stellt eine Art ungeschlechtlicher Vermehrung dar.

pung bei Polypen und Seerosen oder der Bildung von Ablegern oder Stecklingen im Pflanzenbereich (Abb. 7).

Dagegen steht die *geschlechtliche Vermehrung!* Ihr Ergebnis ist die zahlreiche Nachkommenschaft der Stockmutter: Arbeiterinnen, Drohnen und Königinnen – wahlweise erzeugt, je nach dem herrschenden Bedürfnis im Bienenvolk.

Frage 4: *Was hat es mit der Stillen Umweiselung auf sich?*

Es kommt nicht selten vor, daß sich bei der Königin eines Vorschwarms nach kurzem intensivem Aufleben und fleißiger Eierlegetätigkeit Alterserscheinungen bemerkbar machen. Nicht, daß der Imker das merken müßte – aber den Bienen bleibt es nicht verborgen. Sie bauen irgendwo, meist auf der Mitte einer Wabe, ein paar wenige Weiselnäpfchen, und die alte Stockmutter bestiftet sie. Das Volk schickt sich an, *still umzuweiseln.* Die angesetzten Königinnenzellen sind durch ihre *zentrale Lage* und *geringe Anzahl* (meist sind es nur zwei oder drei oder gar nur eine) gegenüber den zahlreichen in der Regel randständigen Schwarmzellen als *Stille Umweiselungszellen* zu erkennen (Abb. 8). Nur *eine* Königin schlüpft, die anderen Zellen werden früher oder später von den Bienen abgetragen.

Offenbar neigen die Bienen zur Stillen Umweiselung, wenn sie merken, daß es mit ihrer alten Mutter zu Ende geht. Diese ist dann meistens auch schon tot, wenn die Nachfolgerin schlüpft. Nach der Begattung der Jungkönigin geht das Legegeschäft unversehens weiter. Nicht selten kommt es aber vor, daß die alte

Abb. 8: Stille Umweiselungszellen entstehen in der Regel mitten auf der Wabe und nur in einzelnen Exemplaren. Hinter und neben ihnen sind die Arbeiterzellen etwas abgeflacht.

Königin noch lebt, wenn die junge das Licht der Welt erblickt. Die alte ist jetzt aber nicht mehr so streitsüchtig und kampfeslustig wie in ihrer Jugend. Sie zieht sich auf ein paar seitliche Waben zurück und legt dort ihre letzten Eier. Die inzwischen voll im Legegeschäft befindliche Jungmutter kümmert sich nicht um sie. So ist es möglich, daß man in einem solchen Volk gelegentlich zwei legende Königinnen nebeneinander findet. Eines Tages, in der Regel noch vor dem Winter, liegt dann die alte Mutter tot vor dem Stand.

Die Stille Umweiselung ist im Herbst öfter zu beobachten als im Sommer. Sie ist dann auch besonders zweckmäßig, da so späte Schwärme nicht mehr winterständig werden würden.

Es ist nicht ganz einfach, *die Stille Umweiselung zu erklären.* Jeder normale Schwarmablauf dient der Vermehrung und der Verjüngung. Durch die Stille Umweiselung wird nur eine Verjüngung erreicht. Man könnte sich die Stille Umweiselung als eine Rückbildung, *eine Art verkümmerten Schwärmens,* vorstellen. Vielleicht nimmt die Königinnensubstanz nicht in so starkem Maße ab wie bei einem schwärmenden Volk, wodurch auch der Vermehrungstrieb herabgesetzt ist. Für sich allein würde die Stille Umweiselung in kurzer Zeit das Aussterben des ganzen Bienengeschlechtes zur Folge haben.

Frage 5: *Was geschieht bei der Nachschaffung?*

Die Nachschaffung ist die dritte Möglichkeit für ein Bienenvolk, zu einer neuen Königin zu kommen. Sie hat weder mit dem Schwärmen noch mit der Stillen

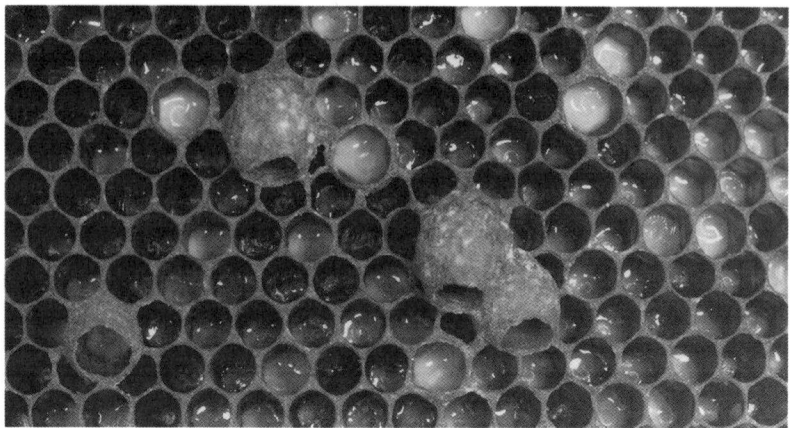

Abb. 9: Ein Volk, das plötzlich seine Königin verliert, beginnt unverzüglich eine Reihe von Arbeitermaden mit Königinnenfuttersaft zu versorgen. Gleichzeitig werden diese Arbeiterzellen ausgeweitet und zu Weiselnäpfen ausgezogen.

Umweiselung etwas zu tun. Ein Bienenvolk, das nachschafft, ist in einer *Notlage,* ausgelöst durch den plötzlichen *Verlust seiner Königin.* Ohne jegliche Vorbereitungszeit ist es von einem auf den anderen Augenblick gezwungen, Arbeiterbrut in königliche Pflege zu nehmen. Dazu weiten die Bienen Arbeiterzellen mit jungen Maden zu Näpfchen aus und beginnen, die Insassen mit Königinnenfuttersaft zu versorgen (Abb. 9). Niemand weiß, nach welchen

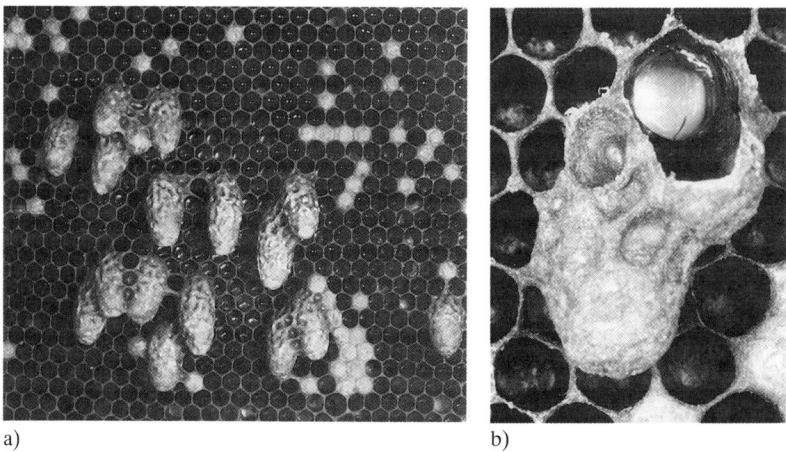

a)   b)

Abb. 10a, b: Nachschaffungszellen sind gewöhnlich über die ganze Wabe verteilt. Sie sind oft unterschiedlich groß und treten in Scharen auf (*a*). Ihren Grundstock bildet stets eine Arbeiterzelle (*b*).

Auswahlkriterien sie dabei vorgehen. Unter den zwei bis drei Dutzend erwählten Maden sind außer jungen auch solche, die mit drei Tagen schon an der Grenze ihrer Umstimmbarkeit angelangt sind. Ganz selten, und nur auf Jungfernwaben, entsteht auch einmal ein Näpfchen über einem Ei. *Nachschaffungszellen* sind meist willkürlich auf der Wabe verteilt (Abb. 10 a). Wenn man eine solche Zelle aufschneidet und ihre Insassin entfernt, kann man deutlich den Ursprung aus der Arbeiterzelle erkennen (Abb. 10 b).

Es läßt sich nicht vorhersagen, in welcher der zahlreich herangezogenen Zellen die spätere Retterin des Volkes entsteht. Da ein nachschaffendes Volk in der Regel nicht schwärmt, muß es alle überflüssigen Zellen beseitigen. Das geschieht, nachdem die künftige Regentin geschlüpft ist und möglicherweise die Zellen ihrer Rivalinnen selbst aufgebissen hat.

Bezeichnenderweise geht die erstschlüpfende Königin nicht aus einer der jüngsten, sondern aus einer älteren Arbeiterlarve hervor, da deren Entwicklungszeit bis zum Schlupf des fertigen Tieres kürzer ist. In der Not will das Volk offenbar so rasch wie möglich wieder Ordnung schaffen. Wir müssen also damit rechnen, daß bei der »natürlichen« Nachschaffung eine kleine, nicht optimal entwickelte Königin die Regentschaft übernimmt. Nicht selten weiseln solche Völker, die zur Notnachschaffung gezwungen waren, später noch einmal still um, oder sie schwärmen, wenn dazu noch Zeit ist.

Während man bei der Fahndung nach den Ursachen von Schwarm und Stiller Umweiselung auf mancherlei Schwierigkeiten stößt, ist die *Erklärung der Nachschaffung* eindeutig. Mit der Königin verschwindet auch der von ihr abgegebene *Weiselstoff* aus dem Volk, und dies ist zweifellos der Grund, weshalb die Bienen mit der Nachschaffung beginnen. Den Weiselstoff kann man nämlich auch von der Königin abwaschen und dem entweiselten Volk auf einer Attrappe darbieten. Man kann sogar eine synthetisch nachgemachte Königinnensubstanz verwenden – dann bleibt die Nachschaffung aus. Auch kommt es nicht zu den bekannten Begleiterscheinungen wie Weiselunruhe und Entwicklung der Eierstöcke bei den Arbeitsbienen.

Es ist schon eigenartig: Nicht die Königin als Person, sondern ein von ihr ausgeschiedener Stoff, Chemie also, ist verantwortlich für die Harmonie im Bienenvolk.

Frage 6: *Welche äußeren und inneren Unterschiede bestehen zwischen Schwarmzellen, Stillen Umweiselungszellen und Nachschaffungszellen?*

Die Antwort auf diese Frage ist strenggenommen bereits in den bisher abgehandelten Fragen enthalten. Ich fasse zusammen:

1. *Äußere Unterschiede*
   a) Schwarmzellen sind verhältnismäßig zahlreich: bei den in Mitteleuropa gezüchteten Bienenrassen (Carnica, Mellifica und Ligustica) etwa zwi-

schen 15 und 30. Sie entstehen hauptsächlich seitlich und unten am Wabenrand.
- **b)** Stille Umweiselungszellen werden meist auf der Mitte der Wabe errichtet und entstehen nur in wenigen (1 bis 3) Exemplaren.
- **c)** Nachschaffungszellen werden, ähnlich wie Schwarmzellen, in reicher Anzahl angesetzt. Sie sind überall verstreut auf den Waben zu finden, vornehmlich jedoch auf jungen Waben.

2. *Innere Unterschiede*
- **a)** Schwarmzellen nehmen ihren Ausgang von eigens dafür gebauten Weiselnäpfchen und beherbergen Insassen, die vom Ei ab königlich gepflegt werden.
- **b)** Stille Umweiselungszellen entstehen ebenfalls über königlichen Zellansätzen (Stille Umweiselungsbecher), welche die Altmutter bestiftet.
- **c)** Nachschaffungszellen fertigen die Bienen durch nachträgliches Ausformen von Arbeitszellen. Ihre Insassen entwickeln sich aus verschieden alten Arbeiterlarven. Im Gegensatz zu den Schwarm- und Stillen Umweiselungsköniginnen, deren Entwicklung von Anfang an königlich ausgerichtet ist, sind Nachschaffungsköniginnen Produkte aus einer nachträglichen Umstimmung von Arbeiterlarven zur Königinnenentwicklung.

Frage 7: *Worauf gründet sich die »künstliche« Vermehrung?*

Das Wort »künstlich« wäre wohl besser mit »betriebswirtschaftlich« zu ersetzen, denn sowenig es künstliche Königinnen gibt, ebensowenig kann man von einer künstlichen Königinnenerzeugung sprechen. Es trifft jedoch zu, daß ein Bienenvolk, welches man zur Aufzucht benützen will, nicht immer von voneherein dazu bereit ist. Man muß es erst dazu veranlassen oder auch regelrecht zwingen. Das Volk reagiert dann aber auf entsprechende Maßnahmen stets in einer seiner Natur gemäßen Art und Weise.

Ein unwiderstehliches Muß zur Königinnenpflege hat die Entweiselung des Volkes zur Folge. Auf diesem Weg werden weltweit auch die meisten Königinnen gezüchtet. Die entstehenden Weisel sind *Nachschaffungs-Königinnen* – wenn auch nicht irgendwelche. Durch züchterische Kunstgriffe wird das Volk gezwungen, Maden bestimmter Herkunft, bestimmten Alters und in bestimmter Darbietungsweise in Pflege zu nehmen. So erreicht man, daß das Volk auch tatsächlich optimale Königinnen großzieht.

Daneben gibt es die *Pflege im weiselrichtigen Volk*. Wenn ein weiselrichtiges Volk ohne Schwarmabsichten Weiselzellen ansetzt, ist es mit seiner Königin nicht zufrieden und will meist still umweiseln. Mitunter findet man aber auch Nachschaffungszellen in einem solchen Volk. Diesen Zustand kann man gewollt herbeiführen. Man braucht nur den Zugang der Bienen zur Königin zu behindern, was am einfachsten durch ein Absperrgitter geschieht. Die Bienen jenseits des Absperrgitters entwickeln einen »gedämpften« Nachschaffungstrieb und setzen auf der vorhandenen offenen Brut Nachschaffungszellen an. In der Regel sind es nur sehr wenige, aber man kann den Anreiz verstärken, indem man vorgefertigte Weiselnäpfchen mit umgebetteten Larven bietet. Obgleich auch dann erfahrungsgemäß nur mit einer beschränkten Annahme zu rechnen ist, genügt sie, eine Pflegemethode darauf zu gründen.

Heute ist es nicht mehr zunftgerecht, *Schwarmvölker* zur Königinnenaufzucht zu verwenden. Theoretisch könnte man ein vermehrungswürdiges Volk durch Enghalten in den Schwarmzustand versetzen und die entstehenden Schwarmzellen verwerten – aber der Nachteile sind zu viele. Abgesehen davon, daß man das gute Volk lieber zur Honiggewinnung verwenden sollte, anstatt es in der Zucht zu verschleißen, gibt es auch noch andere Argumente gegen ein solches Verfahren, worüber unter **Frage 81** gesondert berichtet wird. Die Verwendung von Zellen eines zufällig schwarmlustig gewordenen Volkes verbietet sich schon deshalb, weil man die Tendenz »Schwarmlust« nicht auch noch vermehren will.

Obgleich die Schwarmlust nichts mit der Nachschaffungszucht zu tun hat, weiß man, daß besonders schwarmlustige Herkünfte in der Regel auch sehr annahmefreudig für gebotenen Zuchtstoff sind. Ein Beispiel geben die Heidebienen. Früher ließen sich manche Züchter Völker aus der Lüneburger Heide eigens zum Zwecke der Königinnenzucht kommen. Man mußte sich aber hüten, etwas von dem Erbgut in die eigene Zucht hineinzubringen. *Schwarmträgheit ist ein Zuchtziel, das man nicht hoch genug einschätzen kann.*

III. Umgang mit dem Zuchtstoff

Mit der Zucht der Biene bemühen wir uns, den Völkerbestand zu *verjüngen* und zu *vermehren*. Indem wir optimale Aufzuchtbedingungen für die Geschlechtstiere schaffen, sorgen wir für ihre bestmögliche körperliche Ausbildung. Wir wollen aber auch *erblich bestveranlagte Tiere* haben. Das bedeutet, daß wir nicht von irgendwelchen Völkern nachziehen, sondern nur von solchen, die der Vermehrung würdig sind. Was man genau darunter versteht, wird in Kapitel X über Körung zu erörtern sein.

Zuchttechnisch gesehen, bezeichnet man ein nachzuchtwürdiges Volk als »Zuchtvolk«, ein Volk, das die Aufzucht der Königinnen besorgt, als »Pflegevolk«. In diesem Abschnitt geht es uns zunächst nur um das Zuchtvolk oder besser: um das, was aus dem Zuchtvolk kommt, den *Zuchtstoff*. Was versteht man darunter, und was wird mit ihm gemacht?

Frage 8: *Was ist Zuchtstoff?*

Die Antwort hierauf läßt sich mit einem Satz sagen: *Unter Zuchtstoff versteht man befruchtete Eier oder jüngste – bis äußerstenfalls 1½ Tage alte – Arbeiterlarven, die aus einem nachzuchtwürdigen Volk stammen.* Der Zuchtstoff wird in besonderer Form dem Pflegevolk zur Aufzucht von Königinnen beigegeben. Über die möglichen unterschiedlichen Aufbereitungsarten des Zuchtstoffs soll im nachfolgenden gesprochen werden.

Frage 9: *Soll man zur Zucht Eier oder Maden verwenden?*

Diese Frage hat eine technische und eine biologische Seite. Wenn man bedenkt, daß die Entstehung von Arbeitsbienen und Königinnen allein auf ihre unterschiedliche Ernährung gründet und daß bei der Nachschaffung Arbeitermaden erst nachträglich in königliche Pflege genommen werden, möchte man *das von Anfang an zur Königin bestimmbare Ei* für den »besseren« Zuchtstoff halten. Die Königinnenzucht ist aber Nachschaffungszucht, bei der die Zuchtstimmung in der Regel durch Entweiselung des Pflegevolkes oder zumindest durch Einschränkung der Wirkung des Weisels im Volke herbeigeführt wird. Nachschaffungszellen setzen die Bienen immer über Maden, fast niemals über Eiern an. Technisch gesehen ist denn auch die Zucht aus der Larve relativ einfach zu bewältigen, während die Zucht aus dem Ei auf allerlei Schwierigkeiten stößt (s. **Frage 25**). Aber auch der biologische Vorteil der Zucht aus dem Ei ist nicht überzeugend, zumindest läßt sich der wissenschaftliche Nachweis, daß die aus dem Ei gezogenen Königinnen höherwertig seien als die aus der Made gezogenen, nicht antreten (s. **Frage 27**).

Die Zucht aus der Larve ist die klassische Methode der Königinnenzucht. Sie wird von allen namhaften Züchtern geübt und kennt in der Weltbienenzucht bisher keine echte Alternative. Wir werden uns deshalb auch zuerst mit ihr beschäftigen.

Frage 10: *Wie stellt man Zuchtbecher aus Wachs her?*

Die meistgeübte Art und Weise des Züchtens aus der Larve ist ihre Übertragung aus der Arbeiterzelle in ein künstliches Weiselnäpfchen. Der Begriff »künstlich« in diesem Zusammenhang ist allerdings zweideutig, da es heute für die Zucht neben Bechern aus Wachs auch solche aus Kunststoff gibt. Man sollte deshalb lieber von künstlichen Wachsbechern sprechen.

Auch heute noch stellen die meisten Imker ihre Zuchtbecher selbst her und folgen dabei einer Anleitung von Prof. ZANDER. Wichtigstes Arbeitsgerät ist dabei das *Formholz*. Es ist ein Stäbchen aus Hartholz mit gerundetem, fein poliertem Ende. Sein Durchmesser muß nach neueren Erkenntnissen 9 mm betragen (s. **Frage 13**). Sofern man nicht mit ganzen Batterien solcher Formhölzer arbeitet, sollte man wenigstens zwei davon besitzen. Sie müssen eine Weile vor Beginn der Arbeit in kaltem Wasser stehen, um gut durchzunässen. Nach Abschütteln des Wassertropfens taucht man das Formholz bis zu einer angegebenen Marke in flüssiges, nicht zu heißes Wachs (ca. 80 °C), zieht es rasch wieder heraus, schleudert das überschüssige Wachs ab und taucht ein zweites Mal ein, um die entstandene dünne Wachsschicht zu verdicken. Das dritte Mal taucht man nur noch bis zur Hälfte, damit der Boden verstärkt wird. Nach kurzer Abkühlung in kaltem Wasser zieht man die erstarrte Wachshülle unter leicht drehender Bewegung vom Formholz ab (Abb. 11 a, b). Danach stellt man das Formholz ins kalte Wasser zurück und taucht mit dem anderen Formstab ein neues Näpfchen. Sollte sich einmal ein Becher nicht oder nur unvollständig vom Holz ablösen, muß man die Wachsrückstände mit einem Lösmittel und einem Lappen beseitigen. Meist verwendet man dazu das nicht feuergefährliche, aber giftige Benzinoform (Tetrachlorkohlenstoff). Man vermeide es, die Dämpfe einzuatmen. Ein Hilfsmittel bei der Herstellung von Wachsbechern ist eine durchgeschnittene rohe Kartoffel. Wenn man vor dem ersten Eintauchen in das Wachs das Formholz bis zur Tauchmarke in die Schnittstelle der Kartoffel hineindrückt (Abb. 11 c), kommt es nur noch selten vor, daß sich einmal ein Näpfchen nicht vom Holz abdrehen läßt. Der Saft der Kartoffel wirkt als Lösmittel.

Manche Imker rationalisieren die Arbeit des Näpfchentauchens, indem sie mehrere Formhölzer zu einem »Tauchblock« zusammenschließen. Auf dem 27. Apimondia-Kongreß 1979 in Griechenland sah ich ein russisches Patent, bei dem eine Reihe nebeneinander angeordneter Gummizitzen durch Aufblasen mit Luft versteift wurde. Nach dem Tauchen in flüssiges Wachs ließ man die Luft heraus, wonach sich die Näpfchen leicht abziehen ließen. Sicher gibt es noch andere kuriose Erfindungen zu diesem Thema.

Abb. 11a–c: Beim Tauchen der Wachsbecher folgt man dem Schema: einmal ganz, einmal halb und einmal nur den Boden (*a*). Nach kurzem Wasserbad wird der Weiselbecher vom Holz abgedreht (*b*). Wenn man das Formholz vor dem neuerlichen Eintauchen in das flüssige Wachs in eine aufgeschnittene Kartoffel hineindrückt (*c*), löst sich das nächste Näpfchen spielend ab.

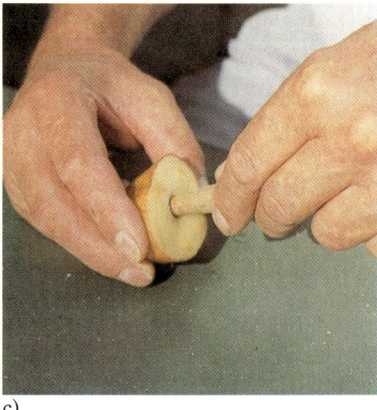

Frage 11: *Wie befestigt man getauchte Wachsnäpfchen am Zuchtrahmen?*

Der *Zuchtrahmen* ist ein leeres Rähmchen mit zwei oder drei Querlatten, die um die Längsachse drehbar sind oder zum Herausnehmen in seitlichen Nuten lagern (Abb. 33). An diesen »Zuchtlatten« sollen die Näpfchen im gleichen Abstand von ca. 2 cm hintereinander aufgereiht werden. In der Regel befestigt man sie aber nicht direkt an der Holzleiste, sondern an *Holzstopfen,* die ihrerseits an den Zuchtlatten festgemacht werden. Letzteres geschieht zuerst: Man taucht die Holzstopfen mit ihrer Kopfseite in flüssiges Wachs und drückt sie rasch auf die waagrecht liegende Zuchtlatte. Ebensogut kann man Mittelwandstückchen auf die Zuchtlatte legen, sie mit einem Skalpell erwärmen und den Stopfen daraufdrücken.

Abb. 12a–c: Die an den Zuchtlatten des Zuchtrahmens befestigten Holzstopfen werden mit Wachs gefüllt (*a*). Man kann aber auch nur etwas Mittelwandwachs in die Höhlung drücken (*b*). Während man die Wachsfüllung mit einem erhitzten Metallhaken flüssig macht, wird der Weiselbecher unter Zuhilfenahme des Formholzes aufgesetzt (*c*).

a)

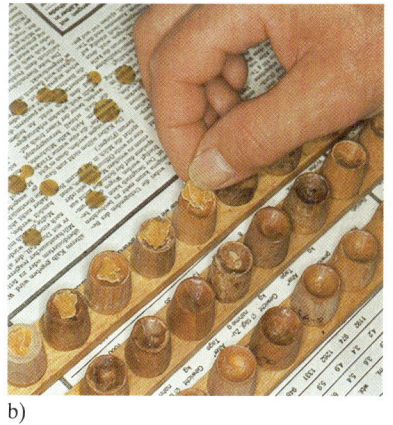
b)

c)

Die verjüngten Enden der Stopfen haben eine leichte Aushöhlung. Da hinein gießt man mit Hilfe eines *Wachshebers* eine kleine Menge flüssiges Wachs (Abb. 12 a). Man kann auch nur ein Stückchen Mittelwand hineindrücken (b). Nach Erwärmung der Wachsfüllung mit einem erhitzten *Metallhaken* setzt man die Weiselbecher unter Verwendung des lose eingeführten Formholzes auf (Abb. 12 c). Einen fertigen Zuchtrahmen zeigt Abb. 13. Die Holzstopfen sind später beim Verschulen der Weiselzellen besonders praktisch (s. **Frage 68**). Je nach der späteren Verwendungsart der Weiselzellen kann man aber auch andere Unterlagen für die Wachsbecher auswählen. Beliebt sind kleine quadratische Holzplättchen; manchmal werden die Näpfchen auch direkt an den Zuchtlatten angelötet (Abb. 14).

Abb. 13: Fertiger Zuchtrahmen mit getauchten Wachsbechern an Holzstopfen.

Frage 12: *Haben Wandstärke und Form der Weiselbecher einen Einfluß auf die Zuchtprodukte?*

Die mit Hilfe des Tauchverfahrens hergestellten Weiselbecher haben in Randnähe eine Stärke von 0,3 mm. Der Boden ist dicker – muß es auch sein, damit die Becher problemlos an der Unterlage festgelötet werden können.

In *Amerika* stellt der Imker die Wachsbecher zur Weiselaufzucht in der Regel nicht selbst her, sondern bezieht sie vom Fachhandel. Diese Becher sind

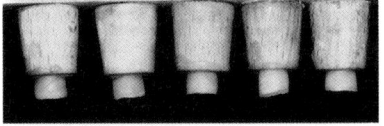

Abb. 14: Neben den Holzstopfen (unten) werden auch Holzplättchen zur Befestigung der Weiselwiegen verwendet (Mitte). Mitunter genügt die direkte Befestigung an der Latte (oben).

 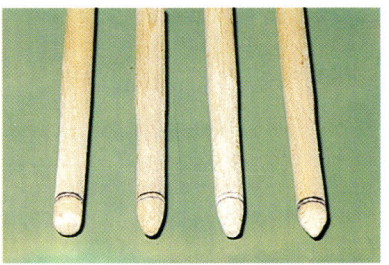

Abb. 15: »Zander-Becher« neben amerikanischem Preßbecher.

Abb. 16: Formhölzer zur Herstellung von Wachsbechern mit verschieden geformten Böden.

gewöhnlich im *Preßverfahren* hergestellt. Es sind sehr grobe Näpfe, die eine bis zu 2 mm starke Wandung haben. Sie sind wie die nach dem *Zanderschen Verfahren* getauchten Becher etwa 8 mm tief (Abb. 15).

Es ist ein leichtes, verschieden tiefe Becher zu tauchen. Ich stellte Becher von weniger als 5 bis zu 15 mm Tiefe her. Außerdem gab ich mit Hilfe entsprechend geformter Tauchhölzer dem Becherboden verschiedene Gestalt; ich machte ihn rund, kegelförmig oder ganz eben (Abb. 16). Die verschiedenen Varianten von Weiselbechern aus Wachs habe ich in einer langen Reihe vergleichender Aufzuchtversuche getestet. Mit Ausnahme von sehr flachen (unter 5 mm tiefen) Bechern, die von den Bienen abgelehnt wurden, hatten alle anderen Formkriterien keinen Einfluß auf das Aufzuchtergebnis. *Wandstärke, Bodenausprägung und Tiefe sind weder für die Annahme der Zellen noch für die Ausbildung der darin erbrüteten Königinnen von Bedeutung.*

> **Frage 13:** *Hat die Größe der Weiselwiege einen Einfluß auf die Ausbildung der gezüchteten Königinnen?*

Anstatt in künstliche Weiselbecher umzularven, belassen manche Imker die Maden in den Arbeiterzellen und geben diese in irgendeiner Form ins Pflegevolk (s. **Fragen 14** u. **15**). Die Arbeiterzellen sind jedoch erheblich kleiner als natürliche oder künstliche Weiselbecher. Auch wenn sie von den Bienen nachträglich ausgeweitet werden, ist es nicht sicher, ob die darin aufgezogenen Königinnen ebenso groß werden wie die in den größeren Weiselbechern erbrüteten.

Da ich es genau wissen wollte, wie es mit dem Größenwachstum der Königinnen bestellt ist, belarvte ich Arbeiterzellen (bebrütete und unbebrütete), bebrütete Drohnenzellen sowie künstliche Weiselbecher aus Wachs mit 8, 9 und 10 mm innerem Durchmesser mit gleichaltrigen Maden. Die verschiedenen Aufzuchtbehälter kamen dann in einer Reihe von Zuchtansätzen nebeneinander in das Pflegevolk.

Es zeigte sich, *daß die Königinnengewichte mit der Größe der Weiselwiegen zunahmen.* Am leichtesten waren die Königinnen aus bebrüteten Arbeiter- und Drohnenzellen. Die Bienen schienen die mit den Kokongespinsten austapezierten Zellen nicht genügend ausweiten zu können. Unbebrütetes Zellenmaterial war besser geeignet. Die Zellen wurden nicht nur tiefer ausgeweitet, sondern auch rascher aufgezogen (Abb. 17). Leider ist unbebrütetes Wabenmaterial empfindlicher und deshalb auch bedeutend schwieriger zu bearbeiten als bebrütetes. Die größten Königinnen gingen aus künstlichen Wachsbechern hervor. Königinnen aus 9 mm weiten Bechern waren denen aus 8 mm weiten gewichtsmäßig noch etwas überlegen. Wenn man reife, über verschiedenartigen Weiselwiegen entstandene Königinnenzellen aufschneidet, kann man nicht nur den unterschiedlichen Erfolg beim Ausweiten der Näpfchen, sondern auch Unterschiede in der Futtersaftversorgung feststellen (Abb. 18).

Näpfchen mit 10 mm und größeren innerem Durchmesser versuchten die Bienen durch Einziehen von Trennwänden wieder zu verkleinern (Abb. 19). Außerdem wurden diese Näpfchen gegenüber kleineren Behältern schlecht angenommen.

Die für die Praxis entscheidende Aussage aus diesen Versuchen lautet: *Optimale Aufzuchtbehälter haben eine innere Weite von 9 mm.*

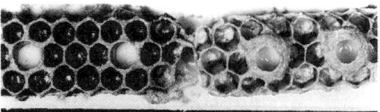

Abb. 17: »Nachschaffende Bienen« formen die Arbeiterzellen an einem unbebrüteten Wabenstreifen rascher und tiefer um (rechts) als an einem bebrüteten (links).

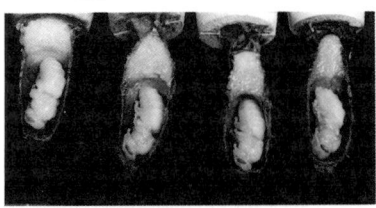

Abb. 18: Die längsgeschnittenen Weiselzellen, welche nebeneinander im gleichen Pflegevolk aufgezogen wurden, sind (von links nach rechts) aus einem Weiselbecher mit 9 mm Durchmesser, einer unbebrüteten, einer einmal und einer fünfmal bebrüteten Arbeiterzelle hervorgegangen. Mit der Abnahme der Behälterweite nimmt (als Ausdruck der wachsenden Schwierigkeit beim Umformen) auch die abgelagerte Futtersaftmenge ab.

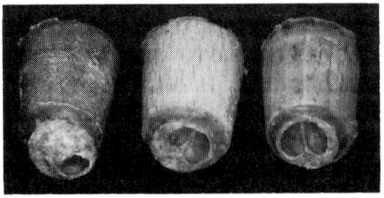

Abb. 19: Zu große Zuchtbehälter verkleinern die Bienen durch Einfügen von Trennwänden.

Abb. 20: Der Bogenschnitt ist zur Aufbereitung des Zuchtstoffes nur bedingt geeignet (s. Text). Vor allem verwende man keine wiederholt bebrütete Wabe dazu.

Frage 14: *Was ist der Bogenschnitt wert?*

Die nachgewiesene Abhängigkeit der Größe der gezüchteten Königinnen von der Beschaffenheit der Weiselwiegen hat mancherlei praktische Konsequenzen. Dem Anfänger wird häufig geraten, an einer Wabe mit jüngster offener Brut aus dem Zuchtvolk einen sogenannten *Bogenschnitt* auszuführen. Die Bienen setzen die Weiselzellen vorwiegend am Schnittrand der Wabe an. Wenn man die Larven vorher durch Zerquirlen mit einem Hölzchen etwas auslichtet, kann man die Zellen später bequem abschneiden (Abb. 20).

Aber es gibt Einwände: Obwohl die Hauptmasse der Weiselzellen gleich nach Erscheinen der »Wabe mit dem Bogenschnitt« in Pflege genommen wird, können nach ein, zwei und gelegentlich sogar drei Tagen noch Nachzügler hinzukommen. Besonders bei bebrüteten älteren Waben muß man damit rechnen, daß Weiselzellen auch über relativ *betagten Maden* entstehen. Sie sind meist, wenn auch nicht immer, etwas höher auf der Wabe angesetzt. Da die zuerst angenommenen Zellen mit den jungen Maden nicht früher gedeckelt werden als die über älteren Larven errichteten, kann man auch aus dem Deckelungszeitpunkt keinen Rückschluß auf das Ausgangsalter der Larven ziehen. Das ist der eine kritische Aspekt des Bogenschnitts, der andere betrifft die Größe der Weiselwiege. Die Weiselzellen entstehen durch Umbildung von Arbeiterzellen. Besonders bebrütete Arbeiterzellen setzen der Ausweitung durch die Bienen einen erheblichen Widerstand entgegen, so daß, wie wir in **Frage 13** gehört haben, *kleinere Königinnen* entstehen können.

Wenn man den Bogenschnitt in der Königinnenzucht als eine Art *Notlösung* gelten lassen will, sollte man wenigstens darauf achten, *daß er an unbebrüteten Waben durchgeführt wird*.

Frage 15: *Wie gut sind »Zellenschneiden« und »Zellenstanzen«?*

Auch dieser früher häufig und heute noch mitunter geübten Praxis der Aufbereitung des Zuchtstoffs ist mit Skepsis zu begegnen. In der Regel werden *einreihige Zellenstreifen* mit einem in heißem Wasser angewärmten Messer aus der Zuchtwabe geschnitten und anschließend in *Einzelzellen* aufgeteilt. Man kann aber auch gleich einzelne Zellen aus der Wabe herausstanzen, wozu sich die *»Schweizer Zellenstanze«* gut eignet (Abb. 21). Es ist üblich, mit bebrütetem Wabenmaterial zu arbeiten. Dadurch provoziert man aber die Entstehung kleiner Königinnen (s. **Frage 13**). Man müßte mit *unbebrüteten* Waben arbeiten, um die Bedingungen der Aufzucht günstiger zu gestalten. Solche Waben sind jedoch empfindlich, und es ist nicht leicht, das Zellenmaterial unbeschädigt in Klemmstopfen oder an Klemmfedern zu befestigen. Klemmstopfen (Abb. 22 a) sind der Länge nach durchgeschnittene Holzstopfen, deren beide Hälften mit einem ringsum verlaufenden Gummiring zusammengehalten werden. Die Schnittflächen sind im oberen Teil des Stopfens etwas abgeschrägt, so daß sich der Stopfen beim Zusammendrücken schnabelartig öffnet. Wenn man die ausgeschnittenen – oder gestanzten – Zellen mit der Gegenseite in den Stopfen festgezwickt hat, werden diese wie massive Holzstopfen an der Zuchtlatte angelötet (s. **Frage 11**). Besonders in Österreich sind zum Befestigen der Zellen Klemmfedern beliebt. Das sind zungenartige Stahlfedern, die an vertikal gestellten Zuchtlatten, den »Federleisten«, angenagelt sind. Sie halten die Zellen zwischen sich und der Leiste fest (Abb. 22 b).

Statt einzelner Zellen werden vielfach auch einreihige oder mehrreihige Zellenstreifen verwendet. Ein Zellverband läßt sich nicht so leicht zusammendrücken wie eine Einzelzelle. Zur Befestigung der Streifen bieten sich Zuchtrahmen mit *Klemmleisten* an (Abb. 23). Natürlich muß man die Larven gehörig auslichten, damit die entstehenden Weiselzellen später nicht zusammenwachsen und dann nur schwierig voneinander zu trennen sind.

Fazit: Zellenschneiden und Zellenstanzen unter Verwendung bebrüteter Waben lassen keine optimalen Zuchtprodukte erwarten. Es wäre besser, mit kleinen *Zellverbänden aus vorher unbebrütetem Wabenmaterial* zu arbeiten. Zuchtstoff und Arbeitsaufwand bei diesem Verfahren entsprechen den Verhältnissen bei der Zucht aus dem Ei. Infolgedessen wird man sich fragen, ob man nicht lieber gleich aus dem Ei züchten sollte (s. **Frage 25**).

Frage 16: *Gibt es eine »beste« Methode der Zucht aus der Larve?*

Die Antwort ist ein eindeutiges »Ja«. Alle großen Züchter kennen die Methode und wenden sie an. Die Weltbienenzucht gründet sich auf sie. Sooft sie auch angegriffen wird, sie ist nicht zu erschüttern. Die Wissenschaft hat sich gründlich

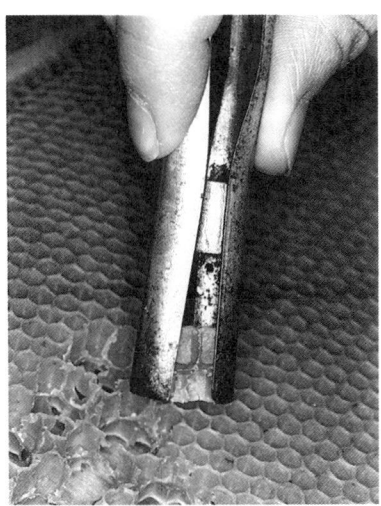
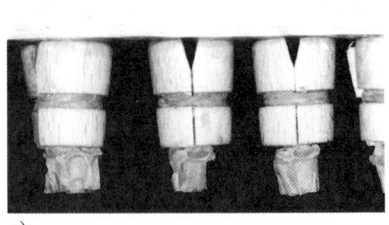

a)

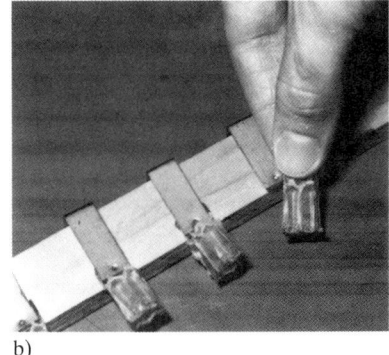

Abb. 21: Die »Schweizer Zellenstanze« besteht aus zwei federnd miteinander verbundenen Zylinderhälften aus Stahlblech. Sie wird in heißem Wasser angewärmt, zusammengepreßt und um die ausgewählte Zelle durch die liegende Wabe gestoßen.

b)

Abb. 22a, b: Einzelne Zellen oder kleine Zellgruppen kann man in handelsüblichen Klemmstopfen festzwicken (*a*) oder hinter Stahlfedern an Federleisten befestigen (*b*).

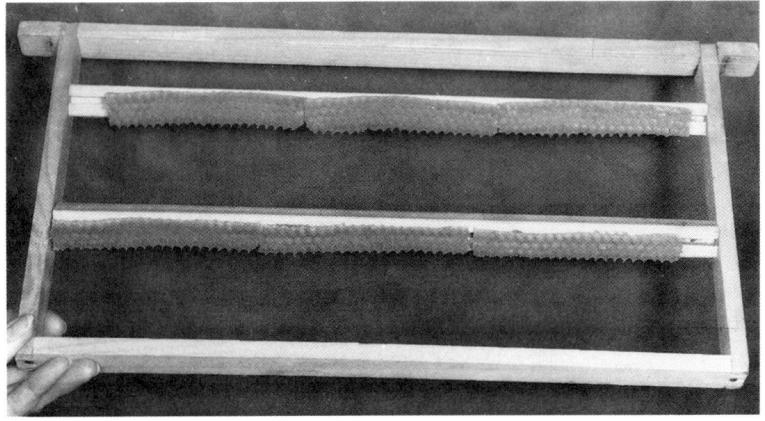

Abb. 23: Für Wabenstreifen benützt man häufig Zuchtrahmen mit Klemmleisten. Entweder werden die Streifen mit einem losen Stab in einen Falz der Zuchtlatte eingezwängt, oder die Zuchtlatte besitzt zwei durch Scharniere verbundene Leistenbacken (Bild).

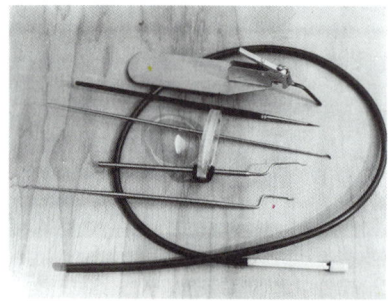

Abb. 24: Die Auswahl der Umlarvgeräte ist groß. Mit Ausnahme des Saugschlauches mit dem feinen Nylonnetzchen im Endstück sind alle anderen Hilfsmittel für manuelle Übertragung der Larven eingerichtet.

Abb. 25: Nichts ist einfacher und zur Übertragung der Maden besser geeignet als der Umlarvlöffel. Mit der vorne geknieten Version, die als »Schweizer Umlarvlöffel« bekannt ist, kann man die Maden ohne Einkürzen der Zellen aus der Wabe holen.

Abb. 26: Wenn das Löffelchen des Schweizer Umlarvgerätes die Made von der Rückseite aufnimmt, ragen ihre Enden zu beiden Seiten über den Löffelrand hinaus. So läßt sie sich leicht auf dem Boden des Weiselbechers abstreifen.

mit ihr auseinandergesetzt (s. **Frage 27**). Gemeint ist *die Methode des Umlarvens,* d. h. die Übertragung von jüngsten Arbeiterlarven mit Hilfe eines Umlarvgerätes aus Arbeiterzellen in künstliche Weiselbecher.

Die wahlweise zum Umlarven angebotenen Geräte sind zahlreich (Abb. 24), keines kommt aber in Einfachheit und Zweckmäßigkeit dem *Schweizer Umlarvlöffel* gleich. Der Metallstab mit dem feinen Löffelchen am Ende ist an zwei Stellen geknickt, so daß man bei der Arbeit leicht auf den Grund der Zelle schauen kann (Abb. 25). Es ist deshalb nicht notwendig, die Zellen der Wabe einzukürzen. Das Löffelchen hat genau die Größe, um das richtige Larvenalter aufzuladen (Abb. 26). Ältere (zu große) Maden können sich darauf nicht halten.

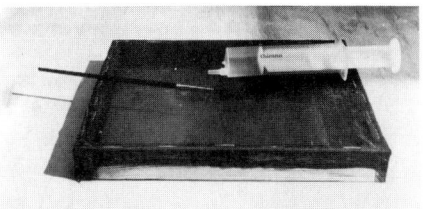

Abb. 27: Nach einer tschechischen Methode wird die Zuchtwabe mit den jungen Larven mit Wasser aufgefüllt und auf ein engmaschiges, schwarzes, auf einen Rahmen gespanntes Nylonnetz ausgeschlagen. Die auf dem Netz liegenden Larven überträgt man mit einem feinen Haarpinsel in die Weiselnäpfchen.

Nichts anderes als ein abgewandelter Umlarvlöffel ist jenes aus *Amerika* stammende und als *Master-queen-grafting-tool* bezeichnete Instrument, dessen wichtigster Bestandteil ein gebogenes flaches Metallröhrchen ist, aus dem durch leichten Druck auf einen Hebel eine Metallzunge ausfährt. Damit wird die Larve von ihrem gebogenen Rücken her aufgeschaufelt (in Abb. 24 oben). Etwas stärker abgewandelt ist die Methode mit dem *Umlarvschlauch,* die offenbar in der DDR größere Anhängerschaft gefunden hat: Im Endstück eines dünnen, etwa 20 cm langen Plastikschlauches steckt ein stabiles kurzes Kunststoffröhrchen, dessen vordere Öffnung mit einem feinen Nylongewebe (Damenstrumpf) überspannt ist (in Abb. 24). Man führt das Röhrchen in die Arbeiterzelle ein, und indem man am anderen Ende des Plastikschlauches saugt, wird die Made an das Nylongewebe gezogen. Nach Übertragung in den Weiselbecher pustet man leicht in den Schlauch, wodurch sich die Made ablöst und auf dem Boden des Bechers zu liegen kommt. Noch radikaler ist ein Verfahren, das in der *Tschechoslowakei* entwickelt worden ist. Dabei werden die Bezirke der Zuchtwabe, in denen sich die umzubettenden Larven befinden, mit Hilfe einer großen Injektionsspritze oder einer feindüsigen Zimmergießkanne mit Wasser gefüllt und anschließend auf einen mit schwarzem Nylongewebe bespannten Holzrahmen ausgeklopft. Die Maden sind auf dem Gewebe leicht erkennbar. Sie werden von hier aus durch einfaches Antupfen mit einem feinen Haarpinselchen in die Weiselbecher übertragen (Abb. 27). Es ist schon erstaunlich, auf welch seltene Einfälle manche Imker kommen, nur um das im Grunde doch so einfache Umbetten der Larven mit Hilfe des Umlarvlöffels zu umgehen (s. dazu auch **Frage 26**).

Eine unschätzbare Hilfe beim Umlarven ist in größeren Zuchtbetrieben die Verwendung einer *Punktleuchte.* Das Kaltlicht läßt sich in einem flexiblen Rohr mit einer Glasfaserleitung an jede gewünschte Stelle dirigieren (Abb. 28). Auch eine Zahnarzt-Lampe mit Spiegel, die man an der Stirn anbringt, kann eine willkommene Hilfe sein. Auf diese Weise ist man vom Tageslicht unabhängig und kann auch im Zimmer umlarven. Wer Probleme mit den Augen hat, sollte es einmal mit einer Lupe versuchen. Sowohl eine »Uhrmacherlupe« als auch eine »Brillenlupe« ist geeignet (Abb. 29 a, b).

Die Vorteile des Umlarvens liegen auf der Hand: *Der Zuchtstoffverbrauch ist minimal,* und die Wabe mit dem Zuchtstoff *braucht nicht zerstört zu werden.* Verwenden kann man jede Arbeitermade, die nur dem Alter nach paßt (s. **Frage**

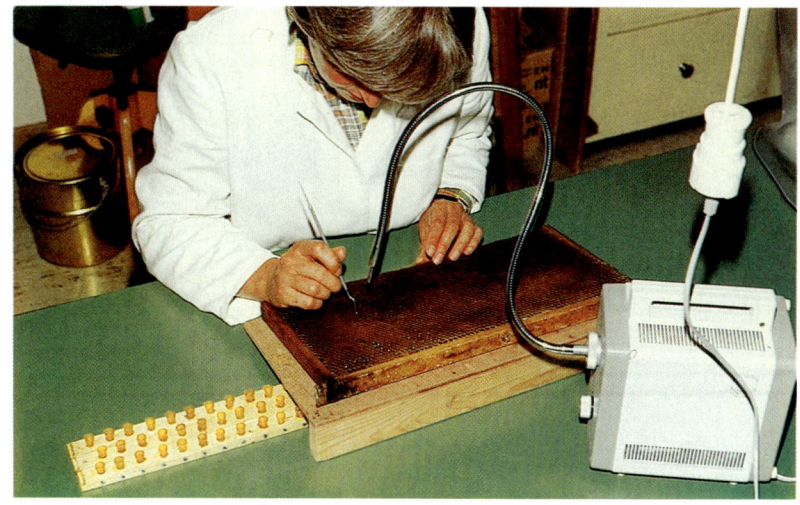

Abb. 28: Eine Kaltlicht-Punktleuchte mit flexiblem Lichtleiter macht das Umlarven vom Tageslicht unabhängig.

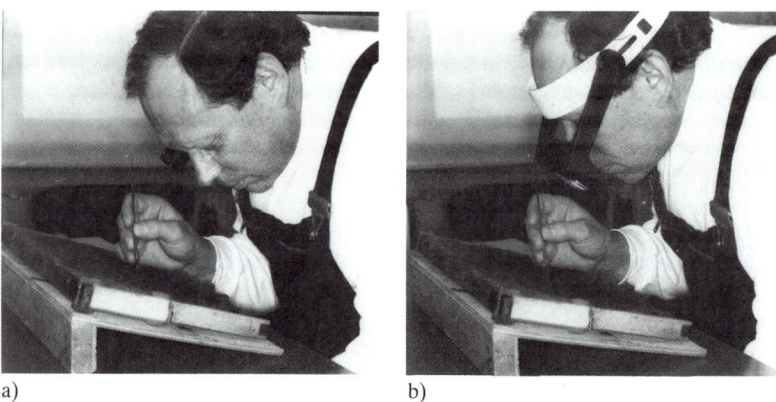

a) b)

Abb. 29a, b: Uhrmacherlupe (*a*) und Brillenlupe (*b*) bedeuten für manche Imker willkommene Umlarvhilfen.

27). Dazu kommt, daß man für eine oder nur wenige Zuchten *immer genügend Larven im Brutnest des Zuchtvolkes findet.* – Nur wenn man mehr Zuchtstoff braucht, muß man die Zuchtkönigin zur gezielten Eiablage auf einer dafür vorgesehenen Wabe bewegen. Dazu verwendet man einen *Aufsteckrahmen* oder eine *Wabentasche aus Absperrgitter,* worin die Königin für 24 Stunden auf die Wabe gesperrt wird (Abb. 30a, b). 3½ Tage nachdem man sie wieder freigelassen hat, ist in der Regel passender Zuchtstoff in Fülle vorhanden.

a)   b)

Abb. 30a, b: Ein Absperrgitterrahmen, der über die Zuchtkönigin auf eine leere Wabe gesteckt wird, verhilft uns rasch zu gleichaltrigem Zuchtstoff (*a*). Will man noch mehr davon haben, empfiehlt sich die Wabentasche aus Absperrgitter (*b*).

Frage 17: *Bevorzugen die Bienen Weiselbecher aus Jungfernwachs vor solchen aus Altwabenwachs?*

In vergleichenden Versuchen, bei denen wir am gleichen Zuchtrahmen Becher aus unbebrütetem, im Sonnenwachsschmelzer ausgelassenem *Baurahmenwachs* und solche aus Wachs, das durch *Einschmelzen alter Waben* gewonnen wurde, in abwechselnder Reihe anbrachten, *nahmen die Pflegebienen beides gleich gut an.* Die in alten Lehrbüchern aufgestellte und bis heute hartnäckig fortlebende Behauptung, daß man Jungfernwachs zur Herstellung der Wachsbecher verwenden müsse, trifft nicht zu. Allerdings ist einschränkend zu sagen, daß wir bei unseren Versuchen Wachs aus dem eigenen Betrieb verwendeten. Das Wachs war frei von Fremdbestandteilen und Verunreinigungen jeglicher Art. Wenn wir also aus dem Versuch den Schluß ziehen, daß für die Herstellung von Weiselwiegen Bienenwachs gleich Bienenwachs sei, gilt das nur unter der Voraussetzung, daß es sich um *reines, unverfälschtes Bienenwachs* handelt.

Frage 18: *Lassen sich Weiselbecher aus Wachs durch Becher aus Kunststoff ersetzen?*

Seit Jahren dringt der Kunststoff unaufhaltsam in alle Lebensbereiche des Menschen vor, in technische und biologische – wie sollte er da vor dem Bienenstand haltmachen? Nachdem schon Beuten, Waben und die verschiedensten imkerlichen Geräte aus Kunststoff hergestellt werden, hat man es auch mit Weiselnäpfchen versucht und in den *Vereinigten Staaten* und in *Frankreich* auch gleich einen Volltreffer damit gelandet. Bei uns in der *Bundesrepublik* ging es langsamer. Wir wollten nicht nur einen Becher, sondern nach Möglichkeit »den

Becher mit Fußplatte«, damit die Weiselzellen später leichter zu »verschulen« wären (s. **Frage 68**). Aber gerade das erwies sich als Hindernis. Während die amerikanischen und französischen Kunststoffnäpfchen in ihrer einfachen, fußlosen Form bei allen vergleichenden Annahmetests ebensogut abschnitten wie die wahlweise gebotenen Wachsbecher, nahmen die Bienen die »deutschen« Kunststoffbecher sehr viel schlechter an. Daran war nicht etwa ein Unterschied im Material, sondern ganz einfach die *Fußplatte* schuld. Die Bienen fanden auf dem glatten Boden nicht genügend Halt, was sie bei der Pflege der Maden behinderte. Als wir nämlich die Becher vor dem Anlöten an die Zuchtlatte so tief in flüssiges Wachs tauchten, daß die Basalplatte auch auf der Oberseite bewachst wurde, ließ die Annahme nichts mehr zu wünschen übrig. Dennoch habe ich bei der deutschen Herstellerfirma der ersten Kunststoffnäpfchen dafür plädiert, auf die Fußplatte zu verzichten. Die Verwendung der Kunststoffbecher sollte nicht durch eine besondere Anwendungsvorschrift eingeschränkt werden.

Bei den umfangreichen Versuchen, die wir mit Kunststoffnäpfchen verschiedener Art durchführten, stellte sich heraus, daß auch das Material der Becher einen Einfluß auf die Annahme ausübt. Sehr gut wurden Becher aus *Polystyrol* und *Plexiglas* angenommen, fragwürdig bis untauglich schnitten Näpfchen aus Polyäthylen ab, Becher aus Zelluloseazetat und Acryl-Nitril-Styrol lehnten die Bienen vollkommen ab.

Inzwischen gibt es in den imkerlichen Fachgeschäften schon eine mannigfache Auswahl an Kunststoffbechern zu kaufen. Teils werden sie im Lande selber hergestellt, teils aus Frankreich eingeführt. Auch Becher mit angegossenem Hohlstopfen sind im Handel. Die pflegenden Bienen haben mit ihnen offenbar nicht dieselben Schwierigkeiten wie mit den Näpfchen mit Basalplatten. Eine kleine Auswahl der zur Zeit gehandelten Kunststoffbecher samt einiger Möglichkeiten ihrer Befestigung an der Zuchtlatte zeigt Abbildung 31. Wenn man die Becher kräftig auf ein Stückchen Mittelwand drückt, bleiben sie fest an der Unterlage kleben. Alle Kunststoffbecher haben den obligaten Innendurchmesser von 9 mm.

Abschließend dürfen wir feststellen: *Die Bienen nehmen Kunststoffbecher ebenso gerne an wie Wachsbecher*. Da die Futtersaftversorgung in Kunststoffbechern eher noch besser ist als in Wachsbechern (s. **Frage 59**), haben wir keinen Grund zur Annahme, daß die darin erbrüteten Königinnen an Qualität den in Wachsbechern erzeugten nachstehen könnten.

Frage 19: *Wie steht es um die Wiederverwendung von Kunststoffbechern?*

Zur Zeit dürften Polystyrol-Näpfchen in der deutschen Zuchtpraxis bereits eine ähnlich große Rolle spielen wie getauchte Wachsbecher. Leider sind die Kunststoffbehälter nicht so billig, daß man sie nach einmaligem Gebrauch wegwerfen möchte. Aber man kann sie *beliebig oft* verwenden, wenn man nach dem Schlupf

Abb. 31: Einige in der Bundesrepublik erhältliche Kunststoffbecher mit verschiedenartiger Befestigung am Zuchtrahmen.

der Königinnen die Wachsaufbauten abbricht und den Futtersaftrest mit einem Spatel auskratzt. Eine zusätzliche Reinigung durch Auskochen oder Einweichen in einer Lauge ist nicht nötig – vielmehr würde eine solche Prozedur dem Aussehen der Kunststoffbecher nur abträglich sein. Ich habe in wiederholten Fällen fabrikneue Näpfchen und benutzte ausgekratzte in abwechselnder Reihenfolge am gleichen Zuchtrahmen ins Pflegevolk gehängt. *Die Bienen haben die frischen und die benutzten Becher gleich gut angenommen.* Es machte auch keinen Unterschied, ob ich die Näpfchen sofort nach dem Auskratzen, also sozusagen noch feucht, wiederbelarvte oder ob ich die Becher erst trocknen ließ, ehe ich sie neu belarvt ins Pflegevolk zurückgab. Das heißt also, daß man sich auch die Mühe sparen kann, alte ausgekratzte Weiselbecher vor der Wiederverwendung in warmem Wasser einzuweichen, wie gelegentlich empfohlen wurde. Es macht nichts aus, wenn die Becher mit Spuren von altem Weiselfuttersaft – feucht oder trocken – behaftet sind.

Wer trotzdem nur völlig saubere Becher verwenden will, kann sie in feuchtem Zustand für eine Nacht in ein beliebiges Bienenvolk hängen. Die Bienen reinigen sie dann besser, als man das selbst kann.

Frage 20: *Ist es sinnvoll, die Umlarvbehälter vor Zuchtbeginn in das Pflegevolk einzugewöhnen?*

Zur Klärung dieser Frage hängte ich einen Tag vor Zuchtbeginn einen Zuchtrahmen mit nur einer Zuchtlatte, an der sich leere Wachsbecher befanden, in das

Pflegevolk. Am nächsten Tag belarvte ich die Becher auf dieser Latte, außerdem frische Näpfchen auf einer zweiten Zuchtlatte und gab beides mit dem Zuchtrahmen in das Pflegevolk zurück. Denselben Versuch machte ich wiederholt auch mit Kunststoffnäpfchen.

Ergebnis: Die Bienen nahmen eingewöhnte und frische Näpfchen in etwa gleichem Verhältnis an. Die Eingewöhnung der Zuchteinrichtung bringt somit keinerlei Vorteile und kann deshalb auch schon aus arbeitsersparenden Gründen unterbleiben.

Frage 21: *Bevorzugen die Bienen Larven der eigenen Mutter vor fremden Maden?*

Um das zu erfahren, ist es zweckmäßig, eine besondere Pflegemethode anzuwenden, nämlich die Pflege im weiselrichtigen Volk (s. **Frage 44**). Dabei erwartet man zwar nur eine relativ geringe Zellenannahme, aber man kann die Zucht im gleichen Volk beliebig oft wiederholen. Vor allem aber kann man das Zuchtvolk – ungeachtet der Unwirtschaftlichkeit des Verfahrens – gleichzeitig als Pflegevolk verwenden.

Wir arbeiteten mit Kunststoffnäpfchen und belarvten sie in mehreren Zuchtansätzen jeweils abwechselnd mit Maden von der eigenen Königin und solchen aus einem anderen Volk. Ergebnis: *Die eigenen Maden wurden nicht bevorzugt.*

Die Versuche zeigten noch ein zweites: Prof. ZANDER empfahl, daß man vor Zuchtbeginn ein Stück Wabe mit Eiern aus dem Zuchtvolk ins Pflegevolk *eingewöhnen* solle. Das Eistück wurde an einen eigens dafür vorgesehenen Platz in den Zuchtrahmen eingeschnitten (Abb. 32). Zur Zucht larvte er die hier geschlüpften Maden in die Weiselbecher an den (beiden) Zuchtlatten darunter um. Er gewöhnte damit sowohl die Zuchteinrichtung (Zuchtrahmen und Weiselbecher) als auch die Zuchtlarven vor Zuchtbeginn ins Pflegevolk ein. Daß ersteres nicht nötig ist, wissen wir bereits (s. **Frage 20**). Hier nun erfahren wir, *daß auch die Eingewöhnung des Zuchtstoffs für den Ausgang der Zucht ohne Bedeutung ist.*

Frage 22: *Gibt es Annahmeunterschiede auf den verschieden plazierten Zuchtlatten des Zuchtrahmens?*

Bei den zahlreichen Zuchten, die ich zu den verschiedensten Fragestellungen durchgeführt habe, erschien es mir verlockend, einmal nachzuprüfen, ob die Näpfchen an den einzelnen Zuchtlatten des Zuchtrahmens gleich oder verschieden gut angenommen wurden. Bei der weitaus größten Anzahl meiner Versuche hatte ich Zuchtrahmen mit drei Zuchtlatten verwendet. Diese waren entweder drehbar an den Seitenleisten befestigt oder in Nuten derselben eingeschoben, so

 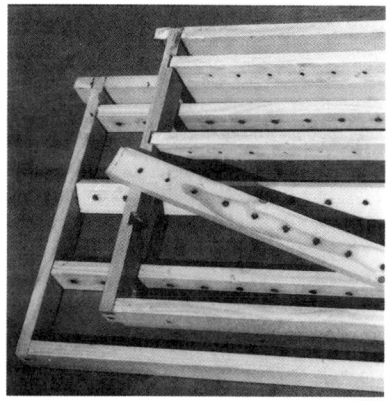

Abb. 32: Der Zander'sche Zuchtrahmen besaß im oberen Teil ein »Fenster«, in das ein Stück Wabe mit Eiern aus dem Zuchtvolk eingeschnitten wurde. Die Eingewöhnung des Zuchtstoffs hat sich indessen ebensowenig als notwendig erwiesen wie das Vertrautmachen des Pflegevolkes mit der Zuchteinrichtung.

Abb. 33: Die heutigen Zuchtrahmen sind in der Regel mit drei Zuchtlatten ausgestattet. Diese sind entweder mit je zwei Nägeln drehbar an den Seitenleisten befestigt (unterer Rahmen) oder werden in seitliche Nuten eingesteckt (oberer Rahmen).

daß sie beliebig eingesetzt und entfernt werden konnten (Abb. 33). Die Auswertung der Versuche ergab, *daß keine Latte, weder die obere, die mittlere noch die untere, bei der Zellenannahme bevorzugt wurde.* Es traten von Fall zu Fall Unterschiede auf, die aber keinerlei Regelmäßigkeit erkennen ließen. Sofern sie nicht rein zufällig waren, könnte die Verteilung von Futter und Brut auf den Nachbarwaben eine Rolle gespielt haben. Wenn manche Imker wiederholt einen platzbezogenen Annahmevorteil festzustellen glauben, sollte man vielleicht auch nach dem Beutentyp fragen, in dem sie imkern.

Im allgemeinen darf man sagen: Wenn man einmal keinen ganzen Zuchtrahmen belarven will oder kann, ist es gleichgültig, welche der drei Zuchtlatten im Zuchtrahmen man dafür verwendet.

Frage 23: *Werden Maden auf einem Tropfen Futtersaft lieber angenommen als trocken umgebettete?*

Um diese Zuchttechnik anwenden zu können, braucht man zuerst einmal Futtersaft, den man in der Regel aus den Weiselzellen schwarmlustiger Völker gewinnt. Er kann im Kühlschrank in verschlossenen Glasbehältern aufgehoben werden. Wenn man ihn braucht, verdünnt man ihn mit etwas Wasser. Mit einer Pipette oder einem Futterspatel wird er tropfenweise in die Weiselbecher verteilt.

In vergleichenden Versuchen zeigte sich, daß schlechte Pflegevölker, die insgesamt nur wenig Zellen annahmen, feucht umgebettete Maden tatsächlich vor trocken umgebetteten bevorzugten. In guten Pflegevölkern war die Annahme jedoch stets gleich gut. Kurioserweise waren aber gerade die aus trocken umgebetteten Larven hervorgegangenen Königinnen häufig schwerer als die »Futtersaftköniginnen«. Als Erklärung hierfür kann man annehmen, daß entweder der Futtersaft nicht zum Larvenalter paßte oder daß die Bienen, wenn sie die Maden auf Futtersaft vorfanden, zu spät nachfütterten.

Wir können also sagen, *daß das »Feuchte Umlarven« gegenüber dem »Trockenen Umlarven« in der Regel keinen Vorteil bringt.* Höchstens lassen sich die Maden auf etwas Futtersaft leichter vom Umlarvlöffel abstreifen als in trockenen Näpfchen. Aber das ist letztlich eine Übungssache.

Frage 24: *Ist »Doppeltes Umlarven« für die Aufzuchtpraxis von Vorteil?*

»Doppeltes Umlarven« wird häufig als die verbesserte Form des »Feuchten Umlarvens« angesehen. Dabei legt man zunächst junge Larven in die Becher, läßt sie 24 Stunden anpflegen und tauscht sie dann gegen Edelmaden aus. In der Literatur finden sich zu diesem Verfahren vorwiegend positive Aussagen. Vor allem wird immer wieder auf die besonders großen Zellen beim Doppelten Umlarven hingewiesen.

Der Versuch, die Frage experimentell zu klären, wobei doppelt und einfach (d. h. trocken) umgelarvte Maden nebeneinander im jeweils gleichen Pflegevolk aufgezogen wurden, führte zunächst zu widersprüchlichen Ergebnissen. Einmal waren die doppelt umgelarvten, einmal die einfach umgelarvten Maden schwerer, einmal schien kein Unterschied zu bestehen. Erst als ich dem *Alter der Zuchtmaden* besondere Beachtung beimaß, begann sich das Dunkel zu lichten. Wenn ich zu den Vergleichsversuchen sehr junge (1tägige) Larven verwendete, war entweder kein Gewichtsunterschied bei den erwachsenen Tieren festzustellen, oder die einfach umgelarvten Königinnen waren sogar schwerer als die doppelt umgebetteten. Bei der Verwendung älterer Maden zu den Versuchen (ich arbeitete mit 2tägigen) entstanden jedoch beim Doppelten Umlarven in der Regel schwerere Tiere.

Wie soll man sich das erklären? Man muß wohl annehmen, daß die älteren Maden bei ihrem großen Appetit eine kurze Unterbrechung der Fütterung, wie sie nach der Umbettung in trockene Näpfchen auftritt, weniger gut verkraften als junge Tiere. Sie beantworten diese Hungerpause mit einem Gewichtsverlust, während die 1tägigen Maden mit noch geringem Futterverbrauch keine Beeinträchtigung in ihrem Wachstum erfahren.

Interessanterweise waren die Zellen beim Doppelten Umlarven ungeachtet des Gewichtes ihrer Insassinnen immer länger als bei der einfachen Umbettung (Abb. 34). Das hängt ganz eindeutig mit der größeren Futtersaftmenge zusam-

Abb. 34: An diesem Zuchtrahmen wechseln sich Zellen ab, die durch Einfaches und durch Doppeltes (×) Umlarven entstanden sind. Die »doppelt umgelarvten« Zellen sind augenfällig länger, enthalten aber keine schwereren Insassen.

men, die sich letztlich beim Doppelten Umlarven in der Zelle ansammelte. Man sollte sich aber keinesfalls aufgrund der Zellenlänge über den Zelleninhalt täuschen lassen.

Das Doppelte Umlarven ist für die Königinnenaufzucht ohne Vorteil. Den zusätzlichen, unnützen Arbeitsaufwand kann man sich sparen.

Frage 25: *Kann man aus dem Ei züchten – und wie stellt man es an?*

Wir haben schon im Zusammenhang mit **Frage 9** davon gesprochen, daß in der Natur Nachschaffung über Eiern ungewöhnlich ist, weshalb man berechtigterweise fragen kann, ob die Nachschaffungszucht »aus dem Ei« überhaupt zu funktionieren vermag. Sie ist möglich, erfordert aber besondere Techniken.

Das Umbetten von Eiern in der Weise, wie es mit Larven geschieht, braucht man gar nicht erst zu versuchen. Die gegen Berührung äußerst empfindlichen Eier würden dabei unweigerlich zugrunde gehen. Da hilft auch kein noch so weicher Pinsel und auch keine »Eizange«, mit der höchstens der Wissenschaftler im Labor, aber nicht der Bienenpraktiker umgehen kann. Man muß also das Ei mitsamt der Zelle zur Zucht verwenden – und diese *darf vorher nicht bebrütet gewesen sein,* wenn die entstehende Königin keine Gewichtseinbuße erleiden soll (s. **Frage 13**). Indessen zeigt es sich, daß die Bienen einzelne Zellen, auch einreihige Zellenstreifen, nicht bzw. schlecht in Pflege nehmen, wenn sich darin

Abb. 35a–f: Zucht aus dem Ei nach der Erlanger Methode.

a) 2- oder 3reihige Zellenstreifen werden in rautenförmige Stücke zerschnitten.

b) Zur Befestigung an den Klemmstopfen drückt man eine Seite der Zellgruppe etwas zusammen.

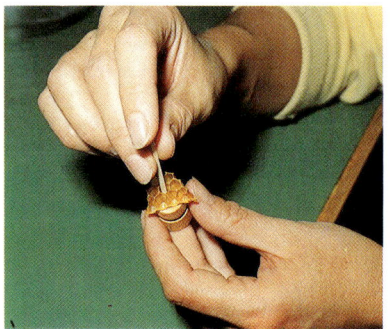 

c) Die Eier in jeder Zellgruppe werden bis auf eines zerquirlt.

d) Die Klemmstopfen mit den Zellnestern stehen zur Befestigung am Zuchtrahmen bereit.

e) Die Klemmstopfen werden in flüssiges Wachs getaucht und ...

f) ... fest auf die Zuchtlatte gedrückt.

anstelle von Maden Eier befinden. Keine Schwierigkeiten gibt es dagegen mit *mehrreihigen Zellenstreifen* oder kleinen *Zellgruppen* mit wenigstens fünf Zellen: Man schneidet mit einem angewärmten Messer zwei- oder dreireihige Zellenstreifen aus einer bisher unbebrüteten, erstmals bestifteten Wabe. Falls man nicht die Streifen selbst verwenden und in einem Zuchtrahmen mit Klemmleisten festzwicken will, zerlegt man sie in kleinere Stücke. Die Zellnester drückt man auf einer Seite etwas zusammen und befestigt sie an »Klemmstopfen«. Nachdem man die überschüssigen Eier bis auf jeweils eines mit einem Stäbchen zerquirlt hat, befestigt man die Stopfen an den Zuchtlatten. Dazu taucht man das Oberteil des Stopfens ganz wenig in flüssiges Wachs, und indem man die beiden Stopfenhälften zusammenpreßt, drückt man ihn fest auf die Lattenunterlage (Abb. 35 a–f). Ein zur Aufnahme ins Pflegevolk fertiger Zuchtrahmen für die Zucht aus dem Ei ist in Abb. 36 abgebildet, daneben findet sich das Zuchtergebnis.

Die Bienen nehmen die in der beschriebenen Form gebotenen Eier ebenso gut an wie Maden. Sie weiten die Zellen mit den Eiern ausnahmsweise sogar schon aus, ehe die Larven geschlüpft sind. Das würde mit bebrütetem Wabenmaterial niemals geschehen.

Die Zucht aus dem Ei verbraucht *viel Zuchtstoff*. Man sollte deshalb eine ganze Wabe davon haben. Nur während der Aufwärtsentwicklung des Bienenvolkes und bei guten Wetter- und Trachtbedingungen gelingt es, auf einer über Nacht ins Zuchtvolk gehängten unbebrüteten Wabe genügend Eier zu sammeln. Anderenfalls ist es erforderlich, die Königin unter einen *Absperrgitterrahmen* zu setzen, der auf die Zuchtwabe aufgesteckt wird, oder man schließt die ganze Wabe mit der Königin in einer *Wabentasche* ans Absperrgitter ein (Abb. 30a, b). Da man zur »Zucht aus dem Ei« die Eier ohnehin nur von einer Wabenseite verwenden kann, sollte man die Durchschlupföffnungen am Rande der Wabe mit Stanniolpapier verstopfen, damit die Königin nur eine Wabenseite, aber diese um so intensiver bestiftet.

Nach spätestens 24 Stunden läßt man die Königin frei. Man kann die Zucht dann unverzüglich beginnen oder noch bis kurz vor den Schlupf der Larven

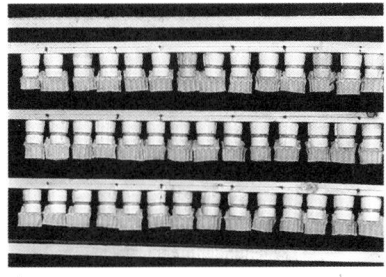 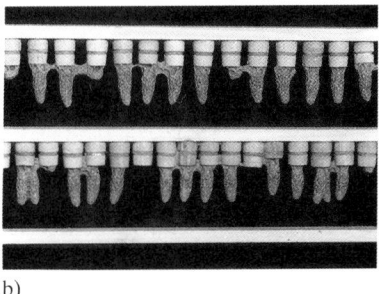

a) b)

Abb. 36a, b: Für die Zucht aus dem Ei vorbereiteter Zuchtrahmen (*a*) und das Annahmeergebnis (*b*).

warten. Das Alter der Eier hat auf Annahme und Zuchterfolg keinen Einfluß.

Der Vorteil der Zucht aus dem Ei in der geschilderten Form gegenüber dem Umlarvverfahren (s. **Frage 16**) besteht in der Hauptsache darin, daß damit auch der Imker mit weniger guten Augen und nicht so ruhiger Hand zu einer qualitativ gleich guten Aufzucht von Königinnen befähigt ist. Durch den notwendigen Einsatz einer bisher *unbebrüteten* Wabe und den verhältnismäßig *großen Zuchtstoffverschleiß* kann sich das Verfahren wirtschaftlich mit der Verwendung von Larven als Zuchtstoff jedoch nicht messen.

Frage 26: *Gibt es noch andere Arten der Aufbereitung von Zuchtstoff?*

Solange man noch daran glaubte, daß mit der Zucht aus dem Ei bessere Königinnen zu erzielen seien als bei der Verwendung von Maden, hat man auf der Suche nach gangbaren Wegen manch mühsamen Pfad erklommen. Am bekanntesten ist die Methode der Ei-Übertragung samt Zellboden von dem ungarischen Bienenforscher ÖRÖSI PÁL geworden. Auch dazu braucht man eine bisher unbebrütete, erstmals bestiftete Wabe. Sie wird auf einer Seite bis zur Mittelwand abgeschabt, auf der anderen Seite stark eingekürzt. Mit Hilfe eines Spezialgerätes stanzt man das Ei zusammen mit einer kleinen Bodenplatte aus der Mittelwand der Zuchtwabe. Die »Eistanze« besteht aus einem dünnwandigen Röhrchen, in dem sich ein Hohlkolben bewegen läßt. Durch einen kleinen Fensterausschnitt im Röhrchen kann man beim Stanzvorgang das Ei sehen, so daß man sicher ist, es nicht zu berühren (Abb. 37 a). Ehe man das Ei mit seiner

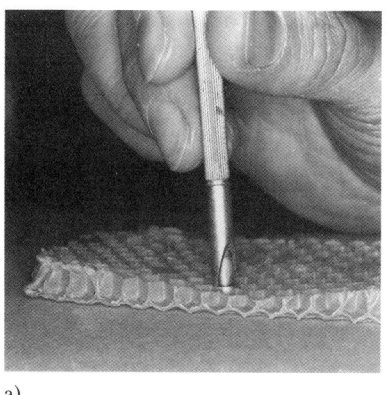 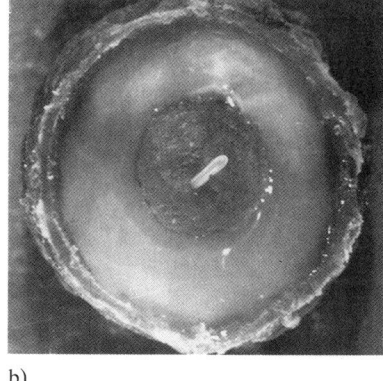

a) b)

Abb. 37a, b: Bei der Zucht aus dem Ei nach ÖRÖSI PÁL wird das Ei samt Zellboden aus einer erstmals bebrüteten Wabe ausgestanzt (*a*) und in einen Weiselbecher übertragen, in dem eine vorher umgebettete Arbeiterlarve einen Tag lang angebrütet worden war. Das Wachsplättchen mit dem Ei liegt auf dem Futtersaft der vorher entfernten Larve (*b*).

Unterlage unter Einsatz des Hohlkolbens aus der Stanze in den Weiselbecher abstößt, bedarf dieser aber noch einer besonderen Vorbereitung. Damit das Wachsplättchen nicht herausfällt, muß es angeklebt werden, und das geschieht mit Futtersaft. Statt den Futtersaft zu sammeln und in die Weiselbecher zu verteilen, legt man lieber zunächst junge Larven beliebigen Ursprungs hinein. Nach 24 Stunden werden die Larven entfernt und die Eier mit ihrer Unterlage auf den inzwischen abgelagerten Futtersaft gesetzt. Das Ei schwimmt wie auf einem kleinen Inselchen in einem Futtersaftsee (Abb. 37 b).

Die Prozedur der Vorabbelarvung der Weiselbecher ist umständlich, weshalb man verschiedentlich auf Vereinfachungen sann. Der österreichische Imker B. EICHHORN fand eine brauchbare Lösung. Er preßt beim Anlöten der Wachsnäpfchen an die Holzstopfen mit Hilfe eines speziellen kleinen Holzstempels eine kleine scheibenförmige Vertiefung in den verdickten Näpfchenboden. Die aus der Zuchtwabe ausgestanzten Wachsinselchen passen genau in die Vertiefung und halten dort auch ohne Verwendung eines Klebstoffs fest (Abb. 38).

Die heute zur Königinnenaufzucht üblichen Kunststoffweiselbecher sowie die sich anbahnende Einführung der Kunststoff-Mittelwand in die Imkerpraxis scheinen zu neuen Erfindungen in der Zuchtstoffaufbereitung anzuregen. Der Österreicher J. STICKLER kam wohl zuerst auf die Idee, die Zuchtkönigin zum Bestiften von ausgebauten Kunststoff-Mittelwänden zu veranlassen, deren Zellböden in Form kleiner Stöpseleinsätze nach rückwärts herausgezogen werden

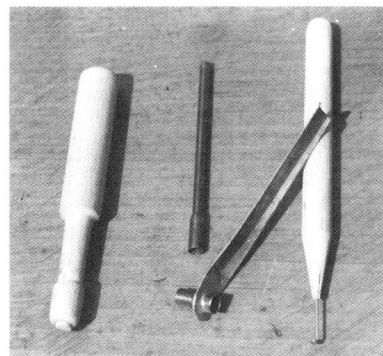 

Abb. 38: Beim Eichhorn-Verfahren drückt man mit einem Holzstempel (links) in den Boden des am Holzstopfen befestigten Wachsnäpfchens eine Vertiefung. Die Stanze mit dem Stempelrohr (Mitte) dient zum Herausdrehen des Wachsplättchens samt Ei oder Larve aus dem Zellboden einer erstmals bestifteten Wabe. Mit dem Häkchen (ganz rechts) drückt man das abgestoßene Wachsplättchen in der Bodenvertiefung des Wachsbechers fest.

Abb. 39: Das Herz des Umsteckverfahrens des Imkers JENTER ist ein zweiteiliges Kunststoffnäpfchen mit Becherteil und Bodenstöpsel. Die Stöpsel passen in dafür vorgesehene Löcher in einer Kunststoffmittelwand. Nach halbseitigem Ausbau und Bestiftung der Mittelwand werden die Stöpsel, in deren leicht gehöhltem Bodenteil sich jetzt Eier oder Maden befinden, in die Becher umgesteckt.

können. Nach Befestigung der Stöpsel an den Zuchtlatten werden die Zellböden (worauf der Zuchtstoff liegt) durch Aufstecken von Wachsmanschetten zu Weiselbechern umgestaltet. K. JENTER aus Nürtingen ist noch einen Schritt weiter gegangen und verwendet Kunststoff-Weiselwiegen mit Lochaussparungen, in die die gestöpselten Zellböden hineingesteckt werden können (Abb. 39). Hier müßte man der Gerechtigkeit wegen noch eine Reihe anderer Namen von Imkern nennen, die sich als Erfinder besonderer Techniken der Zuchtstoffaufbereitung hervorgetan haben. Aber das würde zu weit führen. Die meisten der Spezialmethoden sind auf die Zucht aus dem Ei abgestellt, können aber ebensogut auch bei der Zucht aus der Larve angewendet werden.

Natürlich muß man sich fragen: Sind diese verschiedenen, mehr oder weniger komplizierten Varianten der Zuchtstoffverarbeitung wirklich notwendig? Falls nicht tatsächlich Eier zur Zucht verwendet werden sollen, ist ein Abgehen von dem tausendfach erprobten Umlarvverfahren nur dann verständlich und angebracht, wenn jemand die kleinen Maden in den Arbeiterzellen wegen schlechter Augen nicht sehen kann oder wenn er nicht die ruhige Hand zum Umlarven hat. Wer glaubt, nicht umlarven zu können, ist aber sicher in der Lage, Zellgruppen nach dem Erlanger Verfahren der Zucht aus dem Ei zu verarbeiten (s. **Frage 25**). Dazu bedarf es lediglich eines angewärmten Messers, einer Anzahl Klemmstopfen und einer vorbereiteten, bisher unbebrüteten Wabe mit dem Zuchtstoff. Aber seien wir weitherzig: Die Zucht der Biene gibt Raum für mancherlei Spielereien, die zwar nicht nötig oder nützlich, aber für den einen oder anderen doch vergnüglich sind. Daran sollte man mit Macht nichts ändern wollen.

Frage 27: *Hat das Alter des Zuchtstoffs einen Einfluß auf den Zuchterfolg?*

Wir kommen zurück auf die biologische Betrachtung der Frage, ob man vom Ei oder von der Made züchten soll. Spätestens seit den Untersuchungen von E. ZANDER und seiner Schule um die 20er Jahre weiß man, daß die Arbeitermade bis zu ihrem dritten Lebenstag zur königlichen Entwicklung umstimmbar ist. Über drei Tage alte Larven ergeben Zwischentiere, halb Arbeiterin, halb Königin, und später nur noch Arbeiterinnen. Es schien, als würden die Arbeitermaden so lange zur anderen Kaste umdirigierbar bleiben, bis sie zum ersten Mal Pollen gefressen hätten. Das stellte sich aber nach Untersuchungen aus jüngerer Zeit als falsch heraus. Schon der Futtersaft selbst ist verschieden, je nachdem, ob er der Arbeiter- oder Königinnenlarve zugedacht ist. Das kann man physiologisch an kleinen Verschiedenheiten im Ernährungs- und Atemstoffwechsel nachweisen, aber auch auf chemischem Wege. Die Unterschiede sind, wie wir heute wissen, nicht qualitativer Art, sondern bestehen in der mengenmäßigen Zusammensetzung der einzelnen Nahrungskomponenten in den Futtersäften – und zwar bereits vom jüngsten Larvenstadium an.

Es wäre somit denkbar, daß die Arbeiterlarve, die von Anfang ihrer Entwick-

b)

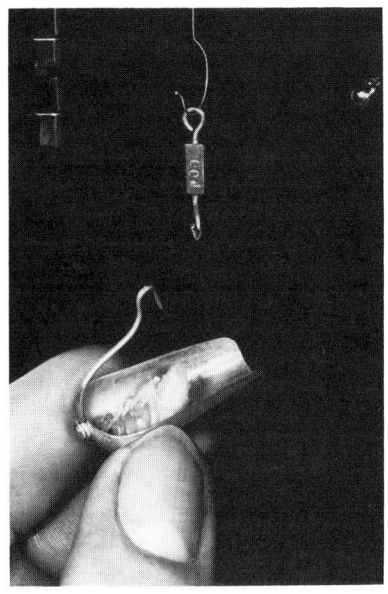

a)

Abb. 40a, b: Zur vergleichenden Gewichtsbestimmung werden die Königinnen als Puppen gewogen (*a*) und danach hüllenlos in hölzerne Schlupfkäfige gelegt (*b*). Die Weiterentwicklung erfolgt im Brutschrank.

lung an ein anderes Futter erhält als die Königinnenmade, infolge dieser Ersternährung vorbelastet und nicht mehr hundertprozentig zur Königin umstimmbar ist. ZANDER hat denn auch festgestellt, daß Königinnen aus 2tägigen und älteren Larven leichter waren als aus jüngeren Larven gezogene. Sonstige körperliche Unterschiede ließen sich nicht finden. Das alles bedurfte im Blickpunkt der neuen Erkenntnisse von der unterschiedlichen Beschaffenheit der Futtersäfte einer Nachprüfung. Mit dem Erlanger Verfahren der Zucht aus dem Ei mittels Zellgruppen war es möglich, nebeneinander im gleichen Pflegevolk Königinnen aus Eiern und jungen Maden zu züchten. Die Zuchtprodukte wurden als Puppen gewogen (Abb. 40 a, b) und, nachdem sie sich zum fertigen Insekt entwickelt hatten, auf die Beschaffenheit wichtiger königlicher Merkmale (runder Kopf, Oberkieferzahn, fehlende Pollensammeleinrichtung, verminderte Widerhakenzahl am Stachel, Eierstöcke) untersucht. Die kastentypische Ausprägung einiger dieser Merkmale ist in der Abbildungsfolge 41 a–c wiedergegeben. Zu ihrer präzisen Erfassung wurden genaue Messungen und Zählungen durchgeführt. Auch königliche Eigenschaften waren Prüfobjekt, z. B. der Annahmeprozentsatz bei der Einweiselung in Begattungsvölkchen und das Begattungsergebnis. Vor allem aber sollte die Entwicklung und Honigleistung von Völkern verglichen werden, die mit »Ei-« bzw. »Madenköniginnen« ausgestattet waren, wobei die abstammungsgleichen Königinnen selbstredend auf der gleichen Belegstelle begattet worden waren. Die Versuche wurden in mehreren Wiederholungen und über mehrere Jahre durchgeführt.

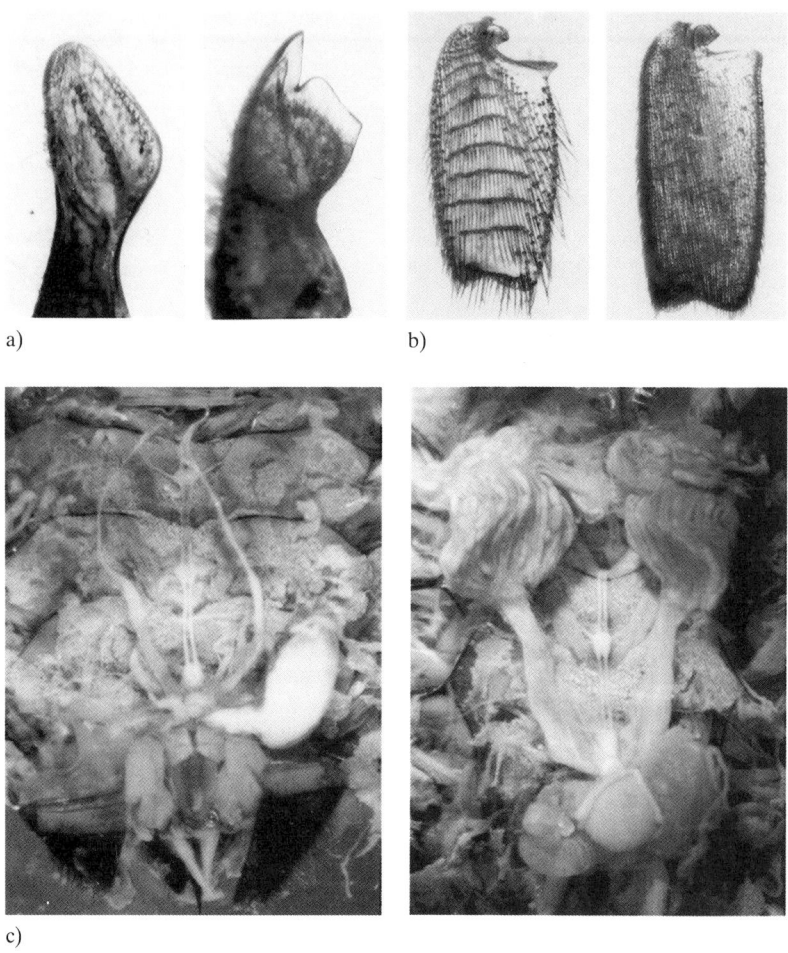

Abb. 41a–c: Hinweise auf die »Vollwertigkeit« der gezüchteten weiblichen Geschlechtstiere liefert die Ausprägung von Körpermerkmalen, in denen sich Königinnen und Arbeiterinnen messend oder zählend besonders leicht unterscheiden lassen. Dazu gehören neben anderen (*a*) die Form der Oberkiefer (oben: links Arbeiterin, Mitte-links Königin), (*b*) die Beschaffenheit der Hinterbeinfersen (oben: Mitte-rechts Arbeiterin, rechts Königin) und (*c*) der Umfang der Eierstöcke (unten: links Arbeiterin, rechts Königin).

Das Ergebnis war eindeutig: *Die aus Larven bis zu einem Tag (maximal 1½ Tage) gezogenen Königinnen unterschieden sich in nichts von den »Eiköniginnen«.* Sie waren ebenso groß, ebenso königinnentypisch, und die mit ihnen aufgebauten Völker leisteten bei gleicher Abstammung des Zuchtgutes dasselbe wie die Völker der aus Eiern gezogenen Königinnen.
Die Zucht aus der Larve ist somit der Zucht aus dem Ei ebenbürtig.

Frage 28: *Bevorzugen nachschaffende Bienen jüngere gegenüber älteren Larven?*

Wenn auch aus Maden bis zu einem Umlarvalter von maximal 1½ Tagen noch in jeder Hinsicht vollwertige Königinnen entstehen, trifft das bei noch älteren Maden nicht mehr zu. Man könnte meinen, die Bienen wüßten, was für sie am besten wäre, und würden bei der Möglichkeit zur Auswahl aus verschieden alten Larven immer die jüngsten zur Nachschaffung verwenden. Leider konnte das in einer Reihe von eigens dazu durchgeführten Versuchen nicht bestätigt werden. *Die Bienen nahmen jüngere und ältere Maden wahllos in Pflege.* Nur über drei Tage alte Larven wurden öfter verschmäht.

Gleich, in welcher Form man dem Pflegevolk den Zuchtstoff anbietet, man darf den Bienen auf keinen Fall die Auswahl der Zuchtlarven aus einem Altersgemisch selbst überlassen. Der Züchter muß bestimmen, welches Larvenalter die Bienen in Pflege nehmen sollen. Dabei wird er sich zweifellos für das zum Umlarven am besten geeignete Stadium entscheiden: das sind Maden im Alter von etwa einem Tag.

Frage 29: *Wie empfindlich sind die Zuchtlarven gegen Abkühlung?*

Nach *alten Zuchtanweisungen* mußten die zur Zucht verwendeten Larven vor Verkühlung sorglich geschützt werden. Man war gehalten, die Zuchtwabe nach dem Herausnehmen aus dem Volk in ein wollenes Tuch zu wickeln und die Arbeiten am Zuchtstoff in großer Eile in einem geheizten Raum durchzuführen. Womöglich ließ man zur Erhöhung der Luftfeuchtigkeit auch noch kochendes Wasser im Zimmer verdunsten. Diese Vorsichtsmaßregeln waren gut gemeint, aber, wie wir heute wissen, durchaus unnötig.

In meinen Versuchen überlebten Maden im Umlarvalter einen Aufenthalt von 24 Stunden bei Zimmertemperatur zu 50 bis 90%. Sie wurden allerdings von den Pflegevölkern nur noch sehr widerstrebend angenommen. Für die Zuchtpraxis sind Untersuchungen entscheidend, wonach sich die zum Umlarven geeigneten Stadien nach einem *Aufenthalt von sechs Stunden* außerhalb des Volkes im Zimmer (+ 20 °C), im Keller (+ 15 °C) und im Kühlschrank (+ 5 °C) ausnahmslos *normal weiterentwickelten,* sobald sie wieder in ihre bienengemäße

Umwelt zurückkamen. *So lange sind sie auch noch voll zur Königinnenaufzucht brauchbar.*

Das bedeutet nicht nur, daß man sich zur Bearbeitung des Zuchtstoffs Zeit lassen kann, *man kann den Zuchtstoff auch über größere Entfernungen von einem zum anderen Bienenstand transportieren* und auf diese Weise zur Verbreitung besonders guten Zuchtmaterials beitragen. Dabei ist es gleichgültig, ob die Larven in der Wabe bzw. einem Wabenstück oder bereits umgelarvt in Weiselbechern aus Wachs oder Kunststoff auf die Reise gehen. Wenn sie innerhalb von sechs Stunden wieder in ihre angestammte Umwelt, also in ein Bienenvolk zurückkommen, entwickeln sie sich normal weiter.

Während ihres Aufenthaltes außerhalb des Bienenvolkes sollte man die Larven aber *vor direkter Sonneneinstrahlung und zu großer Wärme schützen.* Wenn sich die Außentemperatur den Bedingungen im Brutnest nähert, wird die Situation kritisch: Während bei geringeren Temperaturen die Entwicklung der Maden stehenbleibt, geht sie bei Annäherung an die Brutnesttemperatur (35 °C) weiter, und es treten Entwicklungsstörungen auf. Die Maden können dann verhungern. Es ist nicht notwendig, daß die Larven bei ihrem Aufenthalt außerhalb des Volkes auf Futtersaft liegen bzw. dazu feucht umgelarvt werden. Ihre Chitinhaut schützt sie hinlänglich gegen Austrocknung. Ob es einen Vorteil bringt, wenn man das Larvenstück oder den Zuchtrahmen in ein feuchtes Tuch einschlägt, weiß ich nicht. Wir kamen bei unseren Versuchen immer ohne diese Vorsichtsmaßnahme aus.

Man darf den Zuchtlarven also durchaus etwas zumuten, auch wenn sich unser Gefühl dagegen sträuben sollte. Entscheidend ist der züchterische Erfolg.

Frage 30: *Kann man angebrüteten Näpfchen einen längeren Transport zumuten?*

Beim Aufbau von Belegstellen versucht man häufig, den Nicht-Züchtern mit der Abgabe von angebrüteten Weiselnäpfchen unter die Arme zu greifen. Wirtschaftsvölker nehmen zwei Tage angebrütete Näpfchen im Honigraum über Absperrgitter ohne Zögern in Pflege, besonders wenn man ein paar Brutwaben dorthin umhängt (s. **Frage 43**). Nachdem die Zellen gedeckelt sind, kann man sie zur Bildung von Begattungsablegern verwenden (s. **Frage 80**).

Die *zwei Tage angebrüteten* (drei Tage alten) Larven in den Weiselbechern können wie die 1tägigen, noch in der Zuchtwabe liegenden oder bereits in trockene Weiselbecher umgebetteten Zuchtmaden *wenigstens sechs Stunden außerhalb des Volkes zubringen,* ohne Schaden zu nehmen. Man muß nur darauf achten, daß die schon kräftig angezogenen Näpfchen nicht mechanisch beschädigt werden. Entwender beläßt man sie am Zuchtrahmen, oder man steckt sie mit

Abb. 42: Zwei Tage angebrütete Näpfchen mit Zuchtlarven kann man mindestens 6 Stunden lang außerhalb des Volkes ohne Schaden für die Maden aufheben. Zum Transport läßt man die Näpfchen entweder am Zuchtrahmen oder man steckt sie mit ihren Stopfen in einen Schaumstoffblock mit 15 mm weiten und 15 mm tiefen Löchern. Die Weiselbecher sind so vor Beschädigungen geschützt.

ihren Holzstopfen einzeln in entsprechend weite Bohrungen eines Schaumstoffblockes (z. B. Styropor oder Styrodur) (Abb. 42). Auf diese Weise kann man die Näpfchen besonders sicher transportieren und im Belegstellengebiet zur Verteilung bringen.

Frage 31: *Was halten Bieneneier aus?*

Hat man den Larven früher eine große Empfindlichkeit gegenüber Abkühlung nachgesagt, so hielt man Eier um so robuster und empfahl bedenkenlos ihren Versand. In älterer Literatur wird sogar von einer Haltbarkeit über Wochen außerhalb des Volkes berichtet. Natürlich stimmt das nicht. *Eier sind in Wirklichkeit nur wenig widerstandsfähiger als Larven.* Junge Eier (unter 1½ Tagen) sind sogar gegen Abkühlung bedeutend empfindlicher als Zuchtmaden. Sie gehen schon innerhalb weniger Stunden zugrunde. 1½ Tage alte und ältere Eier überleben 24 Stunden außerhalb des Bienenvolkes – im Zimmer, Keller oder Kühlschrank (+ 6 °C) zu 80%. Aber nach zwei Tagen muß man schon mit 60%

Ausfällen rechnen. Drei Tage überdauern nur noch 20%. *Länger als drei Tage leben Bieneneier nicht.*

Wenn man Eier verschicken will, was in Form von ausgeschnittenen bestifteten Wabenstücken möglich ist, muß man also *auf das richtige Eialter achten.* Außerdem ist sicherzustellen, daß die »Eistücke« wenigstens *innerhalb von zwei Tagen an ihrem Bestimmungsort eintreffen und sofort in einem Bienenvolk untergebracht werden.*

Frage 32: *Wie verschickt man »Eistücke«?*

Zur Gewinnung von *Versandeiern* kann man eine Absperrgittertasche oder einen auf die Wabe zu steckenden Absperrgitterrahmen verwenden (Abb. 30 a, b). Darunter wird die Zuchtkönigin für 24 Stunden abgesperrt. 1½ Tage nach ihrer Freilassung befinden sich auf der Wabe 1½- bis 2½tägige Eier – genau das richtige Alter zum Verschicken.

Beispiel: Man sperrt die Königin am Montag abend auf einer Leerwabe in eine Wabentasche aus Absperrgitter. Am Dienstag abend – die abgelegten Eier sind jetzt null bis einen Tag alt – läßt man die Königin frei, während die Wabe bis zum Donnerstagmorgen in der Wabentasche bleibt. Jetzt sind die Eier 1½ bis 2½ Tage alt. Man schneidet das Stück mit den Eiern aus der Wabe, schlägt es in Seidenpapier ein und packt es in eine reichlich große Pappschachtel, worin zusammengeknülltes Zeitungspapier für die notwendige Pufferung sorgt (Abb. 43 a, b). Der Versand geschieht durch Eilpost.

Nach dem Eintreffen am Zielort wird das Eistück unverzüglich in eine leere Wabe eingeschnitten, die man bis zum Schlüpfen der Larven über das Absperrgitter in ein Wirtschaftsvolk hängen kann. Man darf die Eiwabe aber nicht

 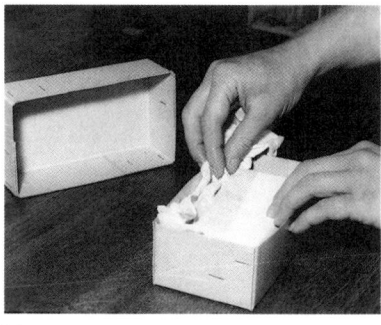

a)   b)

Abb. 43a, b: Das »Eistück« wird zum Versand in Seidenpapier gewickelt (*a*) und mit zerknülltem Zeitungspapier federnd in einer Pappschachtel verpackt (*b*).

einfach im Honigraum zwischen Honigwaben plazieren, sondern muß vorher dafür sorgen, daß sich ein paar Brutwaben an dieser Stelle befinden. Dazwischen kommt die Eiwabe. Anderenfalls könnten die Eier einen Tag später auf Nimmerwiedersehen verschwunden sein. Am besten wäre es, wenn man die Eier nach dem Eintreffen gleich im entweiselten Pflegevolk selbst zum Schlüpfen der Maden unterbringen könnte.

Daß der Eitransport, richtig praktiziert, auch funktioniert, beweisen Königinnen, die in den Vereinigten Staaten fliegen, nachdem sie von Erlangen aus den Ozean im Flugzeug als Ei überquert haben.

IV. Die Weiselpflege

Während das *Zuchtvolk* das genetische Material für die Zucht liefert, hat das *Pflegevolk* einzig für die Aufzucht zu sorgen. Alle Sorgfalt, die man dem Zuchtstoff angedeihen läßt, wäre vergeblich, wenn man nicht dem Pflegevolk dieselbe Aufmerksamkeit schenken würde. Die Pflege der Königinnenlarven ist für die Qualität der entstehenden Geschlechtstiere ebenso wichtig wie der Zustand und die Verarbeitung des Zuchtstoffs. Von der *Pflegebereitschaft* und *Pflegefähigkeit* des Aufzuchtvolkes hängt in entscheidendem Maße der Zuchterfolg ab. Pflegevölker bedürfen der Vorbereitung und der Einstimmung in ihre Aufgabe. Nur so sind sie in der Lage, aus dem Zuchtstoff optimale Königinnen großzuziehen.

Frage 33: *Was veranlaßt ein Volk zur Weiselpflege?*

Wir kennen die drei natürlichen Auslösemomente der Königinnenentstehung: Schwarmlust, Stille Umweiselung und Nachschaffung. Die »künstliche« Königinnenerzeugung setzt ausschließlich auf den *Nachschaffungstrieb*. Um die Bienen zur Weiselpflege anzuregen, muß man sie also in Nachschaffungsstimmung versetzen.

Der verläßlichste Weg dazu ist die *Entfernung der Königin aus dem Volk*. Ein solches Volk steht dann regelrecht unter dem Zwang der Weiselpflege. Nachschaffungstendenzen kann man aber auch hervorrufen, wenn man *den Kontakt der Bienen zu ihrer Königin erschwert*. Man erreicht das durch Zwischenschalten eines Absperrgitters oder durch die Einrichtung einer trennenden Barriere aus Honigwaben zwischen dem Volksteil mit der Königin und einem abgegrenzten Brutbereich. In diesem Fall ist aber stets mit einer geringeren Zellenannahme zu rechnen als bei völliger Weisellosigkeit. Dafür kann man in »weiselbeschränkten« Völkern die Pflege beliebig oft wiederholen, was in einem entweiselten Volk nur wenige Male möglich ist. Der biologische Anlaß zur Weiselpflege ist das Fehlen oder ein Mangel an Königinnensubstanz (s. **Frage 5**).

Frage 34: *Was ist ein gutes Pflegevolk?*

Ein Pflegevolk muß *gesund* sein. Mit kranken Bienen kann man schlecht züchten.

Ein Pflegevolk muß *viele pflegetüchtige Ammen* haben. Nur Jungbienen im Brutpflegealter sind tüchtige Futtersaftspender. Sie erreichen ihre Höchstform, wenn die Natur reichlich Pollen spendet. Hinweise auf die Pflegetüchtigkeit eines Volkes kann ein Blick auf seine junge offene Arbeiterbrut geben. Die

Maden dürfen nicht trocken, sondern müssen auf saftigen Futtersaftpolstern liegen.

Obgleich man auch in einem brutlosen Volk züchten kann, ist es entschieden vorteilhafter, wenn sich im Pflegevolk Brut befindet. Auf alle Fälle sollte *gedeckelte Brut* vorhanden sein. Ob auch die Anwesenheit von offener Brut Bedeutung hat, ist strittig (s. **Frage 50**). Die Brut im Pflegevolk ist für ausgeglichene Wärme- und Feuchtigkeitsverhältnisse im Pflegevolk verantwortlich.

Um das richtige Aufzuchtklima zu erhalten, ist auch eine gewisse *Volksstärke* erforderlich. Sie entscheidet wesentlich über die mögliche Anzahl der aufzuziehenden Königinnen. Demnach sollte ein Pflegevolk über möglichst viele Bienen verfügen. Allerdings kann man auch in kleineren Völkern, z. B. in Brutablegern mit nur fünf Waben züchten – aber man muß sich dann auch mit kleinen, nur wenige Königinnen zählenden Serien begnügen.

Stimmen muß auch das *Futter:* Das Pflegevolk sollte über ausreichend Kohlenhydrate (Honig- oder Zuckerfutter) verfügen, und es muß reichliche Pollenvorräte für die Eiweißversorgung der Jungbienen besitzen. Falls einmal größere Flugpausen eintreten, darf kein Mangel aufkommen.

Als Pflegevolk sucht man sich *keinen Stecher* aus. Diese Untugend wird zwar nicht vererbt (s. **Frage 39**), aber da bei der Zucht in der Regel mehrere Eingriffe ins Bienenvolk ohne Rücksicht auf das Wetter notwendig sind, wünscht man sich dazu ein braves Volk.

Da Völker mit 2jährigen oder älteren Königinnen lieber schwärmen als solche mit 1jährigen, wird angenommen, daß sie auch leichter in Zuchtstimmung zu versetzen seien. Ob das stimmt, ist fraglich. Wenn man trotzdem mit Vorliebe ein Volk mit älterer Königin zur Weiselpflege auswählt, so auch deshalb, weil man die alte Mutter, z. B. bei der Zucht im weisellosen Volk, ohnehin herausnehmen muß. Viele Wirtschaftsbetriebe lassen ihre Königinnen nur zwei Leistungsjahre alt werden.

Das ist das Grundsätzliche. Was im einzelnen und im besonderen für das Pflegevolk wichtig ist, soll in den nachfolgenden Fragen und Antworten deutlich gemacht werden.

Frage 35: *Ist Schwarmlust für die Pflege von Nutzen?*

Die Literatur ist voll widersprüchlicher Ansichten über diese Frage. Wir halten uns an die alte Aussage von ENOCH ZANDER, wonach die Schwarmzellen oft recht willkürlich mit Futter versorgt sind und das Gewicht der Schwarmköniginnen gelegentlich beträchtlichen Schwankungen unterliegt. Schwarmköniginnen wiegen nicht selten weniger als Königinnen aus ordentlichen Nachschaffungszuchten. Daraus mag man schließen, daß die Verwendung eines schwarmlustigen Volkes zur Nachschaffung zumindest nicht von Vorteil ist.

Wenn gelegentlich behauptet wird, daß Völker, die sich *in aufsteigender Entwicklung* befinden, am besten zur Pflege geeignet seien – was wahrscheinlich

Abb. 44: Ein entweiseltes, auf einen Raum zusammengedrängtes Pflegevolk macht beim Öffnen des Deckels den Eindruck, als platze es aus allen Nähten.

auch zutrifft –, muß ich doch sagen, daß ich vielfach auch im Sommer und Spätsommer noch Königinnen gezüchtet habe, die nach Umfang und Beschaffenheit der Zuchtserien den Ergebnissen aus »Mai-« und »Junizuchten« nicht nachstanden.

Frage 36: *Ist die Enge des Bienensitzes von Einfluß auf die Pflege?*

Ja! Diese klare Aussage bedeutet, daß das Volk, in dem man Nachschaffungszucht betreibt, so eng als irgend möglich sitzen muß. Grundsätzlich ist ein mehrräumiges Volk bei Zuchtbeginn *auf eine einzige Zarge zurückzunehmen* (Abb. 44). Das gilt selbst dann, wenn die Bienen danach keinen Platz mehr im Kasten zu haben scheinen und als Bienenbart vor dem Eingang hängen. Man kann unter diesen Umständen auch in einem guten *Ableger* züchten und bekommt eine der Volksstärke angemessene Annahme, wenn man den Ableger nur tüchtig einengt. Vielleicht werden durch das Enghalten besonders viele Ammen in den Zuchtrahmen gedrückt, was der Versorgung der Zuchtlarven zugute kommt.

Frage 37: *Gibt es veranlagungsbedingte Unterschiede bei den Pflegevölkern?*

Man könnte auch fragen: Gibt es gute und schlechte Pflegevölker? Die Antwort ist wiederum: ja. Südliche Bienenrassen scheinen nachschaffungsfreudiger zu sein als nördliche. Sie sind in der Regel auch schwarmlustiger. Die auf Schwarmlust ausgelesene Biene der Lüneburger Heide (Heidebiene) ist ebenfalls als gute Weiselpflegerin bekannt. Es gab früher Züchter, die sich diese Biene eigens zur Königinnenpflege schicken ließen.

Oft trifft man am Bienenstand auf ein Volk, das sich einfach nicht zur Nachschaffung bequemen will. Die Larven liegen trocken in den Näpfchen, nach ein und zwei Tagen Anbrütezeit sind sie immer noch klein, soweit sie nicht ganz verschwunden sind. Die Larven eines guten Brüters dagegen sind nach derselben Zeit deutlich größer und schwimmen in reichlichem Futtersaft.

Es ist nicht immer leicht, einen Grund für das unterschiedliche Pflegeverhalten zu finden. Trifft man gelegentlich auf solch einen *lustlosen Pfleger,* der trotz bester Vorbereitung und günstiger äußerer Zuchtbedingungen nur spärlich Zellen ansetzt und diese auch noch schlecht versorgt, *sollte man ihn nicht zur Pflege zwingen wollen.* Man mag es nach Abbruch des mißglückten Zuchtversuches noch einmal mit einer neuen Serie versuchen. Ist die Annahme dann wieder schlecht, steige man lieber auf ein anderes Pflegevolk um.

Frage 38: *Ist »Nachlarven« sinnvoll?*

Nachlarven heißt, daß man die Erstannahme gleich nach 24 Stunden kontrolliert und, falls nur wenige Weiselbecher in Pflege genommen sind, die inzwischen wieder leeren Näpfchen neuerlich mit Edellarven versieht.

Wenn keine Ungeschicklichkeit beim Umlarven begangen wurde – das ist bei einem geübten Züchter auszuschließen –, muß man wohl den Grund der schlechten Annahme im Pflegevolk selbst suchen. Man wird es sich gut überlegen, ob man die ersten, vielleicht schlecht versorgten Maden um einige wenige kaum besser ernährte Tiere vermehren soll.

Erfahrungsgemäß *wird die Annahme beim Nachlarven nur unwesentlich besser.* Falls das Volk wirklich noch die eine oder andere nachgelarvte Made in Pflege nimmt, erreicht man damit nur, daß die Zuchtserie auch *altersmäßig zersplittert.* Man muß sich auf zwei bis drei aufeinanderfolgende Schlupftage einstellen. *Es ist deshalb besser, eine ungenügende Serie ganz zu verwerfen,* einen zweiten Versuch zu starten und, wenn dieser ebenfalls mißlingt, ein neues Pflegevolk zu suchen.

Aber auch bei guter Annahme kann man nach 24 Stunden unterschiedlich versorgte Maden in den Näpfchen feststellen. Wir haben in einer Reihe von Zuchtversuchen die Erstversorgung der Näpfchen genau registriert, indem wir schlecht, mittel und gut versorgte unterschieden. Überraschenderweise ließen die Puppengewichte der Königinnen nicht mehr erkennen, wie gut oder schlecht die Maden anfangs mit Futter versorgt waren. Es wäre demnach völlig falsch, wenn man in einem Pflegevolk mit zufriedenstellender Annahme die spärlich gefütterten Larven bei einer Zwischenkontrolle entfernen würde. *Die Meinung, daß diese Larven kleinere Königinnen ergeben würden, trifft nicht zu.*

Frage 39: *Hat das Pflegevolk einen Einfluß auf die Vererbung?*

Oder fragen wir präziser: Ist es möglich, daß das Pflegevolk aufgrund seiner Rassenzugehörigkeit die Ausprägung der Merkmale und vielleicht auch das Verhalten der von ihm aufgezogenen Königinnen und deren Nachkommen beeinflußt? Beispiel: Vererbt das Italiener-Volk etwas von seiner Wesensart der ungehemmten Bruterzeugung (s. **Frage 107**) an die von ihm gepflegten Carnica-Königinnen? Oder: Neigen Königinnen, die in Heidevölkern aufgezogen werden, stärker zur Schwarmlust?

Die Antwort heißt: nein! Wenn man gelegentlich in den äußeren Merkmalen der gezüchteten Königinnen geringfügige Annäherungen an die »Wirtsbienen« des Pflegevolkes festgestellt haben will – in einer gewissen Rassenspezifität des Futtersaftes gäbe es dafür auch eine Erklärung –, so sind solche »Anpassungen« auf keinen Fall vererbbar. *Es ist also unbedenklich, Königinnen in andersrassigen Völkern aufziehen zu lassen.* Ausschlaggebend für die Auswahl der Pflegevölker kann nur deren gute Pflegeleistung sein.

Frage 40: *Welches sind die wichtigsten Methoden der Zucht im weisellosen Volk?*

Will man den Nachschaffungsinstinkt der Bienen zur Königinnenzucht voll nützen, muß man das Volk entweiseln. Dadurch entsteht in ihm nicht nur die Bereitschaft, sondern ein biologischer Zwang zur Nachschaffung. Wenn man außerdem dafür sorgt, daß alle offene Brut aus dem Volk verschwindet, konzentrieren sich die entweiselten Bienen völlig auf den beigegebenen Zuchtstoff.

Dieses Pflegeverfahren ist gleichzeitig das älteste und sicherste. Es wird in seiner ursprünglichen Form als die *»Zucht im neun Tage weisellosen Volk«* bezeichnet. Neun Tage nach der Entweiselung befindet sich keine offene Brut mehr im Volk. Man bricht die angesetzten wilden Weiselzellen aus, drängt die Bienen in einem Raum zusammen und reicht nach zwei Stunden den Zuchtstoff.

Daß man ein solches Volk auch als *Sammel-Brutableger* durch Zusammenhängen von Brutwaben mit ansitzenden Bienen aus mehreren Völkern bilden kann, evtl. nur mit vorher umgehängten, inzwischen gedeckelten Brutwaben aus den Honigräumen, ändert nichts am Prinzip und ist nur eine Abwandlung des Verfahrens. Man kann diese Praktik gut zum Schröpfen der Völker im Zuge der Schwarmvorbeugung einsetzen.

Die Zucht im weisellosen Volk läßt sich in biologischer Hinsicht noch verbessern: Bei der *»Zucht im Volk mit neun Tage abgesperrter Königin«* wird die Stockmutter nicht sofort aus dem Volk entfernt, sondern zuerst im Honigraum oder in einem Nebenabteil des Brutnestes über bzw. hinter Absperrgitter untergebracht. Erst nach neun Tagen – zwei Stunden vor Zuchtbeginn – wird sie mitsamt der neuen offenen Brut (ohne ansitzende Bienen) entnommen. Da in diesem Fall das Brutgeschäft bis zum Zuchtbeginn nicht unterbrochen wird, die Ammen also ständig zur Futtersaftabgabe angehalten sind, darf man annehmen, daß das Futtersaftangebot bei Zuchtbeginn das denkbar beste ist. Auch haben die Bienen ihren Futtersaft nicht vorher an viele wertlose Nachschaffungszellen verschwendet, die sonst ausgebrochen werden müßten. Dennoch ist zu Beginn der Zucht eine Kontrolle der im Volk verbleibenden gedeckelten Brutwaben auf Weiselzellen erforderlich, denn die Bienen könnten hier während der Absperrung der Königin doch gelegentlich eine Nachschaffungszelle angesetzt haben. Abbildung 45 zeigt die mögliche Wabenverteilung bei der Zucht im Volk nach 9tägiger Königinnensperre.

Wer keine Zeit hat, die Königin neun Tage vor Zuchtbeginn hinter Absperrgitter zu setzen, kann auch die *»Zucht im zwei Stunden weisellosen Volk«* versuchen (Abb. 46). In diesem Fall entfernt man nur die Hauptmasse der offenen Brut, die gedeckelten Brutwaben mit den unvermeidlichen kleineren oder größeren offenen Brutbezirken bleiben im Volk. Man muß also damit rechnen, daß die Bienen nicht nur über den eingebrachten Edellarven, sondern auch über eigenen Maden Nachschaffungszellen ansetzen. Diese gilt es nach etwa einer Woche zu suchen und auszubrechen. Bei dieser Zuchtmethode ist der erste Ansatz wegen der möglicherweise gleichzeitig entstehenden wilden Nachschaffungszellen meist etwas niedriger als bei den vorgenannten Verfahren. Wenn man das Volk aber mehrmals hintereinander zur Zucht verwendet (s. **Frage 46**), fällt das nicht mehr ins Gewicht.

Nicht sonderlich empfehlenswert ist die Pflege in einem Volk, dem man sämtliche Brut genommen hat (Abb. 47). Bei der *»Zucht im brutlosen Volk«* treten größere Temperaturschwankungen auf, was vielleicht der Grund für die bei diesem Verfahren häufig beobachteten kleinen Königinnen ist. Auf alle Fälle sollte man in einem brutlosen Volk, etwa in einem *entweiselten Naturschwarm* oder einem aus überschüssigen Bienen hergestellten *Kunstschwarm*, keine zu großen Serien aufziehen lassen. Da der Schwarm auch als Pflegevolk vornehmlich auf Mittelwände gesetzt wird, versorgt man ihn mit Flüssigfutter.

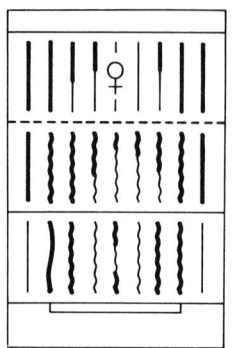

Abb. 45: Zucht im Volk mit 9 Tage abgesperrter Königin.

a) Die Königin kommt 9 Tage vor Zuchtbeginn in den Honigraum.

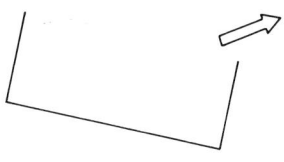

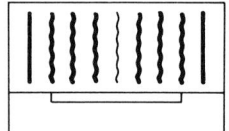

b) Zwei Stunden vor dem Einbringen des Zuchtstoffs wird die Königin mit allen Honigraum-Waben (jetzt teils mit offener Brut) und den überschüssigen Waben aus den Bruträumen – aber ohne Bienen – entfernt. Das Volk wird auf Nachschaffungszellen kontrolliert und auf eine Zarge zurückgenommen. In die Mitte kommt vorübergehend eine Wabe mit offener Brut als »Bannwabe«.

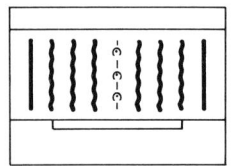

c) Nach Eintreten der Weiselunruhe wird die offene Brutwabe durch den belarvten Zuchtrahmen ersetzt.

| ausgebaute Wabe | Futterwabe | Mittelwand | offene Brutwabe | gedeckelte Brutwabe | Drohnenwabe |

Absperrgitter - - - - - - - - - - - - - - - - -

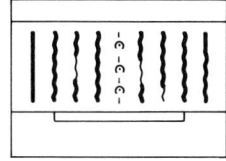

Abb. 46: Pflege im eben entweiselten Volk. Nach Entfernen der Königin samt Honigraum und einer Brutzarge (ohne Bienen!) bleibt möglichst viel gedeckelte und wenig offene Brut in dem stark eingeengten Pflegevolk zurück. Zwei Stunden später beginnt man mit der Zucht.

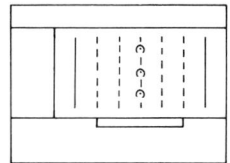

Abb. 47: Zur Weiselpflege wird der entweiselte Naturschwarm auf Mittelwände eingeschlagen. In die Mitte hängt man den belarvten Zuchtrahmen. An die beiden Außenseiten kommt je eine leere Wabe zur raschen Aufnahme des angebotenen Flüssigfutters.

Frage 41: *Wie notwendig ist die Weiselunruhe für den Zuchterfolg, und welche Gefahren birgt sie?*

Ein Volk mit genügend Jungbienen braucht keine Anlaufzeit für die Weiselpflege. Die Ammen sind von einem zum anderen Augenblick in der Lage, Königinnenfuttersaft abzugeben. Ein entweiseltes Volk ist aber – sofern es nicht schwarmlustig ist – nicht sofort bereit, mit der Weiselpflege zu beginnen. Da die Bienen ihre Königin nicht als Person, sondern über den von ihr ausgeschiedenen Weiselstoff wahrnehmen, brauchen sie eine Weile, bis sie ihr Verschwinden registrieren. Die Bienen zeigen das schließlich durch lautes *Heulen* beim Öffnen des Kastens und *unruhiges Umherlaufen* am Stockeingang an. Das ist das Signal zum Einbringen des Zuchtstoffs. Auch stärkste Völker haben nach zwei Stunden diesen Zustand erreicht. Gibt man den Zuchtstoff früher, räumen die Bienen nur allzuleicht die Larven wieder aus.

Wenn die Weiselpflege erst einmal in Gang gesetzt ist, sind bei mehrmaliger Verwendung des Pflegevolkes zur Zucht (s. **Frage 46**) keine Wartezeiten bei der Zuchtstoffzugabe mehr nötig. Der alte Zuchtrahmen wird entnommen und der neue im selben Arbeitsgang an seine Stelle gehängt.

Die *Weiselunruhe,* die man zu Beginn der Pflege abzuwarten hat, bewirkt nicht selten, daß das enggehaltene Pflegevolk Bienen an Nachbarvölker verliert. Ein Pflegevolk sollte nach Möglichkeit immer allein stehen. Befindet es sich in einem Block mit anderen Völkern, können ganze Volksteile geschlossen zum Nachbarn *überlaufen.* Gegen diese Unart helfen zwischen den Beuten angebrachte Blenden, die in die Flugfront vorragen (Abb. 48).

Während der Wartezeit vom Entweiseln bis zum Einbringen des Zuchtrahmens ist es ratsam, eine offene Brutwabe in der Mitte des Volkes zu plazieren. Offene Brut hält die Bienen im Kasten. Man spricht deshalb auch von der

Abb. 48: Seitliche Blenden zwischen den Beuten sollen das Überlaufen der Bienen von einem zum anderen Volk verhindern.

»Bannwabe«. Auch ist es nicht falsch, neben der Bannwabe vorübergehend eine freie Wabengasse zu schaffen, in der sich der Bienenüberschuß aufketten kann. Sobald die Bannwabe gegen den Zuchtrahmen ausgetauscht wird, schließt man auch die Wabengasse wieder, indem man die benachbarten Waben anrückt. Bei starken Pflegevölkern habe ich an diese Stelle auch manchmal eine Mittelwand gehängt und während der Pflege im Volk belassen. Ich bilde mir ein, durch die damit verbundene Massierung der Bienen (Baubienen) in unmittelbarer Nachbarschaft des Zuchtrahmens eine besonders gute Zellenannahme erreicht zu haben.

Frage 42: *Was macht man mit der Königin (und Brut) des entweiselten Pflegevolkes?*

Wenn es die Königin wert ist, bildet man mit ihr einen *Ableger* (s. **Frage 102**). Den Ableger macht man aber nach Möglichkeit nicht aus dem Pflegevolk selbst heraus, sondern aus irgendeinem anderen Volk. Das Pflegevolk sollte so stark als irgend möglich bleiben. Soweit man ihm beim Einengen Brut- und Honigwaben entnehmen muß, geschieht das ohne Bienen. Die überschüssigen Waben werden anderen Völkern zugehängt.

Abb. 49: Legende Königinnen aus Völkern, die man nur vorübergehend zur Pflege verwenden möchte, kann man für einige Tage – auch Wochen – mit Begleitbienen in »Okulierkäfigen« unterbringen. Gefüttert wird mit Zuckerwasser oder mit Futterteig und Wasser unter Verwendung handelsüblicher Tränkröhrchen. Die Königinnen kommen anschließend wieder ins Volk zurück.

Beabsichtigt man, die Königin nach vorübergehender Nutzung ihres Volkes zur Weiselpflege wieder in ihr Volk zurückzubringen, kann man sich den Aufwand der Bildung eines Ablegers sparen. Statt dessen hebt man die Königin mit etwa 50 Begleitbienen in einem kleinen Käfig auf (Abb. 49). Diese meist als *Okulierkäfige* bezeichneten und aus Holz gefertigten Behälter sind vorne mit einer einsteckbaren Glasscheibe als Sichtfenster und hinten oder auf dem Boden mit einem Lüftungsgitter versehen. Wir verwenden Käfige mit den Innenmaßen 70 mm × 55 mm (Höhe) × 35 mm. Man füttert die darin untergebrachte Bienenschar aus einem aufgesteckten Futtergläschen mit Zuckerwasser 1 : 1, oder man gibt Futterteig (mit Fumidil B) und reicht im Futtergläschen Wasser. Die Okulierkäfige stellt man abgedunkelt und mäßig warm im Zimmer auf. Wenn man sie im Brutschrank unterbringt, sollte dieser nicht über 25° C eingestellt sein. Die Bienen verhalten sich dann ruhiger und zehren weniger als bei Brutnesttemperatur. So aufgehoben, scheinen die Königinnen einige Tage bis wenige Wochen schadlos zu überstehen (s. auch **Frage 98**).

> **Frage 43:** *Was versteht man unter »aufgeteilter Pflege«, und welche Vorzüge hat sie?*

Während für den *Ansatz* von Weiselzellen die Stärke des Nachschaffungsinstinktes eines Pflegevolkes von Bedeutung ist, sind die Bienen bei der *Weiterpflege* bereits angebrüteter Zellen in der Regel sehr großzügig. Das funktioniert selbst in weiselrichtigen Völkern anstandslos. Allerdings muß man die Königin dieser Völker durch ein Absperrgitter vom Zuchtabteil fernhalten. Die Bienen

Abb. 50: An- und Endpflegevölker auf einer amerikanischen Zuchtstation.

wärmen dann nicht nur bereits gedeckelte Zellen, sondern versorgen auch offene Zellen mit Weiselfutter. Diesen Umstand sollte man in der Königinnenaufzucht nutzen.

Nehmen wir zunächst an, die Zellen seien bereits gedeckelt, was schon fünf Tage nach Zuchtbeginn der Fall ist. Dann ist das eigens zur Zucht vorbereitete Pflegevolk mit seinen vielen Ammenbienen und seinen immer noch vorhandenen reichlichen Futtersaftreserven als bloßer Wärme- und Feuchtigkeitsregulator fast etwas zu schade. Seine Pflegebienen werden arbeitslos, obgleich sie doch noch ganz auf die Produktion von Weiselfutter eingestellt sind. Deshalb empfiehlt es sich, die Weiselpflege *zweizuteilen*. Nur die *Anpflege* übernimmt das besonders dafür vorbereitete Pflegevolk, die *Reifung* der Zellen kann dagegen im Honigraum jedes beliebigen anderen Volkes erfolgen. Ja, es bedarf zu diesem Zweck nicht einmal eines Bienenvolkes! Ebensogut erfüllt ein *Brutschrank* diese Aufgabe. Das Pflegevolk aber steht unterdessen zu einer neuen Zuchtserie bereit.

Noch besser wird das Pflegevolk genutzt, wenn man nicht bis zur Deckelung der Zellen wartet, sondern den Wechsel bereits *nach einer kurzen Anbrütezeit* vornimmt. Nach frühestens einem, besser zwei Tagen Anbrütezeit kann der Zuchtrahmen umdirigiert werden. Zwei Dinge sind dabei wichtig: Erstens muß man vorher einige Brutwaben – offene, jung gedeckelte oder gemischte – in den Honigraum umhängen, damit hier gleich genügend Ammenbienen zur Weiterpflege der Larven zur Stelle sind, und zweitens darf man nicht den ganzen Zuchtrahmen einem einzigen Volk geben, sondern muß ihn auf mehrere – in der Regel auf drei – Wirtschaftsvölker aufteilen (s. **Frage 45**).

Die Aufteilung der Pflege bzw. die Trennung in *An-* und *Endpflege* ist in den großen Zuchtzentren in den Südstaaten Nordamerikas gang und gäbe (Abb. 50). Im internationalen Sprachgebrauch heißt das Pflegevolk, das die Anpflege bewerkstelligt, »starter«; die Völker, die für die Endpflege verantwortlich sind, werden »finisher« genannt.

Sowohl das Anbrütevolk als auch die Endpflegevölker können mehrmals – bei entsprechenden Vorkehrungen sogar während der ganzen Saison – zur Zucht verwendet werden (s. **Frage 46**). Man versäume es aber nicht, sowohl den Starter als auch den Pflegeraum des Finishers von Zeit zu Zeit auf wilde Nachschaffungszellen durchzusehen. Nicht nur daß die Annahme durch das Vorhandensein solcher Zellen leidet, eine unversehens schlüpfende Königin würde alle unsere züchterische Mühe zunichte machen.

Frage 44: *Wie gut ist die »Zucht im weiselrichtigen Volk«?*

Bis vor einigen Jahren verstand man in *Deutschland* unter dem hier genannten Verfahren die Anpflege von Weiselzellen in einem durch *bienendichtes Gitter* von der Königin getrennten Volksteil. Nach 24 Stunden wurde das Fliegengitter durch ein Absperrgitter ausgetauscht, wodurch der weisellose Volksteil wieder mit dem weiselrichtigen vereinigt wurde. Da die Völker früher überwiegend in Kästen mit nur zwei Räumen – einem Brut- und einem Honigraum – saßen, waren die notwendigen vorbereitenden Eingriffe für das Pflegeverfahren leicht durchzuführen. Neun Tage vor Zuchtbeginn wurden offene und gedeckelte Brutwaben in das Zuchtabteil umgehängt. Unmittelbar nach dem Einlegen des bienendichten Gitters – zwei Stunden vor dem Einbringen des Zuchtstoffes – kehrte man nach Möglichkeit noch einmal Jungbienen in das Zuchtabteil ab. Gleich, ob man den Honigraum oder den Brutraum zur Zucht verwendete, eine gewisse Mindestannahme an Zellen war mit diesem Verfahren stets gesichert. Strenggenommen vollzog sich dabei aber nur die *Endpflege* im weiselrichtigen Volk, die *Anpflege* fand im weisellosen Volksteil statt. Deshalb war auch die obige Namensgebung für diese Pflegemethode nicht richtig. Wenn man schon bei der traditionellen Bezeichnung dieses heute nur noch wenig geübten Verfahrens bleiben möchte, sollte man besser einschränkend von der »sogenannten Zucht im weiselrichtigen Volk« sprechen (Abb. 51).

In der übrigen Welt versteht man unter der *Zucht im weiselrichtigen Volk* eine Methode, die dieser Bezeichnung auch im wörtlichen Sinn entspricht. Hier wird das Zuchtabteil während der Anpflege nicht bienendicht vom übrigen Volk abgeschottet, sondern lediglich durch ein Absperrgitter getrennt. Dadurch

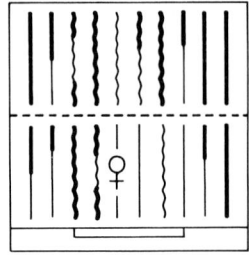

Abb. 51: Die »sogenannte« Zucht im weiselrichtigen Volk wird nur noch selten und vornehmlich von Hinterlader-Imkern durchgeführt.

a) Man hängt in den zur Weiselpflege vorgesehenen Raum – in der Regel in den Honigraum – eine Anzahl offener und gedeckelter Brutwaben.

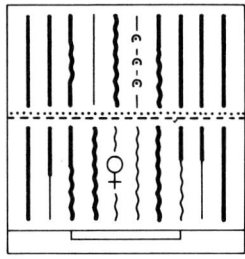

⇐ Jungbienen

b) Nach 9 Tagen legt man über das Absperrgitter ein bienendichtes Trenngitter und kehrt nach Möglichkeit noch einmal Bienen aus dem Brutraum in das Zuchtabteil ab. Zwei Stunden später gibt man den Zuchtstoff.

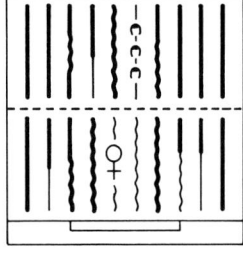

c) Nach 24 Stunden wird das Fliegengitter wieder entfernt. Das weiselrichtige Volk pflegt die königlichen Larven über dem Absperrgitter weiter.

entsteht unter den Bienen des Zuchtraums ebenfalls so etwas wie eine Nachschaffungsstimmung, die aber niemals die Intensität wie bei einem weisellosen Volk erreicht. Man nimmt an, daß die *Königinnensubstanz,* die im ganzen Bienenvolk kreist und für die innere Ordnung des Volkes verantwortlich ist, durch das Absperrgitter in ihrer Wirkung zumindest abgeschwächt wird. Bei der Zucht im weiselrichtigen Volk ist deshalb mit einer geringeren Zellenannahme zu rechnen als im weisellosen Volk.

Für die Zucht im weiselrichtigen Volk verwendet man gerne die *Trogbeute,* bei der Königinnen- und Zuchtabteil nebeneinanderliegen (Abb. 52). Das senkrechte Absperrgitter zwischen den beiden Räumen kann durch Einfügen in ein Holzschied etwas verkleinert werden, um dadurch den Austausch der

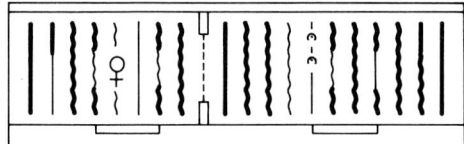

Abb. 52: Zur »echten« Zucht im weiselrichtigen Volk benützt man mit Vorliebe die Trogbeute. Nach dem Umhängen von Waben mit gedeckelter und offener Brut aus dem Raum mit der Königin in den durch Absperrgitter abgetrennten Nebenraum gibt man gleich oder etwas später einen Zuchtrahmen mit kleiner Serie. In 5tägigem Rhythmus wird der Zuchtrahmen mit den eben gedeckelten Zellen durch einen neuen mit frisch belarvten Näpfchen ersetzt. Die Zellen können in den Brutschrank wandern. Sobald die in das Zuchtabteil umgehängten Brutwaben zu schlüpfen beginnen, tauscht man sie mit offenen oder jung gedeckelten Brutwaben aus dem Königinnenabteil aus. Königin- und Zuchtabteil haben in der Regel getrennte Fluglöcher.

Königinnensubstanz weiter zu erschweren. Selbstredend braucht man Ammenbienen im Zuchtabteil. Sie werden zu Beginn der Zucht mit mehreren offenen und/oder gedeckelten Brutwaben, nach Möglichkeit mit ansitzenden Bienen, dorthin umgehängt.

Ähnlich verfährt man auch in der Magazinbeute. Dabei wird das Volk in der Regel auf zwei Zargen eingeengt: unten befindet sich die Königin, oben – über Absperrgitter – wird gezüchtet. Ob man durch teilweises Abdecken des Absperrgitters und mit der damit bezweckten Einschränkung des Bienenaustausches zwischen Königinnen- und Zuchtabteil die Annahmechancen verbessern kann, ist denkbar, aber nicht erwiesen. In dieselbe Richtung zielen amerikanische Praktiken, wobei man auf das Absperrgitter erst noch eine Honigzarge stellt, um im obersten (dritten) Raum, der ausschließlich Brutwaben enthalten soll, zu züchten. Hier entsteht so etwas wie eine neue Volkseinheit, in der die Zucht besonders gut gedeiht (Abb. 53). Dieses Verfahren ist auch in unseren Breiten durchführbar, wenn auch nur mit besonders starken Völkern.

Der *Vorteil* der Zucht im weiselrichtigen Volk liegt darin, daß man im gleichen

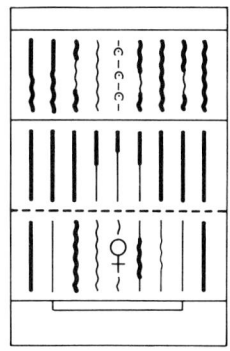

Abb. 53: Die wortgetreue »Zucht im weiselrichtigen Volk« ist auch in der Magazinbeute möglich. Man sucht sich dazu ein besonders starkes und brutlustiges Volk mit zwei Bruträumen und einem Honigraum aus. Für die Zucht bleibt ein Brutraum mit der Königin unten, darüber kommt über Absperrgitter der Honigraum ohne Brut, und ganz obenauf stellt man die mit möglichst vielen offenen und gedeckelten Brutwaben ausgestattete zweite Brutzarge.

Volk die ganze Zuchtsaison über Weiselzellen pflegen lassen kann. Alle fünf Tage werden die gedeckelten Weiselzellen entnommen und durch einen neuen Zuchtrahmen ersetzt. Die zuerst meist spärliche Annahme bessert sich von Mal zu Mal, so daß man glauben möchte, das Pflegevolk würde seine Aufgabe »lernen«. Wahrscheinlich wird es aber nur immer mehr der räumlichen Beschränkung seiner Königin gewahr. Natürlich muß man dafür sorgen, daß von Zeit zu Zeit – am besten mit dem Wechsel der Zuchtrahmen– die Brut im Zuchtabteil erneuert wird. Soweit hier Brutwaben geschlüpft sind, schüttelt man die Bienen an Ort und Stelle ab und hängt die Waben zur neuerlichen Bestiftung ins Königinnenabteil zurück. Dafür kommen neue Brutwaben ins Zuchtabteil.

Ich hatte den Eindruck, daß zumindest bei Beginn der Zucht im weiselrichtigen Volk ausnahmsweise auf etwas Futtersaft umgelarvte Maden besser angenommen wurden als trocken umgebettete. Am besten scheint jedoch die Zucht in Schwung zu kommen, wenn man die erste Serie mit bereits angebrüteten Näpfchen starten kann. Wer mit Starter und Finisher arbeitet (s. **Frage 43**), kann nach dem Durchlauf der ersten drei aufgeteilten Serien durch den Honigraum der Finisher diese Völker auch als weiselrichtige Pflegevölker weiterverwenden. Die Bienen im Honigraum haben sich inzwischen auf die Weiselpflege eingestellt und starten auch mit frisch umgelarvten Zuchtmaden – auch wenn diese nicht auf Futtersaft liegen.

Es ist wichtig, daß man zwischen den einzelnen Serien im weiselrichtigen Pflegevolk keine züchterische Pause eintreten läßt. Beim Entfernen des Zuchtrahmens mit den eben gedeckelten Zellen muß sofort der neue mit den Larven an seine Stelle gehängt werden. Wartet man einen Tag oder auch nur mehrere Stunden, sinken die Annahmechancen erheblich – besonders wenn junge Brut in der Nähe ist, an der die Bienen wilde Nachschaffungszellen ansetzen können. Auf solche Zellen ist ohnehin während der ganzen Zuchtzeit im weiselrichtigen Volk sorgsam zu achten. Sie würden – auch im gedeckelten Zustand – die Annahme erheblich verschlechtern, und falls sie zum Schlupf kämen, die ganze Zucht verderben.

Wer im weiselrichtigen Volk züchtet, sollte die Monate Mai, Juni und Juli dazu ausnützen. Später, besonders wenn bereits die Drohnen abgetrieben werden, ist das weiselrichtige Volk nicht mehr zur Pflege von Königinnen bereit.

Frage 45: *Hat die Größe der Zuchtserie einen Einfluß auf die Ausbildung der Königinnen?*

Die Regel, daß »schlechte« Pflegevölker schlechte (kleine) und »gute« Pflegevölker gute (große) Königinnen produzieren, gilt nur mit Einschränkung. *Weisellose Pflegevölker* können bei entsprechendem Angebot eine so große Zahl an Weiselnäpfchen annehmen, daß man trotz oder gerade wegen der

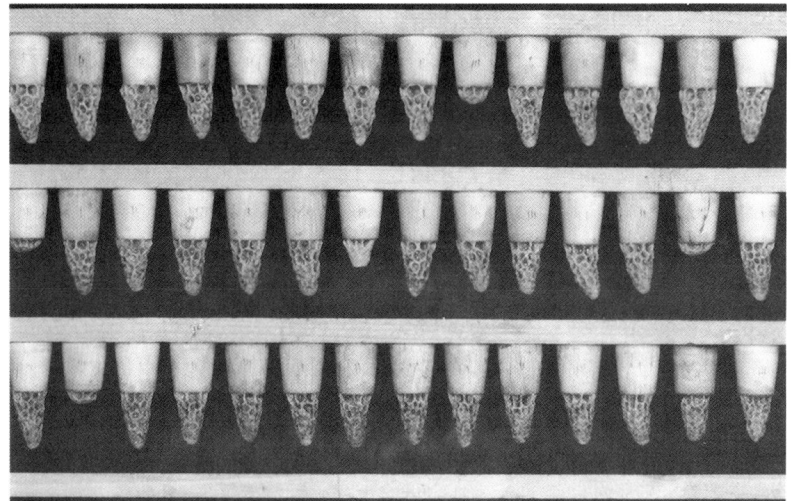

Abb. 54: Ein gutes Pflegevolk ist mit einer Zuchtserie von 45 Näpfchen nicht überfordert – auch wenn man die Weiselzellen bis zur Verdeckelung darin beläßt.

hervorragenden Pflegebereitschaft mit kleinen Königinnen rechnen muß. Es scheint deshalb nicht geraten, die Pflegebienen mit einem Überangebot an Zuchtlarven zu versorgen, in der Annahme, daß sie die ihnen zuträgliche Larvenzahl schon auszuwählen wüßten. Die Erfahrung lehrt, *daß normale Pflegevölker der Carnica-Rasse mit ca. 45 gleichzeitig gebotenen* Weiselwiegen an einem Zuchtrahmen mit drei Zuchtlatten gut bedient sind (Abb. 54). Besonders starke, evtl. vereinigte Völker leisten mehr. Man kann das Doppelte und mehr erreichen, sollte dann aber die Zellen auf alle Fälle nur anpflegen lassen. Entweiselte Ableger oder Schwärme, die man zur Pflege heranziehen kann, bewältigen natürlich entsprechend weniger.

Wer in einem königinnenfernen Abteil eines *weiselrichtigen Pflegevolkes* Zucht betreibt, braucht sich über die richtige Größe der Zuchtserie in der Regel keine Gedanken zu machen. Die Bienen beschränken in diesem Fall die Annahme von selbst und meist stärker, als einem lieb ist (s. **Frage 44**). Wir müssen annehmen, daß die Bienen hier oft weniger Larven in Pflege nehmen, als sie von ihrer Futtersaftkapazität her vermöchten.

Die Betrachtungen über das Annahmeverhalten eines weiselrichtigen Pflegevolkes gelten nicht mehr, wenn es um die *Endversorgung bereits angepflegter Weiselzellen im Honigraum des weiselrichtigen Volkes* geht (s. **Frage 43**). Hier könnte sich der Endpfleger leicht übernehmen, wenn man ihm auf einen Streich zu viele offene Weiselzellen anbieten würde. Man darf nicht vergessen, daß die königlichen Maden mit dem Älterwerden immer mehr Futtersaft verschlingen

Abb. 55: Bei der geteilten Pflege wird die Zuchtserie nach zwei Tagen Anbrütezeit aus einem weisellosen Startervolk auf (in der Regel drei) Endpflegevölker aufgeteilt.

und daß das weiselrichtige Endpflegevolk auch noch für die eigene offene Brut zu sorgen hat. Es empfiehlt sich deshalb, dem Endpflegevolk *nur kleine Serien* zu geben, und das in einem Zeitabstand, in dem die Deckelung der jeweils vorhergehenden Serie abgeschlossen ist. In der Regel verteilt man die angebrütete Zuchtserie aus einem weisellosen Volk auf drei weiselrichtige Endpfleger (Abb. 55). Wenn man dem Anbrütevolk alle zwei Tage eine Zuchtserie (mit 45 Zellen) entnimmt und zu je 15 Zellen in die Endpflegevölker weitergibt, haben diese immer nur 15 offene Weiselzellen gleichzeitig zu versorgen. Beim Erscheinen der nächsten 15 Zellen ist die vorausgegangene Serie bereits gedeckelt. Die Deckelung erfolgt bekanntlich vier Tage nach dem Umbetten 1tägiger Arbeiterlarven.

Für die zweigeteilte Pflege in einem Anbrütevolk und mehreren Endpflegern eignet sich ein Zuchtrahmen, dessen Seitenleisten auf der Innenseite mit je drei Quernuten versehen sind, in die die Zuchtlatten eingeschoben werden können (Abb. 32).

Frage 46: *Wie viele Zuchtserien mit optimalen Königinnen kann ein Pflegevolk aufziehen?*

Ähnlich wie bei der Frage nach der Größe der Zuchtserien darf man auch hier keine einheitliche Antwort erwarten. Es kommt dabei entscheidend auf die Pflegemethode und die Art ihrer Durchführung an. Wenn man eine Zuchtserie von 45 Zellen in einem *weisellosen Volk* aufziehen läßt und erst kurz vor dem Schlüpfen der Zellen (also ca. zehn Tage nach dem Umlarven) herausnimmt, wird man *eine zweite – aber schwerlich noch eine dritte –* Serie wagen dürfen. Anderenfalls müßte man mit einer Gewichtsabnahme der Königinnen rechnen. Wenn man die Zellen gleich nach dem Deckeln, also fünf Tage nach dem Umlarven entfernt, erreichen die Königinnen der dritten Serie aber noch annähernd das gleiche Durchschnittsgewicht wie die der ersten Serie. Dies haben Wiederholungszuchten in unverstärkten weisellosen Pflegevölkern erkennen lassen (s. **Frage 47**). Bei 2tägigem Wechsel der Zuchtrahmen, wobei die Endpflege in weiselrichtigen Völkern erfolgt, kann man ohne Bedenken *wenigstens fünf Serien* aufziehen lassen. Erstens verbrauchen die Bienen bei der Pflege der jungen Maden nicht viel Futtersaft, und zweitens sind nach fünf Anzuchtserien erst zehn Pflegetage vergangen, d. h., das Volk ist noch ebenso jung wie nach der Aufzucht einer einzigen Zuchtserie bis zum Schlupf.

Wenn man dem *Starter* ständig neue schlüpfende Brut zusetzt, kann man ihn die ganze Bienensaison über zur Anpflege nützen. Dasselbe gilt für die *Finisher*, die für die Endpflege der Zellen zu sorgen haben. Bei ihnen werden die Brutwaben in regelmäßigen Abständen aus der Zarge mit der Königin in die Zuchtzarge umgehängt. Wir haben schon gehört, daß diese Völker, wenn sie einmal zur Pflege angebrüteter Zellen verwendet wurden, auch zur Anpflege frischer Zuchtserien fähig sind (s. **Frage 44**). Damit sind wir wieder bei der »Zucht im weiselrichtigen Volk« angekommen. Im *weiselrichtigen Volk* kann man *so lange optimale Königinnen züchten, wie man für genügend Jungbienen im Anzuchtraum sorgt.*

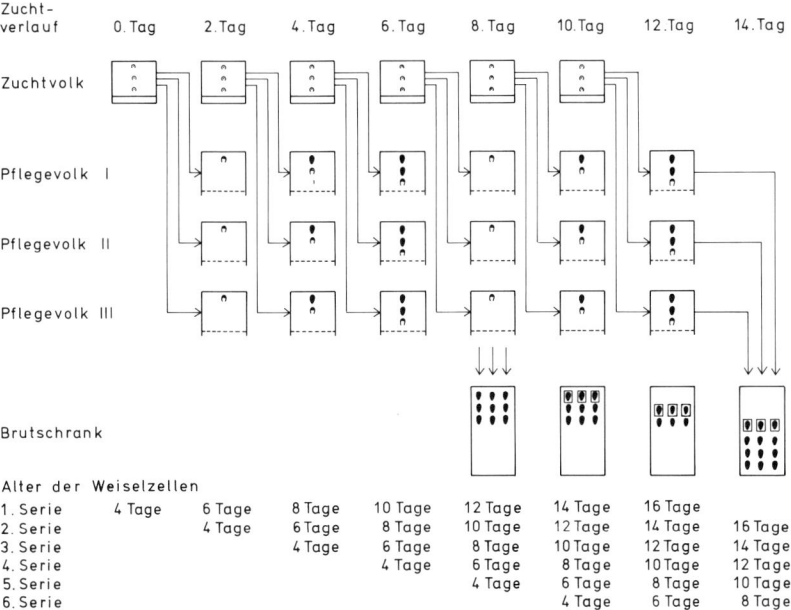

Abb. 56: Schema einer Zuchtfolge in einem Anbrüter und drei Endpflegevölkern unter Benützung eines Brutschrankes. Wenn man davon ausgeht, daß aus dem Starter alle 2 Tage eine Zuchtserie mit 45 Zellen entnommen und auf die drei Endpflegevölker verteilt werden, haben diese zu keiner Zeit mehr als 15 offene Weiselzellen zu pflegen. Theoretisch fallen innerhalb von 14 Tagen 2 mal 135 Zellen für die Weiterentwicklung im Brutschrank an.

Da bei den großen Verkaufszüchtern die »aufgeteilte Pflege« eine besonders große Rolle spielt, sehen wir uns dieses Zuchtverfahren einmal in einem Schema an. Dabei haben wir einen Starter und drei Endpflegevölker (Abb. 56). Wenn wir die Zucht über mehrere Serien laufen lassen wollen, brauchen wir dazu ein weiteres Wirtschaftsvolk als Wärmequelle für die gedeckelten Weiselzellen. Besser ist an seiner Stelle ein Brutschrank, ohne den ein größerer Zuchtbetrieb kaum auskommt.

Frage 47: *Wie lange ist ein entweiseltes, unverjüngtes Volk zur Nachschaffung fähig?*

Diese Frage ist von mehr wissenschaftlicher Bedeutung, dürfte aber auch den Praktiker interessieren. Sehen wir uns das Beispiel einer bis zum Geht-nicht-mehr fortgeführten Wiederholungszucht etwas genauer an. Ich züchtete in

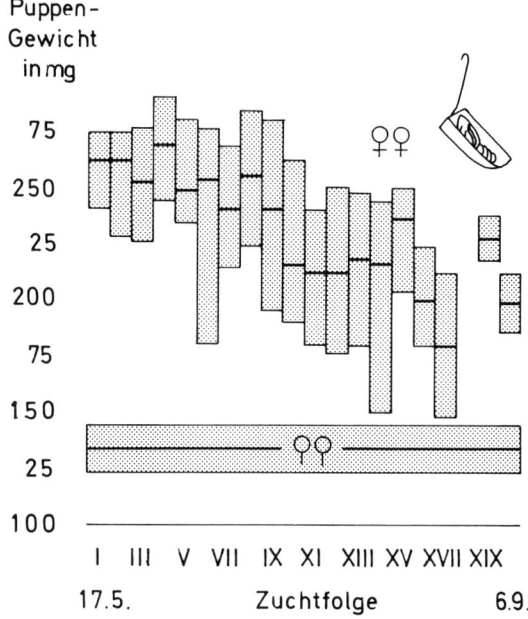

Abb. 57: Puppengewichte im Verlauf einer permanenten Zuchtfolge in einem unverjüngten Pflegevolk. Die Säulchen veranschaulichen die Schwankungsbreite zwischen dem höchsten und dem niedrigsten Puppengewicht in jeder Zuchtserie, während der fette Teilungsstrich das mittlere Puppengewicht markiert. Zum Vergleich sind als durchgehender Block Mittelwert und Variationsbreite der Puppengewichte von 30 Arbeiterinnen aus dem Zuchtvolk eingezeichnet.

Tabelle 1: Larvenangebot und Zahl der erbrüteten Königinnen in aufeinanderfolgenden Zuchtserien in einem entweiselten, unverjüngten Pflegevolk. Der Zuchtrahmen wurde jeweils gleich nach dem Deckeln der Zellen – zuerst 5, später wegen der verlangsamten Entwicklung 6 und 7 Tage nach dem Umlarven – ausgewechselt.

Zucht-serie Nr.	angebo-tene Larven	ange-nommene Larven	Eingegangen im Stadium der			erbrütete Königinnen
			Rundmade	Steckmade oder Puppe	bei der letzten Häutung	
I	24	14	–	1	–	13
II	24	14	–	–	–	14
III	24	20	–	1	–	19
IV	24	22	–	2	–	20
V	24	15	–	–	–	15
VI	24	17	–	–	–	17
VII	24	19	–	–	–	19
VIII	24	11	–	1	–	10
IX	24	17	–	3	–	14
X	24	22	2	2	2	16
XI	24	15	–	2	–	13
XII	24	13	–	1	–	12
XIII	24	14	3	4	1	6
XIV	24	12	3	3	1	5
XV	24	10	1	3	1	5
XVI	24	11	2	1	2	6
XVII	24	9	3	2	1	3
XVIII	16	4	2	2	–	–
XIX	16	4	2	–	–	2
XX	8	2	–	–	–	2
XXI	8	2	2	–	–	–
XXII	8	2	2	–	–	–

einem entweiselten Volk fortlaufend in der Weise, daß ich nach dem Deckeln jedes Zuchtansatzes sofort eine neue Serie mit jeweils 24 umgelarvten 1tägigen Maden einleitete. Nach 20 Serien war das Volk am Ende. Nachdem es schon mehrmals eingeengt worden war, hatte es zuletzt sogar in einem Dreiwaben-Begattungskästchen Platz. Die Restbienen waren am Ende des Versuches wenigstens 112 Tage alt.

Das Volk nahm bei konstantem Angebot von 24 Maden je Zuchtserie von Anfang an nicht sehr viele Zellen an, doch ging die Zahl der erbrüteten Königinnen erst nach der XII. Serie drastisch zurück (s. *Tabelle 1*). Auf späterem Versuchsstadium blieben immer mehr Königinnen zunächst als Steckmade oder Puppe, dann auch als Rundmade auf der Strecke. Zuletzt bestand die Ausbeute an Königinnen pro Zuchtserie zweimal hintereinander nur noch aus zwei Tieren. Danach war das schwache Völkchen zur Pflege weder von Arbeiter- noch von Königinnenmaden mehr in der Lage.

Wie Abbildung 57 zeigt, nimmt das Durchschnittsgewicht der Königinnenpuppen während der ersten Pflegeansätze nur sehr zögernd ab. Einzeltiere erreichten bis zur IX. Serie Spitzengewichte, wie sie nicht einmal zu Beginn des Versuches auftraten. Später wurde der Gewichtsabfall, dessen Ausmaß bis zu einem gewissen Grad auch von der Zahl der angenommenen Zellen abhing, aber doch sehr deutlich. Jetzt änderten sich auch das Aussehen und die Beschaffenheit der Weiselzellen. Die Zellen blieben nicht nur klein, sondern krümmten sich auch hörnchenförmig ein (Abb. 58 a). Zuletzt schmiegten sie sich regelrecht an den Stopfen an (Abb. 58 b). Ihre Insassinnen waren ebenfalls stark eingekrümmt, sie hatten einen deutlichen Buckel (Abb. 58 c) und waren nicht mehr in der Lage, die Imaginalhäutung zu vollziehen. In einigen Serien der fortgeschrittenen Pflegefolge wiesen die angesetzten Zellen einen besonders großen Hohlraum zwischen Deckel und Kokongespinst auf (Abb. 58 d).

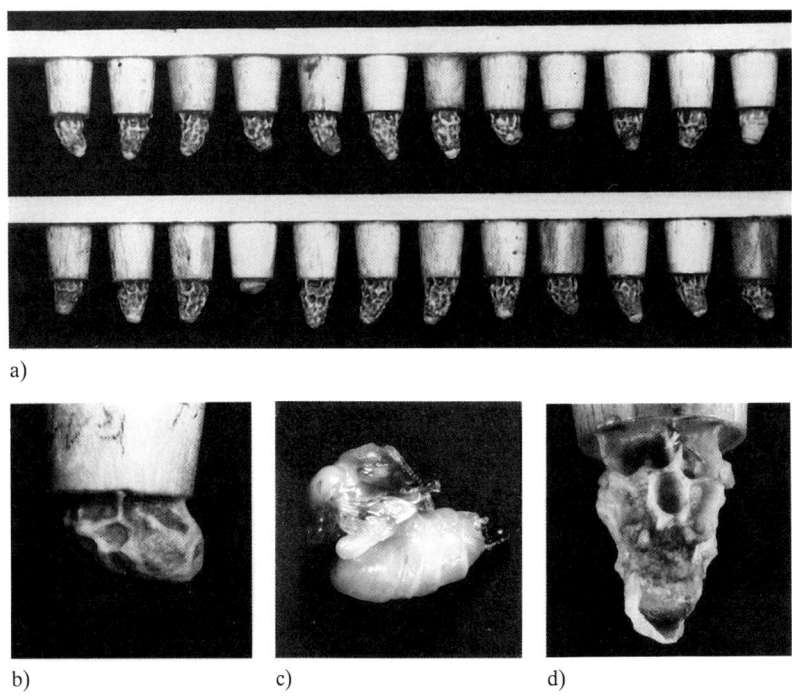

Abb. 58a–d: Mit dem Kleinerwerden der Königinnen im Verlauf der Wiederholungszuchten veränderte sich auch die Form der Weiselzellen in typischer Weise: sie krümmten sich hörnchenförmig (*a*), bis die sich zuletzt fast waagrecht an die Zuchtstopfen anschmiegten (*b*). Die darin erbrüteten Königinnen waren buckelig und erreichten das Erwachsenenstadium nicht mehr (*c*). Zwischenzeitlich wiesen die Weiselzellen bei den Wiederholungszuchten zwischen Deckel und Kokongespinst einen besonders großen Hohlraum auf (*d*).

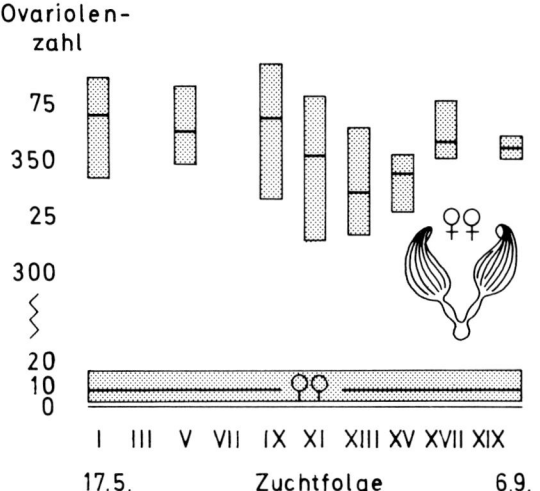

Abb. 59: Die Ovariolenzahl der gezüchteten Königinnen lag am Ende der Pflegefolge überraschenderweise nicht unter den Anfangswerten, obgleich die Eierstöcke insgesamt mit der Abnahme der Königinnengewichte kleiner wurden. Zum Vergleich ist die durchschnittliche Eischlauchzahl nebst Schwankung bei 30 Bienen des Zuchtvolkes angegeben.

Die in den Zellen der verpuppten Tiere enthaltenen Restfuttermengen nahmen schon mit den ersten Serien deutlich ab und sanken sehr rasch bis auf Null. Zwischen den Königinnengewichten und den Futtersaftresten ließen sich innerhalb derselben Serie keine Abhängigkeiten feststellen (s. **Frage 65**).

Die Formkriterien von Kopf, Kiefer und Ferse der erbrüteten Königinnen (s. **Frage 27**) zeigten mit fortschreitender Zahl der Zuchtserien mehr oder weniger große Abweichungen vom optimalen Königinnentyp in Richtung Arbeitsbiene. Einzelne Tiere waren aber bis zuletzt merkmalsmäßig typisch königinnenhaft. Erstaunlicherweise blieb die Zahl der Eischläuche bis zum Ende des Versuches sehr konstant. Die zuletzt aufgezogenen, sehr kleinen und teilweise buckeligen Individuen hatten ebenso viele Eiröhren wie die Königinnen aus den ersten Zuchtserien (Abb. 59).

Auffällig war indessen eine deutliche Verlangsamung der Königinnenentwicklung mit fortschreitender Pflegefolge. Obgleich die Zellen nach dem Deckeln sofort in den Brutschrank mit immer gleichbleibendem Kleinklima kamen, dauerte es auf späterem Versuchsstadium bis zum Schlupf der Königinnen fast so lange, wie Arbeitsbienen zum Schlüpfen brauchen.

Nach dem Ausgang der Versuche darf es als erwiesen gelten, daß Bienen, solange sie Arbeiterlarven großziehen können, auch in der Lage sind, Königinnen zu erbrüten. Es hat sich auch gezeigt, daß in einem Volk, das keine Verstärkung durch Jungbienen erhält, die Volksinsassen erheblich älter werden als in einem weiselrichtigen Volk und diese überalterten Bienen bis an ihr Lebensende Futtersaft – auch Königinnenfuttersaft – erzeugen können.

Frage 48: *Was soll man vom Anbrütekasten halten?*

Der Anbrütekasten stellt einen Sonderfall in der Weiselpflege dar. Auch wenn er nicht sehr häufig benützt zu werden scheint, ist er doch bei den Imkern immer lebhaft im Gespräch. Da man für seinen Einsatz nur Schröpfbienen aus Wirtschaftsvölkern braucht, könnte man meinen, daß er eine Zucht mit besonders geringem Aufwand ermögliche. Trifft das auch zu?

Während im Ausland meist relativ große Anbrütekästen, z. T. ganze Zargen verwendet werden, in die man ein bis mehrere Zuchtrahmen zwischen Honig-, Pollen- und Leerwaben hängt, ist in Deutschland der *Dreiwaben-Anbrütekasten* verbreitet (Abb. 60 a, b). Er wird ausgestattet mit einer Honigwabe, einer Wabe mit Pollen und einer Leerwabe, in die man etwas Wasser spritzt. Etwa 3 cm über den Waben befindet sich ein Innendeckel mit zahlreichen Löchern für die Aufnahme der Zuchtstopfen. Darauf kommt ein gut isolierter Außendeckel. Die notwendige Luft erhalten die Bienen durch ein großflächiges Gitter im Kastenboden.

In diesen Kasten kehrt man aus einem oder mehreren Völkern Bienen von fünf bis sechs Brut- und zwei Honigwaben. Man stellt ihn für ca. sechs Stunden abgedunkelt in einen nicht zu warmen Raum. Günstig ist eine Temperatur von etwa 18 °C. Dann setzt man die Stopfen mit den Zuchtlarven ein. Man rechnet mit einer Annahme von 40 bis 50 Zellen. Nach 24 Stunden werden die Zellen entnommen und in Honigräume von weiselrichtigen Endpflegevölkern verteilt. Man kann auch eine zweite Zuchtserie anbrüten lassen, ob auch noch eine dritte, bleibt eine Streitfrage. Nach spätestens drei Tagen müssen die Bienen in ihre Ausgangsvölker zurückgegeben werden.

Nicht jedem Züchter will das Verfahren gelingen. Man braucht das richtige Bienengemisch und die richtige Bienenmenge im Verhältnis zur Größe des Anbrütekastens. Belüftung, Temperatur, Aufstellungsplatz, die Dauer der Weisellosigkeit und andere Kleinigkeiten können für den Annahmeerfolg entscheidend sein. Wenn man außerdem bedenkt, daß man zu guter Letzt zur Herstellung von Begattungsvölkchen noch einmal Bienen abkehren muß, *weiß man nicht recht, was mit dem Anbrütekasten tatsächlich gewonnen ist.* Wer ihn benützt, wird es wohl wissen.

Abb. 60a, b: Im deutschsprachigen Raum ist besonders der kleine Anbrütekasen mit nur 3 Waben weit verbreitet.
a) Bei der Besetzung des Kastens mit Bienen muß man vor allem auf die richtige Alterszusammensetzung achten.
b) Die im einzelnen unterschiedlichen Konstruktionen haben stets eine ausreichende Bodenbelüftung und eine gute Wärmeisolierung im Deckel gemeinsam. Der Innendeckel kann mit herausnehmbaren Zuchtlatten mit Löchern für die Zuchtstopfen ausgestattet werden. Die Maße in der Bauzeichnung sind auf die Zander-Wabe (mit kurzem Ohr) abgestimmt. Für die Kastenwände genügt eine Holzstärke von 16 mm.

a)

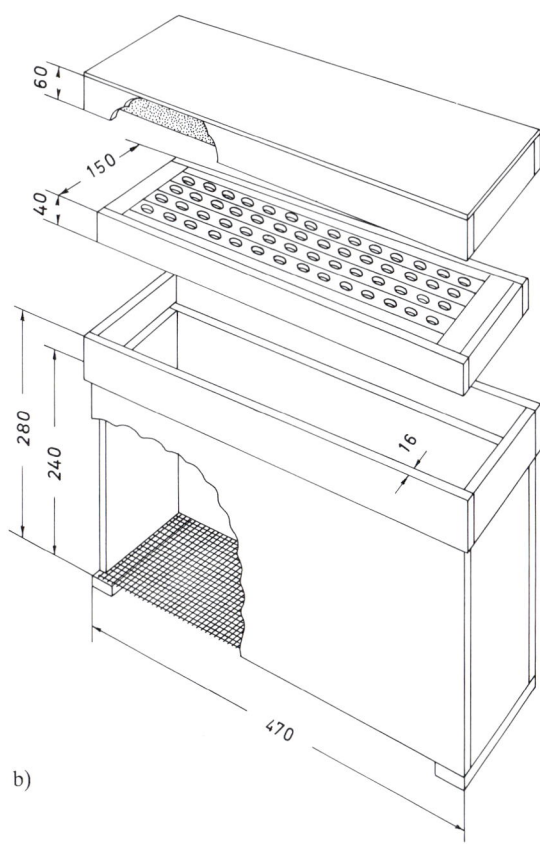

b)

Frage 49: *Warum beschränkt man sich in der Zuchtpraxis nicht auf eine einzige Pflegemethode?*

Die Imkereien im mitteleuropäischen Raum haben *keinen Einheitscharakter.* Jeder Betrieb ist anders beschaffen, hat andere Standgröße, arbeitet mit anderen Beuten, ist mit anderen Trachtverhältnissen konfrontiert, verfolgt eine andere Betriebsweise usw. Schon deshalb darf es nicht verwundern, daß es auch verschiedene Pflegemethoden gibt. Es ist von Bedeutung,
- ob man schon sehr früh im Jahr oder noch sehr spät züchten will,
- ob man die Zellen alle zur gleichen Zeit braucht oder über einen größeren Zeitraum hinweg,
- ob man viel oder wenig Königinnen haben will,
- ob man Brutwaben im Zuge der Schwarmbekämpfung loswerden möchte oder überzählige Bienen hat, die es zu verarbeiten gilt,
- ob man von heute auf morgen züchten möchte oder genügend Zeit zur Vorbereitung einer Pflege hat ...

und sicher ließe sich noch manches mehr aufzählen. Das alles sind die Gründe, weshalb man mehrere Zuchtmethoden kennen sollte, um unter ihnen die jeweils am besten geeignete auszuwählen.

Frage 50: *Was hat offene Brut im Pflegevolk zu suchen?*

Vornehmlich aus Rußland kam in den letzten Jahren die Kunde, daß in Pflegevölkern mit offener Brut größere Königinnen zu erzielen seien. Exakt nachprüfen läßt sich das nicht, da kein Pflegevolk dem anderen gleicht. Soweit ich aufgrund meiner langjährigen Zuchtversuche mit regelmäßigen Gewichtsbestimmungen der Zuchtprodukte in der Lage bin, Serien aus Pflegevölkern mit *neun Tage abgesperrter* Königin und aus *eben entweiselten* Völkern zu vergleichen, kann ich zwischen den unter beiden Bedingungen gezüchteten Königinnen keinen Unterschied feststellen. Wahrscheinlich läßt man sich hier nur allzuleicht vom Gefühl verführen. Sicher ist aber, daß die Anwesenheit von offener Brut im nachschaffenden, weisellosen Volk die Annahme von Edellarven zahlenmäßig verringert. Außerdem bekommt der Züchter zusätzliche Arbeit, denn er muß wilde Nachschaffungszellen suchen und ausbrechen.

Selbst bei der »aufgeteilten Pflege« mit der Versorgung der angebrüteten Zellen im Honigraum von weiselrichtigen Endpflegevölkern (s. **Frage 43**) ist noch nicht sicher entschieden, ob man besser offene oder gedeckelte Brut umhängen sollte. Bisher hat man sich vorgestellt, daß die Anwesenheit von offener Brut am raschesten Pflegebienen in die gewünschte Region dirigieren würde. Aber auch hier scheinen Theorie und Praxis nicht dasselbe zu sein. Besonders jüngste Erfahrungen bei der *Integrierten Königinnenzucht* (s. **Frage**

52) deuten darauf hin, *daß gedeckelte Brut nicht minder wirksam ist und offenbar in derselben oder in noch stärkerer Weise Stockbienen anlockt.* Da diese keine benachbarte Arbeiterbrut zu pflegen haben, können sie sich ganz auf die Versorgung der Weiselmaden konzentrieren.

Frage 51: *Wie verträgt sich die Weiselpflege mit der Brutmilbenkrankheit?*

Ein Überblick über die verschiedenen Pflegeverfahren zur Königinnenaufzucht ist heute leider nicht mehr möglich, ohne das allgegenwärtige Probleme der »neuen« Bienenkrankheit *Varroatose* damit in Verbindung zu bringen. Die Insassen der Weiselzellen können theoretisch von der Varroamilbe ebenso befallen werden wie der Nachwuchs in den Arbeiter- und Drohnenzellen. Auch wenn die Milben auf Grund der kurzen Entwicklungszeit der Bienenköniginnen mit der nur 8tägigen Verdeckelungsdauer ihren Erwachsenenzustand nicht erreichen und sich nicht fortpflanzen, wäre doch mit einer Schädigung der befallenen Königinnenpuppen zu rechnen. Erstaunlicherweise sind bisher bei den Züchtern noch kaum Klagen in dieser Hinsicht laut geworden, so daß man sich die Frage stellen muß, ob Weiselzellen möglicherweise für den Parasiten weniger attraktiv sind als Arbeiter- und Drohnenzellen. Die Vorliebe der Varroamilben für Drohnenzellen ist ja allgemein bekannt.

Auf jeden Fall wird man in einem stark varroabefallenen Volk nicht züchten. Intensive Diagnose- und Bekämpfungsmaßnahmen sind deshalb in einem Königinnenzuchtbetrieb unerläßlich. Darüber hinaus wird man sich Gedanken über die Pflegemethode machen: Rein überlegungsmäßig sind die heranwachsenden Königinnen im »neun Tage weisellosen Pflegevolk« am meisten gefährdet, da die »freien Varroamilben« ausschließlich königliche Brut als Wirtstiere im Volk vorfinden. In einem Pflegevolk mit »neun Tage abgesperrter Königin« gibt es wenigstens bis unmittelbar vor Zuchtbeginn noch aufnahmebereite Brutstadien für den Parasiten, und im »eben entweiselten Volk« haben die Varroamilben *noch* länger Gelegenheit, in Arbeiter- oder Drohnenbrutzellen zu verschwinden, ehe die Weiselmaden in das aufnahmefähige Alter kommen. Günstig liegen die Verhältnisse auch bei der »aufgeteilten Pflege«: Im Starter sind die Maden noch zu jung, um von der Milbe befallen zu werden, und im weiselrichtigen Finisher ist genügend andere Brut in allen Stadien vorhanden, bei der die Varroaweibchen unterkommen können. Ähnlich liegen die Verhältnisse auch bei der »Zucht im weiselrichtigen Volk« (s. **Fragen 40, 43** und **44**). Man könnte sich weiter überlegen, ob man nach erfolgtem Zellenansatz nicht eine Wabe mit deckelungsreifer Arbeiter- oder, noch besser, Drohnenbrut neben den Zuchtrahmen hängen solle, um die Varroamilben dadurch von den Weiselzellen abzuhalten. Alternativ oder zusätzlich zu dieser biotechnischen Maßnahme könnte man auch eine Chemotherapie mit der Königinnenaufzucht verbinden.

Mit den Mitteln *Folbex VA* und *Illertissener Milbenplatte* müßte die Behandlung ein bis zwei Tage nach dem Zellenansatz erfolgen, wobei für den Einsatz von *Folbex* vorübergehend eine Leerzarge aufzusetzen wäre. Systemische (über das Blut der Biene wirkende) Mittel, wie das neu zugelassene *Perizin*, wird man dagegen schon vor dem Pflegebeginn zum Einsatz bringen. Wichtig ist jedoch, daß man bei allen chemotherapeutischen Maßnahmen die Frage der Rückstandsbildung im Honig nicht aus dem Auge läßt. Bei *weisellosen Pflegevölkern*, die für die Honiggewinnung ohnehin weitgehend ausfallen, gibt es wenig Bedenken, dagegen wird man bei der *Pflege (bzw. Weiterpflege) im weiselrichtigen Volk* stets die Verträglichkeit der Anwendungsvorschrift für das eine oder andere Mittel mit dem Pflegeverfahren zu prüfen haben.

Stellen wir noch einmal fest: Ob und wie die *Varroatose* im Zusammenhang mit der Königinnenaufzucht bekämpft werden muß, wird sich noch zeigen. Wir werden erst dann genaues wissen, wenn wir über das Verhalten der Varroamilbe gegenüber den Königinnenzellen besser im Bilde sind.

Frage 52: *Was versteht man unter »Integrierter Königinnenzucht«?*

»Integriert« will in diesem Zusammenhang heißen: in die allgemeine Völkerbehandlung einbezogen. So stellt sich das Verfahren auf den ersten Blick auch nicht als eigene Zuchtmethode dar: Es gibt kein ausgewähltes Pflegevolk, und man strebt weder eine große noch wiederholte kleine Zuchtserien an. Vielmehr wird bei diesem Verfahren *jedes einzelne Wirtschaftsvolk kurzfristig zum Pflegevolk* – genauer gesagt, *zum weiselrichtigen Pflegevolk* – gemacht.

Dabei ist man sich von vorneherein darüber klar, daß man mit nur wenigen Zellen rechnen kann. Außerdem zeigt die Erfahrung, daß nur etwa die Hälfte der Völker überhaupt zu einem Zellenansatz bereit ist.

In der *Erlanger Betriebsweise* spielt die Integrierte Königinnenzucht eine zentrale Rolle. Wir bieten in der Zeit der Aufwärtsentwicklung der Bienenvölker jedem Wirtschaftsvolk ein paar mit Edellarven versehene Weiselnäpfchen an. Bequem ist die Verwendung von Kunststoffbechern, die mit etwas Mittelwandwachs an dreieckige Blechzungen angeklebt werden (Abb. 61 a). Es wird trocken umgelarvt (Abb. 61 b). Das macht man am besten am Standplatz des Zuchtvolkes. Die belarvten Näpfchen kann man von dort aus ohne besonderen Schutz auf jeden anderen Außenstand transportieren. Wie wir unter **Frage 29** erfahren haben, bleiben die Maden außerhalb des Volkes mindestens sechs Stunden lebensfähig, gleich, ob sie sich noch in der Wabe oder bereits umgelarvt in den Weiselnäpfchen befinden (Abb. 61 c).

Man entnimmt aus dem Brutraum des Wirtschaftsvolkes im Austausch gegen Mittelwände oder leere Honigraumwaben zwei bis drei Brutwaben und hängt diese in den Honigraum um. An eine der Brutwaben steckt man jeweils an

a)

b)

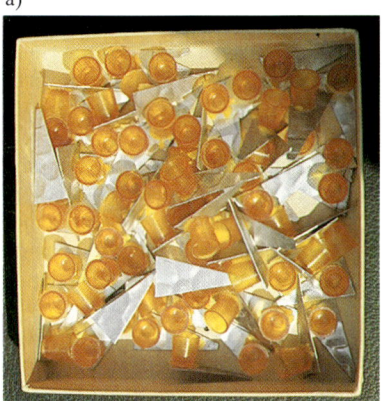

c)

Abb. 61a–d: Für die »integrierte Königinnenzucht« sind Kunststoffweiselbecher, die mit etwas Wachsmittelwand an dreieckigen Blechzungen befestigt werden, besonders gut geeignet (*a*). Sie lassen sich beim Umlarven fest in die Hand nehmen (*b*). Die belarvten Näpfchen können ohne besonderen Schutz gegen Kälte und Erschütterung in einer Schachtel transportiert werden (*c*). Sie werden in kleiner Zahl an eine Brutwabe gesteckt und mit einer oder einigen begleitenden Brutwaben über Absperrgitter im Honigraum von Wirtschaftsvölkern untergebracht (*d*).

d)

geeigneter Stelle drei, höchstens vier belarvte Näpfchen. Wenn möglich, plaziert man sie im unteren Bereich der Wabe am Rand von gedeckelter Brut oder im Mittelteil, wo die Brut schon ausgelaufen ist (Abb. 61 d). Ob die zum Umhängen ausgewählten Brutwaben offene, gedeckelte oder gemischte Brut besitzen, scheint für die Annahme der Näpfchen ohne Bedeutung zu sein. Nach einer Woche sind die angesetzten Weiselzellen gedeckelt, und man bildet mit ihnen Begattungsableger. Darüber berichtet **Frage 80**.

Es gibt eine interessante Abwandlung dieses Verfahrens, welche unter dem Namen »*Zellen-Saugling*« bekannt ist. Er bietet sich besonders dann an, wenn die Wirtschaftsvölker bereits sehr stark und schwarmlustig sind oder wenn eine gute Frühtracht die Honigräume weitgehend gefüllt hat. Dabei wird eine leere Zarge mit Mittelwänden ausgerüstet. An beiden Seiten befindet sich je ein Futterschied, dessen Inhalt aber durch ein übergeklebtes Tesaband für die Bienen zunächst noch unzugänglich ist (Abb. 62 a). Aus der Mitte dieser Zarge tauscht man zwei bis drei Mittelwände gegen Brutwaben aus einem der Braträume des Wirtschaftsvolkes um, wobei wieder an einer der Brutwaben ein paar mit Edelmaden besetzte Weiselwiegen angebracht werden (Abb. 62 b). Dann setzen wir die so vorbereitete Zarge über Absperrgitter auf den oberen Brutraum des Wirtschaftsvolkes und stellen den Honigraum ganz oben auf (Abb. 62 c). Schon zwei Stunden später kann man die Annahme kontrollieren, ganz sicher aber zeigt sie sich am nächsten Tag (Abb. 62 d, e). Für den Wochenendimker ist das der Sonntag. Jetzt tauschen Honigraum und »Zellenzarge« ihre Plätze (Abb. 62 f). Das Wirtschaftsvolk befindet sich wieder in seiner normalen Ordnung: Bruträume, Absperrgitter, Honigraum. Die Edellarven wachsen in der Zarge über dem Honigraum heran. Am nächsten Wochenende folgt die Ablegerbildung (s. **Frage 80**).

Alles in allem ist diese Art der Königinnenzucht für den »kleinen« wie für den »großen« Imker geeignet. Sie funktioniert aber *nur während der Aufwärtsentwicklung* der Völker gut – also in Mai und Juni. Später wird die Zellenannahme problematisch. Es wurde schon gesagt, daß man im Durchschnitt nur bei der Hälfte der so behandelten Völker eine Annahme erwarten darf. Ganz aus-

Abb. 62a–f: Für die Bildung eines Zellen-Sauglings wird eine Zarge mit Mittelwänden und je einer (für die Bienen zunächst noch nicht zugänglichen) Futtertasche auf jeder Seite ausgestattet (*a*). Aus der Mitte dieser Zarge entnimmt man 2–3 Mittelwände und tauscht sie mit Brutwaben aus dem Wirtschaftsvolk aus, wobei eine der Brutwaben ein paar Weiselbecher mit Edellarven erhält (*b*). Der Sauglingskasten wird über Absperrgitter zwischen Brutraum und Honigraum eingeschoben (*c*). Bereits nach 2 Stunden zeigt sich der Annahmeerfolg in Form einer kleinen Randmanschette am Weiselbecher (*d*). Nach einem Tag ist daraus bereits ein ausgezogener Wachskragen geworden. Den belarvten linken Becher haben die Bienen nicht angenommen (*e*). Sobald man die Annahme der gebotenen Näpfchen erkennt, tauscht man die Plätze von Zellen-Saugling und Honigraum, so daß der Honigraum jetzt wieder unmittelbar über den Bruträumen des Volkes steht. Die Zarge mit den heranwachsenden Zellen im Saugling kommt ganz obenauf (*f*).

nahmsweise kann es auch einmal in der für das Verfahren günstigsten Jahreszeit eine Pleite geben. Ich habe es im Mai erlebt, daß ein ganzer Stand von 18 Völkern die Annahme der Näpfchen verweigerte. Einzige Erklärung dafür war die außerordentlich gute Frühtracht mit 3 kg Tageszunahme pro Volk. Eine Woche später, nach einer kurzen wetterbedingten Flugpause, war die Annahme wieder wie gewohnt.

V. Umwelteinflüsse

Neben der Darbietungsform des Zuchtstoffs und dem Zustand des Pflegevolkes spielen bei der Zucht auch noch Einwirkungen aus der Umwelt eine Rolle. Man denke an Klima, Wetter, Tracht und Jahreszeit. Auch die Frage der Fütterung im Zusammenhang mit der Aufzucht gehört hierher.

Frage 53: *Sind Honig- und Pollentracht für den Zuchtablauf von Bedeutung?*

Darin sind sich alle Züchter einig: *Gute Honigzeit ist schlechte Zuchtzeit.* Die Zellenannahme ist schlecht, und die Pflege läßt zu wünschen übrig. Mitunter geben die Bienen sogar angepflegte Näpfchen nachträglich wieder auf, und bei weiselrichtigen Völkern kann es vorkommen, daß gedeckelte Zellen wieder abgetragen werden. Das sind die seltenen Ausnahmen, in denen umgehängte Zuchtserien im Honigraum der Endpflegevölker auf der Strecke bleiben. Häufiger entstehen auch nur kleine Königinnen. Außerdem werden die Weiselzellen regelrecht in Jungfernwaben, die die Bienen zwischen den Zuchtlatten bauen, »eingemauert«.

Dagegen sehen die Imker kleine Läppertrachten für die Weiselzellenpflege gerne. Kleine Trachten halten die Völker in Stimmung. Die Bienen arbeiten, und es gibt Brut. Ob dadurch aber auch das weisellose Pflegevolk besser annimmt und die Weiselzellen besser versorgt werden als bei fehlender Tracht, ist nicht bewiesen. Auch in Trachtpausen pflegen die Bienen (wenn nur der Pollen reicht) eingeleitete Weiselzuchten getreulich weiter. Es ist mir bis heute *nicht gelungen, irgendeinen Zusammenhang zwischen Weiselpflege und den gerade herrschenden Trachtverhältnissen* – starke Honig(tau)trachten ausgenommen – festzustellen. Trachtlose Zeiten machen sich erst einen Monat später aufgrund der mit dem Brutrückgang verbundenen Abnahme der Ammenbienen mißliebig bemerkbar. Möglicherweise geschieht das sogar gerade zu einer Zeit, in der die Umwelt wieder günstige Zeichen setzt.

Besonders liegen die Verhältnisse während guter Trachten, die gleichzeitig viel Pollen einbringen und außerdem noch in die Aufwärtsentwicklung der Bienenvölker fallen, wie z. B. die *Rapstracht*. Solange die Völker nicht schwarmlustig sind, eignen sie sich gut zur Zucht. Selbstverständlich kann man auch mit schwarmlustigen Völkern züchten – wenn auch mit Vorbehalt (s. **Frage 35**). Durch reichliche Pollentracht werden die Jungbienen zu besonders starker Eiweißaufnahme angeregt, was sicher auch der Königinnenzucht zugute kommt.

Frage 54: *Soll man während der Weiselpflege füttern?*

In jedem einschlägigen Bienenbuch lesen wir, daß man dem Pflegevolk mit Beginn der Zucht oder schon etwas vorher kleine Reizfuttergaben verabreichen soll. Empfohlen werden Honigwasser oder Zuckerteig. Gleichzeitig wird davor gewarnt, diese Maßnahme auch noch nach dem Deckeln der Weiselzellen fortzusetzen, da die Zellen sonst überbaut werden.

Auch ich habe mich bei meinen Zuchtversuchen viele Jahre an diese Empfehlung gehalten. Später wurde ich nachlässiger und verzichtete manchmal auf die Futtergaben. *Heute unterlasse ich die Reizfütterung ganz.* Ich habe Grund zu der Annahme, daß diese alte Gepflogenheit weder die Zellenannahme noch die Ausbildung der Zuchtprodukte verbessert. Nicht einmal bei kaltem, regnerischem Wetter, wenn sich über die Wärmewirkung der Reizfütterung noch am ersten ein fördernder Einfluß auf die Zucht ausrechnen ließe, scheint mir ein solcher gewiß. Wahrscheinlich ist es gar nicht vernünftig, die Pflegebienen durch interne Futterangebote von ihrer eigentlichen Aufgabe abzuhalten. Auf alle Fälle sollte man stärkere Fütterungen unterlassen. Sie könnten sich wie gute Trachten auswirken – und deren oft verheerenden Einfluß auf das Zuchtgeschehen kennen wir ja bereits: die Bienen werden von der Weiselpflege abgehalten (s. **Frage 53**). *Sammeln geht vor Pflegen!* Wenn sich die Bienen überhaupt auf die aufgezwungene Nachschaffung einlassen, besorgen sie nur das Nötigste. Schlechte Annahme und kleine Königinnen können die Folge sein.

Auf der anderen Seite ist ein *guter Futterstand* des Pflegevolkes unerläßlich. Schon bei der Vorbereitung des Pflegevolks, d. h. beim Zusammendrängen des Volkes auf eine Zarge, wird man darauf achten, daß die Randwaben und gegebenenfalls auch ihre benachbarten Brutwaben Honig und Pollen enthalten. Ohne Pollen ist weder Arbeiter- noch Drohnen-, noch Weiselpflege möglich. Die Ammenbienen brauchen den Pollen, um Futtersaft zu produzieren. Vor allem wenn das Pflegevolk wiederholt zur Zucht verwendet werden soll, ist ein guter *Pollenvorrat* unerläßlich. Bei Flugwetter gibt es kaum Probleme. Dann entstehen in den Pflegevölkern nicht selten sogar große Pollenüberschüsse. Andererseits kann in fugloser Zeit der Pollen auch rasch schwinden. In einer solchen Situation wäre es gut, wenn man Pollenwaben auf Lager hätte. Notfalls muß man einen *konzentrierten Eiweißteig aus Pollen und Honig* zusammenkneten und in ausgedrehten Würsten rechts und links des Zuchtrahmens über die Wabengasse legen. Bei der Kontrolle auf eine ausreichende Pollenversorgung sollte man auch die als »Endpfleger« dienenden Völker nicht vergessen.

Alles in allem darf das Pflegevolk keinen Mangel haben – weder an Kohlenhydraten noch an Eiweiß. In Völkern, die Hunger leiden, kann man nicht züchten. Aber das ist eine Binsenweisheit.

Frage 55: *Hat das Wetter einen Einfluß auf das Zuchtgeschehen?*

So seltsam es klingen mag: *Die Wetterverhältnisse unmittelbar zur Zuchtzeit spielen nur eine geringe, wenn überhaupt eine Rolle.* Kälte und Regen beeinflussen weder Zellenansatz noch Pflege – selbst dann nicht, wenn das schlechte Wetter einige Tage anhält. Ich habe bei größter Kälte (Schafskälte!) und totaler Fluglosigkeit schon die schönsten Serien bekommen. Man darf sich dann nur nicht über die glatten, schlecht strukturierten Zellen wundern (s. **Frage 64**). *Kurfristige Schlechtwettereinbrüche* können sich in bestimmten Fällen sogar besonders förderlich auf das Zuchtgeschehen auswirken. Während starker Honigtautrachten sinkt die Pflegestimmung der Völker auf Null. Man kann dann mit vermeintlich bestens vorbereiteten Pflegevölkern ein niederschmetterndes Ergebnis erzielen. Aber schon zwei bis drei Tage Regenwetter mit verhinderten Sammelflügen können die Situation umkehren. Mit einer raschen Pflegemethode kann man dann eine unerwartet gute Annahme erreichen. Anders ist es allerdings, wenn die Honigtautracht schon tage- oder wochenlang anhält und kein Pollen mehr in den Völkern ist. Dann kann auch eine Trachtpause nichts mehr retten.

Sowenig das Zuchtergebnis vom Wetter während der Pflegezeit beeinflußt wird, so sehr ist es von den Witterungsverhältnissen 1–1½ Monate vor Zuchtbeginn abhängig. In dieser Zeit legt die Königin die Eier, aus denen die späteren Weiselammen hervorgehen. Anhaltend schlechtes Wetter und schlechte Pollenversorgung während dieser Aufbauzeit, d. h. also ein Stocken des Brutgeschäftes, müssen sich nachteilig auf das Zuchtgeschäft auswirken. Wenn das vermeintlich gute Pflegevolk dann schlecht annimmt, braucht man sich nicht zu wundern. Man tut es dennoch, weil man in der Regel die zurückliegende Entwicklungsmisere der Bienen längst vergessen hat.

Enttäuschungen kann man auch bei Zuchten während einer *anhaltenden Schlechtwetterperiode* erleben. Wenn Pollen und Honig in den Völkern knapp werden und das Brutgeschäft bereits zurückgeht, sollte man das Züchten lassen.

Frage 56: *Welche Bedeutung hat die Jahreszeit für die Zucht?*

Die *natürliche Vermehrungszeit* der Bienen, die Zeit der größten Brutentwicklung, ist auch die beste Zuchtzeit. Mit Königinnen, die man im Mai und Juni züchtet, läßt sich außerdem am meisten anfangen (s. **Frage 102**). Nachschaffungszuchten in weisellosen Völkern kann man aber auch noch im Juli und August durchführen. Freilich besteht im August die große Gefahr, daß man dann mit paarungsreifen Königinnen, aber ohne Drohnen dasteht. Außerdem kann die Verwertung solch später Königinnen Probleme aufwerfen.

Strenggenommen ist es natürlich *nicht die Jahreszeit selbst, sondern der*

Zustand des Pflegevolkes, der über den Zuchterfolg entscheidet. Da Wetter und Tracht die Verfassung der Völker besonders stark beeinflussen, wird indirekt auch die Zucht von diesen Umweltfaktoren bestimmt. In unseren Breiten mit den wechselnden Klimaverhältnissen von Jahr zu Jahr muß man mit »guten« und mit »schlechten« Zuchtjahren rechnen.

Spät gezüchtete Königinnen können – müssen aber nicht – kleiner sein als solche aus der Hochsaison. Dagegen konnte ich wiederholt feststellen, daß sehr *frühzeitig im Jahr aufgezogene Königinnen* fast immer durch ihre Kleinheit auffallen. Im April ist bei uns noch keine optimale Zucht möglich, auch nicht, wenn wir bereits genügend begattungsfähige Maidrohnen haben würden. Späte und witterungsungünstige Frühjahre machen sogar die sonst vertretbare erste Zucht zu Beginn des Wonnemonats Mai noch fragwürdig – vor allem, wenn man große Zellenzahlen anstrebt. Der Eifer des Züchters könnte dann mit kleinen Königinnen »belohnt« werden.

Mitte Mai muß die Königinnenzucht aber auf jeden Fall startklar sein. Die ersten Königinnen kommen dann in der ersten Junihälfte ins heiratsfähige Alter. Jetzt gibt es auch genug reife Drohnen und meist schönes Wetter. Und wenn es einmal schiefgehen sollte, steht noch immer der Großteil der Bienensaison vor der Tür. Wir haben für neue züchterische Anstrengungen noch genügend Zeit.

Im Rückblick auf die beiden letzten Kapitel IV und V, die sich mit dem Pflegevolk befassen, kann man sagen, daß Pflegebereitschaft und Pflegeeifer von vielen inneren und äußeren Faktoren abhängen. Die Güte des Pflegevolkes und damit die Zahl und Qualität der gezüchteten Königinnen sind Teil eines *vernetzten biologisch-technischen Systems,* wie es im Buche steht. Abbildung 63 versucht, die bestehenden Abhängigkeiten anschaulich zu machen.

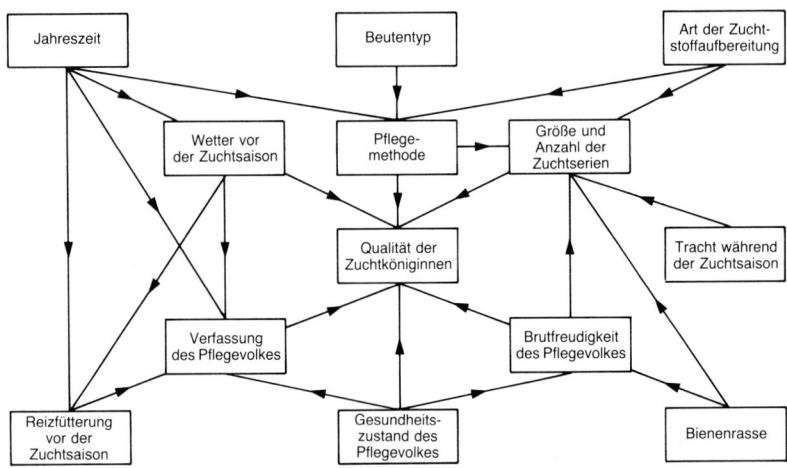

Abb. 63: Die inneren und äußeren Einflüsse auf das Pflegevolk geben ein gutes Beispiel für ein vielseitig vernetztes System.

VI. Königinnenfuttersaft als Ernteerzeugnis

Der Königinnenfuttersaft – französisch *Gelée royale* – ist eine faszinierende Substanz. Sie macht im Bienenvolk aus dem befruchteten Ei eine Königin, die sich in ihrer Fruchtbarkeit und Lebensdauer tiefgreifend von den Arbeitsbienen unterscheidet. Natürlich wäre es abwegig, aus der biologischen Einmaligkeit der Bienenkönigin auf ähnliche Wirkungen beim Menschen schließen zu wollen, wenn dieser Futtersaft verzehrt. Aber man möchte auf der anderen Seite doch auch nicht glauben, daß das Weiselfutter gänzlich ohne Einfluß sei. Allein die weitgehend aufgeschlossene Form, in der die Grundnahrungsstoffe Fett, Eiweiß und Kohlenhydrate im Weiselfuttersaft vorliegen, die vorhandenen Mineralstoffe und organischen Säuren, der Reichtum an Vitaminen und das Vorkommen von spezifischen, die Einmaligkeit dieses Larvenfutters unterstreichenden Substanzen scheinen ein solch negatives Urteil nicht zuzulassen. Trotzdem ist der Wert des Weiselfuttersaftes als Nahrungs-, Aufbau- oder gar Heilmittel für den Menschen umstritten, und auch seiner Anwendung in der Kosmetik könnten exaktere Erfolgsnachweise nicht schaden.

Dessenungeachtet wird Weiselfuttersaft in verschiedenen Aufbereitungen nicht nur in Bio-Läden, sondern auch in Apotheken angeboten. Dazu muß er erst einmal erzeugt und vom Imker gewonnen und geliefert werden. Es gibt einige Spezialbetriebe, die sich auf die Futtersaftgewinnung eingestellt haben. Sie sind in der Bundesrepublik selten, dagegen zahlreich in *Frankreich*, in den Ostblockstaaten und vor allem in fernöstlichen Ländern. Imker, die im deutschsprachigen Raum Weiselfuttersaft gewinnen wollen, haben es schwer. Sie finden nur mühsam Zugang zu der verstreuten Literatur. Und außerdem gibt es noch erhebliche Widersprüche in Hinblick auf die Ablagerung des Futtersaftes durch die Bienen und auch darauf, was die Praxis seiner Gewinnung und die Ertragsmöglichkeiten anlangt. Aus diesem Grund sah ich mich veranlaßt, einige eigene Versuche zu diesen Fragen anzustellen. Mein Interesse wechselte vom anfangs rein biologischen Aspekt automatisch auf die praktische Seite der imkerlichen Futtersaftgewinnung über.

> **Frage 57:** *Wieviel Königinnenfuttersaft produziert ein entweiseltes Pflegevolk in mehrmals aufeinanderfolgenden Pflegeansätzen?*

Der Kanadier M. V. Smith hat 1959 festgestellt, daß mit der größten Menge abgelagerten Futtersaftes in den Weiselzellen zu rechnen ist, *wenn die junge, in den Weiselnapf umgebettete Larve nach drei Tagen königlicher Pflege ca. vier Tage alt geworden ist.* Zwischen dem vierten und fünften Larventag würde die Königinnenmade so rasch wachsen und dabei so viel Futter verzehren, daß trotz unentwegter Weiterfütterung durch die Pflegebienen das Futtersaftpolster nicht mehr zu-, sondern abnehme. Auf dieser Aussage fußend bietet sich ein 3-Tage-

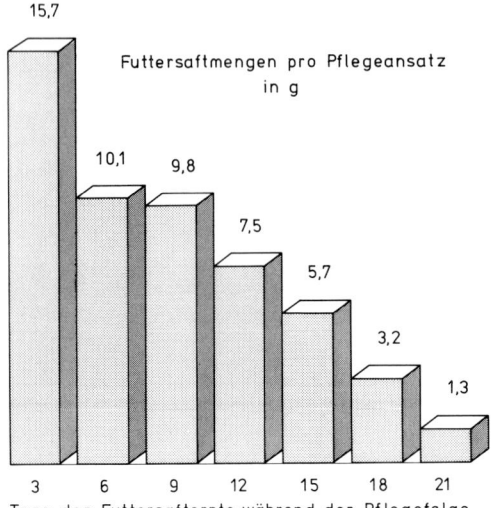

Abb. 64: Die aus einem entweiselten Pflegevolk nach jeweils 3 Tagen königlicher Madenpflege geernteten Futtersaftmengen fallen im Laufe von 7 aufeinanderfolgenden Pflegeansätzen rasch ab.

Turnus zur Futtersaftgewinnung an. Wenn man in einem weisellosen Volk in regelmäßigem Abstand von jeweils drei Tagen den Zuchtrahmen mit den angebrüteten Zellen entnimmt und gleichzeitig einen neuen Rahmen mit frisch umgebetteten Larven einsetzt, macht man die Feststellung, daß mit jedem neuen Pflegeansatz die Menge des vom Volk zu erntenden Weiselfuttersaftes geringer wird. Das geschieht, obwohl noch gedeckelte Brut vorhanden ist und laufend Jungbienen schlüpfen. Abbildung 64 gibt ein Beispiel. Im Verlauf von sieben aufeinanderfolgenden Pflegeansätzen innerhalb von 21 Tagen ging die in diesem Volk je Pflegeserie erzeugte Futtersaftmenge von 15,7 g auf 1,3 g, also um etwa das 12 fache zurück. Insgesamt lieferte das Volk 53,4 g Weiselfuttersaft. Die durchschnittliche Futtersaftmenge pro Zelle fiel von 562 mg auf 333 mg. Dieser Abstieg war allerdings nicht gleichmäßig, sondern schwankte in Abhängigkeit von der angenommenen Zellenzahl (Abb. 65). Bei geringer Zellenannahme konnte die durchschnittliche Futtersaftmenge pro Zelle im Verlauf der Pflegefolge auch wieder etwas ansteigen, ohne daß dadurch jedoch die gesamte aus dem Volk geerntete Futtersaftmenge zunahm.

Ich habe aus einem zweiten Volk bei gleicher Versuchsanordnung insgesamt 41,8 g und aus einem dritten 30,0 g Futtersaft geerntet. Im zweiten Fall war die aus dem zweiten Pflegeansatz gewonnene Teilmenge bei besserer Zellenannahme ausnahmsweise größer als aus dem ersten Pflegeansatz. Das dürfte für den Königinnenzüchter keine sonderliche Überraschung sein. Er erlebt es nicht selten, daß ein Pflegevolk anfangs erst zögernd nachschafft und erst bei der

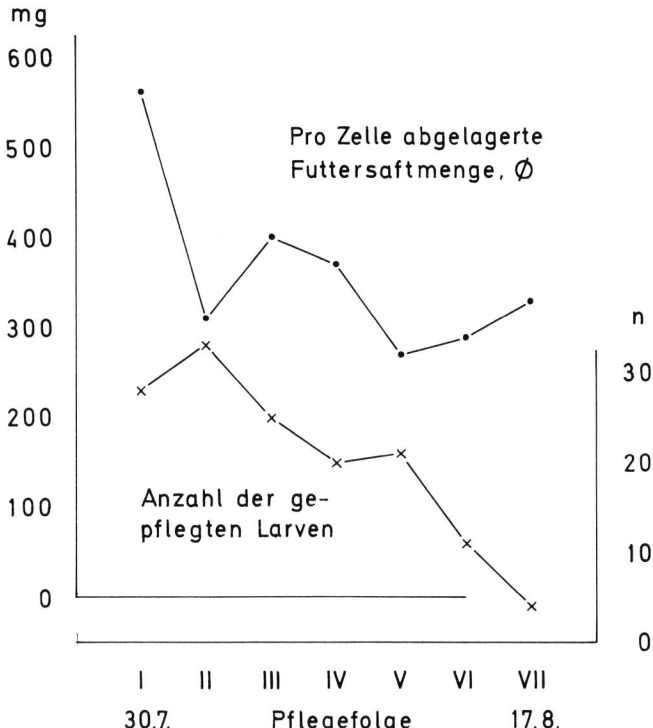

Abb. 65: Wenn die durchschnittlich pro Zelle abgelagerten Futtersaftmengen nicht gleichsinnig mit den Gesamterntemengen während der Pflegefolge abnehmen, dürfte die je Serie variierende Zellenannahme daran schuld sein. Annahmezahl und Futtersaftversorgung der Zellen sind bei insgesamt abfallender Tendenz meist einander entgegengerichtet.

zweiten Zuchtserie richtig auf Touren kommt. Das dritte Versuchsvolk nahm durch die Bank weniger Zellen an und erzeugte dementsprechend auch weniger Futtersaft. Andererseits lagerten die Bienen dieses Volkes ganz erhebliche Futtersaftmengen in den einzelnen Zellen ab. In der ersten Serie des Versuches wurden nach drei Tagen Pflegezeit teilweise über 700 mg pro Zelle gewogen.

Man sieht, daß sich bei der Futtersaftgewinnung – wie bei der Zucht – verschiedene Völker sehr verschieden verhalten können. Bei scheinbar gleicher Stärke und Beschaffenheit der Völker können sowohl die Zellenannahme als auch die Futtersaftversorgung der Zellen sehr unterschiedlich sein. Völker, die nur unwillig Königinnen pflegen, eignen sich auch nicht zur Futtersaftgewinnung. Wahrscheinlich hätten die in meinen Versuchen angefallenen Futtersaftmengen noch etwas höher sein können, wenn die Versuche nicht im ausgehenden Sommer, sondern im Frühjahr durchgeführt worden wären.

a)

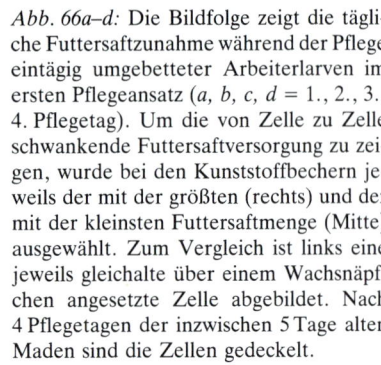

Abb. 66a–d: Die Bildfolge zeigt die tägliche Futtersaftzunahme während der Pflege eintägig umgebetteter Arbeiterlarven im ersten Pflegeansatz (*a, b, c, d* = 1., 2., 3., 4. Pflegetag). Um die von Zelle zu Zelle schwankende Futtersaftversorgung zu zeigen, wurde bei den Kunststoffbechern jeweils der mit der größten (rechts) und der mit der kleinsten Futtersaftmenge (Mitte) ausgewählt. Zum Vergleich ist links eine jeweils gleichalte über einem Wachsnäpfchen angesetzte Zelle abgebildet. Nach 4 Pflegetagen der inzwischen 5 Tage alten Maden sind die Zellen gedeckelt.

b)

c)

d)

Schließlich ist da noch eine Korrektur an dem von SMITH konstatierten Rückgang der Futtersaftmenge zwischen dem dritten und vierten Pflegetag anzubringen. Die Abbildungsreihe 66 a–d zeigt recht schön, wie die Futtersaftmengen mit jedem Tag größer werden. Allerdings läßt sich hier nicht erkennen, daß der Futtersaft vom dritten auf den vierten Pflegetag weniger wird; die Futtersaftablagerung ist bereits aus dem sichtbaren Bereich der Plastikbecher hinausgewachsen. Der Rückgang in der Futtersaftmenge ist ohnehin nur sehr gering, und – was noch wichtiger ist – er ist überhaupt nur in den ersten zwei bis drei Pflegeansätzen feststellbar. *Später entwickeln sich die Maden langsamer, wobei sich auch die Deckelung um einen Tag und länger verschieben kann.* Der Futtersaft in den Zellen nimmt unter diesen Umständen *auch am vierten und fünften Pflegetag nicht ab, sondern noch zu.*

Frage 58: *Gibt es zwischen dem »Umlarvalter« der Maden und ihrer nachfolgenden Versorgung mit Weiselfuttersaft eine Beziehung?*

Ich habe untersucht, ob das Alter der Maden beim Umbetten einen Einfluß auf die nach drei Tagen in den Zellen abgelagerte Futtersaftmenge ausübt. Verglichen wurden Umlarvmaden im Alter von 0 bis ½, ½ bis 1 und 1 bis 1½ Tagen. Es stellte sich heraus, daß die Bienen den Futtersaft nicht in Abhängigkeit vom Alter oder von der Größe der umgebetteten Maden ablagern, sondern daß in erster Linie *die Zeitdauer der Larvenpflege* für die abgelagerte Futtersaftmenge entscheidend ist. Ob man alte oder junge Larven umbettet, ist dabei von untergeordneter Bedeutung. Auf alle Fälle wäre es falsch, zu glauben, daß man durch Umlarven älterer Maden und Verkürzen der Pflegedauer ebensoviel Futtersaft gewinnen könnte wie mit jungen Maden und längerer Pflegezeit. Um in weisellosen Völkern eine optimale Ernte zu erzielen, kommt man um die besagten drei – in späteren Pflegeansätzen auch vier oder fünf – Pflegetage nicht herum.

Frage 59: *Hat die Beschaffenheit der Weiselbehälter einen Einfluß auf die abgelagerte Futtersaftmenge?*

In einer Pflegefolge verglich ich Wachsbecher und Becher aus Kunststoff, indem ich die beiden Becherarten in abwechselnder Reihenfolge am gleichen Zuch-

Abb. 67: Als ein weiseloses Pflegevolk Zuchtstoff in »getauchten« Wachsnäpfchen und gleichzeitig in Polystyrolbechern erhielt, lagerten die Bienen in den Kunststoffbechern auffällig mehr Futtersaft ab als in den Näpfchen aus Wachs.

trahmen befestigte. Als Wachsbecher dienten Behälter, die nach dem Tauchverfahren mit 9 mm starken Formhölzern hergestellt waren (s. **Frage 10**). Die Kunststoffbecher bestanden aus *Polystyrol*. Ich verwendete zuerst ein deutsches, konisch geformtes Fabrikat, später nahm ich zylindrische, hauptsächlich in Frankreich verbreitete Becher hinzu (Abb. 67).

In allen Ansätzen der Pflegefolge *enthielten nach einer gewissen Pflegedauer die Plastiknäpfchen mehr Futtersaft als die Wachsnäpfchen*. Während der Unterschied im ersten Pflegeansatz noch gering war, wurde er von Serie zu Serie deutlicher. Im IV. Pflegeansatz enthielten die Kunststoffbecher 1,5-, im V. 2,5- und im VI. über 3mal soviel Futtersaft wie die Wachsbecher.

Man könnte nun fragen, ob Kunststoffbecher schlechthin besser mit Futtersaft versorgt werden würden als Wachsbecher oder ob das nur bei gleichzeitiger Anwesenheit von beiden Becherarten zutrifft. Das läßt sich experimentell nicht einwandfrei nachprüfen. Wenn ich aber eine Reihe von Versuchen überblicke, bei denen ich in aufeinanderfolgenden Pflegeansätzen entweder nur mit Wachs- oder nur mit Kunststoffbechern arbeitete, komme ich doch sehr zwingend zu der Überzeugung, daß sich mit Kunststoffnäpfchen tatsächlich größere Futtersaftmengen als mit Wachsnäpfchen ernten lassen.

Über den Grund, weshalb die Kunststoffbecher so viel besser versorgt werden als die Wachsnäpfchen, kann man nur spekulieren. Äußere und innere Formkriterien, insbesondere die Beschaffenheit des Näpfchenbodens, scheinen hierfür nicht maßgebend zu sein. Die zylindrischen Kunststoffbehälter hatten einen Hohlboden, der Boden der konischen Kunststoffbecher war flach. Übrigens konnte ich schon in früheren, ausschließlich mit Wachsbechern durchgeführten Versuchen nachweisen, daß die Ausformung des Bodens keinen Einfluß auf die Zellenannahme besitzt (s. **Frage 12**). Auf den ersten Blick hat auch die Größe des Becherinnenraums auf die abgelagerte Futtersaftmenge keinen Einfluß, denn das Bechervolumen war bei den verschiedenen Becherarten mit ca. 45 mm^3 annähernd gleich. Indirekt könnte aber doch das Fassungsvermögen der Becher eine Rolle spielen: Gleich nach dem Erscheinen der belarvten Wachsbecher im Volk beginnen die Bienen deren scharfe Ränder abzustumpfen und zusammenzuziehen, wodurch die Becher vorübergehend an Tiefe verlieren (Abb. 68). Beim nachfolgenden Ausbau der Weiselzellen wird möglicherweise ein bestimmter Abstand vom Becherrand zur Larve eingehalten. In den Kunststoffbehältern muß die Made erst mit Hilfe des Futtersaftpolsters gehoben werden,

Abb. 68: Schon wenige Stunden nach Einhängen der belarvten Wachsbecher ins Pflegevolk ziehen die Bienen den Becherrand zusammen, wodurch die Becher in der Regel verkürzt werden.

Abb. 69: Die Bienen gealterter Pflegevölker setzen das erste Wachs zum Aufziehen der Weiselzellen mitunter bereits an der Innenwand der Kunststoffbecher an. Die Zellen und ihre Insassen fallen dann sehr klein aus.

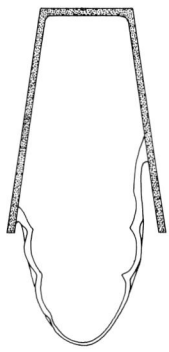

ehe diese Maßarbeit beginnen kann. Wenn die Futtersaftproduktion in alten, bereits stark »abgemolkenen« Pflegevölkern immer geringer wird, setzen die Bienen das erste Wachs zum Ausbau der Weiselzellen oft schon an der Innenwand der Kunststoffbehälter an (Abb. 69). Die Weiselzellen fallen dann auch sehr viel kleiner als zu Anfang einer Pflegefolge aus.

Sowohl Wachs- als auch Kunststoffnäpfchen lassen sich wiederholt zur Futtersaftgewinnung verwenden. Für die robusten Kunststoffbecher gilt das nahezu unbegrenzt. Gleich, ob man den Futtersaft mit Hilfe eines Spatels oder im Schleuder- oder Absaugverfahren gewinnt (s. **Frage 62**), die geleerten Becher brauchen vor ihrem neuerlichen Einsatz nicht noch einmal besonders gereinigt zu werden. Darüber wurde schon unter **Frage 19** berichtet.

Frage 60: *Welche Pflegeverfahren sind zur Futtersaftgewinnung geeignet?*

Wie bei der Königinnenzucht stehen hauptsächlich zwei Methoden zur Auswahl: die Pflege im weisellosen und die im weiselrichtigen Volk, sowie eine Kombination von beiden.

Simpel ist die Futtersaftgewinnung im *weisellosen Volk* mit mehreren aufeinanderfolgenden Pflegeansätzen, wie ich sie bei meinen Versuchen durchgeführt habe. Dabei kann man den anfänglichen 3-Tage-Turnus der Futtersaftentnahme später um einen bis zwei Tage verlängern, um der verzögerten Entwicklungszeit der Maden gerecht zu werden. Wenn die pro Volk geerntete Futtersaftmenge auf ⅓ bis ¼ des Anfangsertrages zurückgegangen ist, sollte man die Aktion abbrechen. Das ist spätestens nach sechs Pflegeserien, d. h. maximal nach drei Wochen der Fall. Jetzt kann man die mit Begleitbienen in einem Okulierkäfig aufbewahrte Stockmutter in das Pflegevolk zurückgeben (s. **Frage 42**). Das Volk wird wieder in den Wirtschaftsbetrieb eingegliedert. Man kann es nach 4wöchiger Erholungspause ein zweites Mal zur Futtersaftgewinnung verwenden. Leider ist das Verfahren nicht sehr wirtschaftlich.

Einträglicher zu diesem Zweck dürfte das *Zuchtverfahren mit geteilter An- und Endpflege* sein. Wir haben ein entweiseltes Starter-Volk, in dem täglich oder zumindest alle zwei Tage der Zuchtrahmen gewechselt wird. Die angebrüteten Weiselzellen kommen zur Weiterpflege zwischen umgehängte Brutwaben in den Honigraum weiselrichtiger Wirtschaftsvölker. Auf diese Weise sind aus dem Anpflegevolk fast beliebig viele Serien herauszuholen – vorausgesetzt, daß man es von Zeit zu Zeit mit schlüpfenden Brutwaben verjüngt. Durch die Aufteilung der Serien auf mehrere weiselrichtige Standvölker ist eine immer optimale Futtersaftversorgung der Zellen gewährleistet.

Schließlich kann man auch das *weiselrichtige Volk* zur Futtersaftgewinnung verwenden. Man arbeitet in der besonders gut dazu geeigneten Trogbeute oder mit dem Magazin (s. **Frage 44**). Wie wir schon wissen, ist bei der Zucht im weiselrichtigen Volk nicht nur mit einer vergleichsweise geringeren Annahme, sondern auch häufig mit Startschwierigkeiten zu rechnen. Wenn man wenigstens den ersten Pflegeansatz mit bereits angebrüteten Zellen beginnen könnte, wäre viel geholfen. Sobald das Volk einmal in Schwung gekommen ist, läßt sich die Futtersafterzeugung über lange Zeit fortsetzen. Natürlich muß sich das Volk immer in guter Stimmung befinden, und man muß laufend Brut aus dem Raum mit der Königin in das Zuchtabteil umhängen, damit sich dort immer genügend pflegetüchtige Bienen aufhalten. Zu lange Trachtpausen sind mit Honigfuttergaben zu überbrücken. Wenn nicht genügend Naturpollen hereinkommt, sollte man Pollenwaben als Reserve zur Verfügung haben.

Wir können nicht hoffen, daß wir auf diese Weise während einer dreimonatigen Futtersaftkampagne 500 g Weiselfuttersaft pro Volk gewinnen, wie es Herrn SMITH in Ontario mit seinen Italiener-Bienen gelang. Er verwendete drei Zuchtlatten mit je 40 Zellen, die er in täglichen Abständen in das Pflegeabteil über den Honigraum hängte. Jeder Zuchtrahmen wurde nach drei Pflegetagen abgeerntet und, neu belarvt, wieder eingehängt, so daß sich laufend um 120 offene Weiselzellen im Volk befanden. Bei uns und mit unseren Bienen dürften solch spektakulären Annahme- und Pflegerekorde in weiselrichtigen Völkern wohl schwerlich zu erreichen sein.

Frage 61: *Welche Zeitabfolge schreibt die Futtersaftgewinnung vor?*

Gleich, ob man in weisellosen oder weiselrichtigen Völkern pflegen läßt, immer ist es wichtig, einen genauen Arbeitsplan einzuhalten. Anders wäre eine optimale Ausbeute nicht zu erreichen. Dabei lassen sich auch Eingriffe am Wochenende nicht vermeiden. Grundlage ist ein 3-Tage-Turnus, der in weisellosen Völkern später auch auf vier und fünf Tage ausgedehnt werden kann. Bei jeder Entnahme eines Zuchtrahmens mit den angebrüteten Weiselbechern wird gleichzeitig ein neuer Rahmen mit frisch belarvten Näpfchen gegeben. Wenn man An- und Endbrüter verwendet, ist zwischenhinein ein weiterer Eingriff notwendig.

Bei der Futtersaftgewinnung im großen Stil kann man sich nicht darauf verlassen, zu den festgelegten Zeiten auch immer das altersmäßig geeignete Umlarvmaterial in genügender Menge bei der Hand zu haben. Wenn man nicht mühsam danach suchen will, empfiehlt es sich, regelmäßig Königinnen auf Leerwaben in Absperrgittertaschen zu setzen. Dabei darf man sich nicht auf nur eine Königin verlassen, denn sie könnte gerade einmal Legepause haben. Auch sperre man nicht zu kurz ab. Nach ein bis zwei Tagen kann man die bestiftete Wabe zwischen offene oder gedeckelte Brut in einen von der Königin durch Absperrgitter getrennten Volksteil umhängen, um nach weiteren drei Tagen genügend altersmäßig geeignete Maden zum Umlarven zur Verfügung zu haben. Mit dem Absperren der Königin ist mindestens *ein* zusätzlicher Termin in die Zeitabfolge der Futtersaftgewinnung einzugliedern. Wenn man mit An- und Endpflegevölkern arbeitet, bedeutet das einen weiteren Eingriff, so daß der Imker während der Futtersaftkampagne täglich gefordert sein kann. Ein Abbau der Arbeitseinsätze ist wohl nur bei Verwendung von *weiselrichtigen Völkern* als Futtersaftproduzenten erreichbar, wobei die volkseigene Mutter auch das Umlarvmaterial zu erzeugen hat. Wenn man ihren Wirkungskreis auf nur wenige Waben einschränkt, mag ein Wabentausch im Turnus der üblichen 3tägigen Futtersaftentnahme genügen, um auch immer die nötige Menge umbettungsfähiger Maden gleich bei der Hand zu haben.

Frage 62: *Wie erntet man den Futtersaft aus den Weiselzellen?*

Um den Königinnenfuttersaft aus den angebrüteten Zellen zu entnehmen, muß man als erstes die Weiselkrüge einkürzen. Wenn die Zellen zu Anfang der Futtersaftgewinnung noch hoch gefüllt sind, schneidet man mit einem angewärmten schmalen Messer (Skalpell) oder mit einer geteilten Rasierklinge den oberen Wachskranz bis zum Futtersaftspiegel ab. Die Larven entfernt man mit einer spitzen Pinzette (Abb. 70). Am einfachsten läßt sich der Königinnenfuttersaft mit dem Futterspatel ernten. Mit dieser kleinen gestielten Rundspachtel, die in jedem Bienenfachgeschäft zu bekommen ist, wird der Futtersaft säuberlich aus den Zellen herausgekratzt (Abb. 71). Wer kommerziell Futtersaft gewinnen

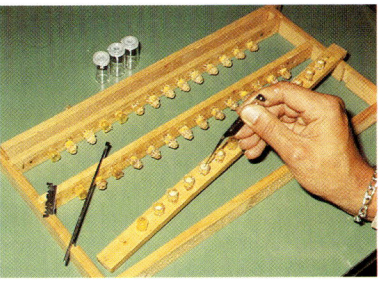

Abb. 70: Aus den angebrüteten Näpfchen an den Zuchtlatten werden die Maden nach Abreißen der Wachsüberbauten mit einer Federpinzette entfernt.

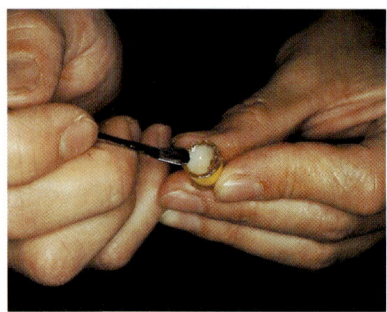

Abb. 71: Am einfachsten und billigsten wird der Futtersaft mit einem Futterspatel aus den eingekürzten Zellen entnommen. Das Verfahren ist aber auch sehr zeitaufwendig.

will, hat hauptsächlich zwei Verfahren zur Auswahl. Entweder er *schleudert* den Futtersaft aus den Zellen, oder er *saugt* ihn heraus. Zum Ausschleudern braucht man eine Spezialzentrifuge, in die die Zuchtlatten hineingestellt werden können. Geeignet ist fast jede Honigschleuder, wenn man den Schleuderkorb entsprechend umbaut. Statt den Futtersaft an die Kesselwand der Schleuder werfen zu lassen, wo er sich mengenmäßig verlieren würde, bringt man über den

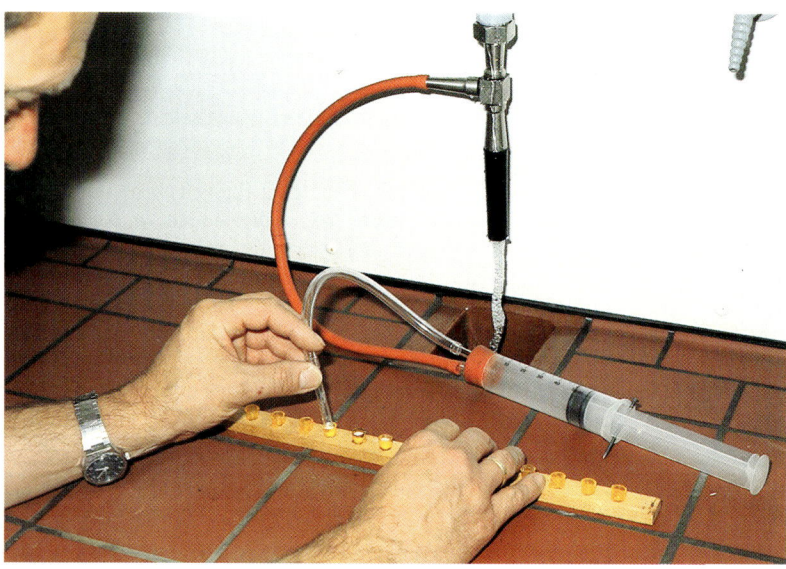

Abb. 72: Wer Weiselfuttersaft in größerem Stil gewinnen will, kann dazu eine Wasserstrahlpumpe verwenden. Sie ist durch einen Schlauch mit dem Auffangbehälter für den Futtersaft verbunden. Als solcher dient hier eine großkalibrige medizinische Injektionsspritze, die vorne abgeschnitten wurde. Die so entstandene Öffnung ist mit einem Gummistopfen verschlossen, durch den außer dem Verbindungsschlauch mit der Saugpumpe ein zweiter Schlauch zur Ansaugpipette für den Futtersaft führt.

Zuchtlatten Auffangrinnen an, die sich mit dem Schleuderkorb drehen. Natürlich müssen die künstlichen Weiselnäpfchen besonders gut an den Zuchtlatten befestigt sein. – Einigen Aufwand erfordert auch das Absaugverfahren. Man braucht dazu eine kräftige Saugpumpe, als welche aber schon eine gewöhnliche Wasserstrahlpumpe geeignet ist. Das Herzstück der Anlage ist der Sammelbehälter für den Futtersaft, mit dem sowohl die Pumpe als auch das Rohr zum Ansaugen des Futtersaftes verbunden werden muß. Die Öffnung des Ansaugröhrchens sollte etwa den Umfang des Bechergrundes haben, damit der Inhalt der Becher jeweils in einem Zug aufgenommen werden kann. Soweit der Futtersaft über einen Verbindungsschlauch zum Sammelbehälter geleitet wird, muß man auf lebensmittelechtes Material achten. Mit etwas technischem Geschick kann man sich das Notwendige leicht selbst zusammenbauen (Abb. 72). Im Bienenfachhandel sind inzwischen kommerzielle Vorrichtungen zur Futtersaftgewinnung zu bekommen.

Frage 63: *Soll man den Königinnenfuttersaft reinigen – und wie bewahrt man ihn auf?*

Im Königinnenfuttersaft, wie er aus den Zellen kommt, sind die sehr feinen, mit bloßem Auge kaum sichtbaren Gewebrückstände der vorangegangenen Häutungen enthalten. Außerdem könnten bei der Entnahme aus den Zellen Wachskrümel hineingelangt sein. *Der Gewissenhafte reinigt deshalb den Futtersaft.* Dazu braucht man ein Preßtuch, als welches sich ein Honigseihtuch aus Nylon eignet. Wenn man mit einer vorne abgeschnittenen medizinischen Spritze als Sammelbehälter für den Weiselfuttersaft arbeitet – ich verwendete eine solche mit 50 cm^3 Inhalt –, kann man nach Entfernen der mit einem Gummistopfen angeschlossenen Leitungen das Nylongewebe über die Spritzenöffnung spannen und festhalten. Der Futtersaft wird dann mit dem Spritzenkolben hindurchgepreßt.

Mit dem Seihen des Futtersaftes säubert man ihn nicht nur von kleinen Verunreinigungen, sondern gibt ihm auch ein einheitliches Aussehen. In ungesiehtem Futtersaft finden sich mitunter leichte Schlieren, die durch eine geringfügige Inhomogenität der in den Zellen lagernden larvennahen und larvenfernen Futtersaftpartien hervorgerufen werden. Sie lassen sich aber auch durch einfaches Rühren beseitigen.

Aufbewahrt wird der Königinnenfuttersaft am besten in Glasbehältern mit Schnappdeckeln. Was seine Haltbarkeit betrifft, müssen wir auf Angaben in der Literatur zurückgreifen, wobei ich noch einmal dem schon mehrfach genannten kanadischen Forscher SMITH folge. Der Futtersaft sollte gleich nach der Gewinnung in den Kühlschrank kommen, wo es nicht nur kühl, sondern auch dunkel ist. Bei ca. 2–4 °C ist er wenigstens ein Jahr lang ohne nennenswerte stoffliche Veränderungen haltbar. Es kann aber sein, daß sich Kristalle darin bilden, die auf die Anwesenheit von organischen Säuren zurückzuführen sind. Dadurch wird der Futtersaft körnig. Er kann jedoch durch leichtes Erwärmen (auf ca. 45 °C) und Rühren wieder in den kremigen Zustand zurückgeführt werden. In der Gefriertruhe bei −18 °C und im gefriergetrockneten (lyophilisierten) Zustand bleibt die äußere und innere Beschaffenheit des Königinnenfuttersaftes über mehrere Jahre nahezu unverändert erhalten. Zur künstlichen (manuellen) Aufzucht von Königinnen sollte der Bienenforscher solch »alte« Futtersäfte allerdings nicht mehr verwenden.

Auf keinen Fall darf man Königinnenfuttersaft bei Zimmertemperatur lagern. Er würde sich in kurzer Zeit bräunlich verfärben und einen strengen Geruch annehmen, der wahrscheinlich auf den Zerfall von Eiweißkomponenten zurückzuführen ist.

Die Gewinnung von Königinnenfuttersaft verlangt nicht nur gute züchterische Kenntnisse, sondern macht auch viel Arbeit. Der Anfänger in der Imkerei sollte erst das Züchten lernen; dem züchterisch Erfahrenen bereitet die Futtersaftgewinnung indessen keine Probleme. Er sollte aber vorher die Absatzmöglichkeiten erforschen und Aufwand und Nutzen des Vorhabens sorgfältig abwägen, ehe er damit beginnt.

Wenn man etwas verkaufen will, ist es gut, vom Wert der »Ware« überzeugt zu sein. Ob man den Weiselfuttersaft nicht erst einmal an sich selbst ausprobieren sollte? Für den Eigenverbrauch mischt man den Weiselfuttersaft am besten mit leicht erwärmtem flüssigem Honig. Das kann von Hand oder in einer Küchenmaschine mit Rührvorrichtung geschehen. Es gibt kein verbindliches Rezept für das Mischungsverhältnis Honig – Futtersaft, so daß man sich nach der Geschmackskomponente richten könnte. Wer nicht an eine homöopathische Wirkung glaubt, muß aber wohl ein Gemisch im Verhältnis von wenigstens 100 zu 1 herstellen, um bei der allmorgendlichen Einnahme von einem Tee- oder Eßlöffel dieses Elixiers mit einer Wirkung – welcher Art auch immer – rechnen zu dürfen.

VII. Schlupf und Paarung der Königinnen

Noch ehe die Königinnen schlüpfen, beginnt ein neues Kapitel in der Königinnenzucht. Jetzt gilt es, den Zuchterfolg, der in Form des mit Zellen wohl bestückten Zuchtrahmens bereits deutlich sichtbar ist, nicht aufs Spiel zu setzen. Wir müssen die Zellen »verschulen«. Das heißt: Wir stecken sie in Schlüpfkäfige, damit die ausschlüpfenden Jungköniginnen voreinander geschützt werden. Später sind auch die Königinnen noch zu verschulen. Sie werden in Begattungsvölkchen oder Begattungsableger eingeweiselt. Man kann aber auch die Zellen gleich in den Begattungseinheiten unterbringen, so daß man sich das Verschulen der Königinnen spart. Wie der einzelne vorgeht, ist entweder Geschmackssache oder ergibt sich aus den Besonderheiten seines Imkereibetriebes. Der Umgang mit den schlupfreifen Weiselzellen und die Paarung der jungen Königinnen geben Anlaß zu einem ganzen Bündel neuer Fragen.

> **Frage 64:** *Läßt die äußere Erscheinung der Weiselzelle auf die Güte ihres Inhalts schließen?*

Daß die Größe der Weiselzelle nichts Sicheres über das Gewicht ihrer Insassin aussagt, wissen wir bereits (s. **Frage 24**). Wenn jedoch durch schlechte Pflege in ungenügenden bzw. überalterten Pflegevölkern kleine Königinnen entstehen, sind natürlich auch die Zellen, in denen sie heranwachsen, klein. Sie sind außerdem gekrümmt und weisen nicht selten einen besonders großen Hohlraum zwischen Zellenspitze und Puppenkokon auf (s. **Frage 47**). Dagegen ist die weitverbreitete Ansicht, daß »schön gehämmerte« Weiselzellen auf besonders gut gepflegte, also optimal große Insassinnen hinweisen, ein Trugschluß. In

a)   b)

Abb. 73a, b: Die Oberflächenstruktur der Weiselzellen läßt keinen Schluß auf die Güte ihres Inhaltes zu. Ob die Zellen gehämmert (*a*) oder glatt sind (*b*), hängt von den guten oder schlechten Trachtverhältnissen während der Aufzucht ab.

Wirklichkeit können aus glatten, äußerlich wenig ansprechenden Zellen größere Königinnen schlüpfen als aus Zellen mit stark geprägter Oberfläche. *Die Prägung der Zellen hängt in der Hauptsache vom Futtereinkommen des Pflegevolkes während der Aufzucht* ab. In trachtlosen Zeiten und ohne Fütterung entstehen glatte, in Zeiten guten Honigeinkommens grob strukturierte Weiselzellen (Abb. 73 a, b).

Frage 65: *Besteht zwischen der unverbrauchten Restfuttermenge in der Weiselzelle und dem Königinnengewicht eine Beziehung?*

Diese Frage ist weniger für den Praktiker als für den »Aufzuchtforscher« von Interesse. Die Versuche zum Doppelten Umlarven haben schon eine erste (verneinende!) Antwort gegeben (s. **Frage 24**). Allerdings handelte es sich dort um einen Sonderfall. Ich habe darüber hinaus in regulären Zuchten viele Hunderte von Weiseln im Hinblick auf eine mögliche Beziehung zwischen den Gewichten ihrer Insassinnen und den zurückgebliebenen Restfuttermengen untersucht. Ich konnte keine solche finden – auch nicht, als in Wiederholungszuchten mit 5tägigem Wechsel des Zuchtrahmens die durchschnittliche Restfuttermenge bereits nach fünf oder sechs Pflegeansätzen bis nahe Null abfiel. Während dieses auffälligen Rückgangs der Futterüberschüsse war der Abfall der durchschnittlichen Puppengewichte der Königinnen weit weniger spektakulär (Abb. 75). In der IV. Serie gab es sogar noch einmal einen Anstieg.

Normalerweise wachsen die Königinnen auf einem Futtersaftüberschuß heran. Besonders für die jungen Larven dürfte stets Futter in ausreichender Menge vorhanden sein. Erst der zunehmende Hunger der älteren Larven könnte

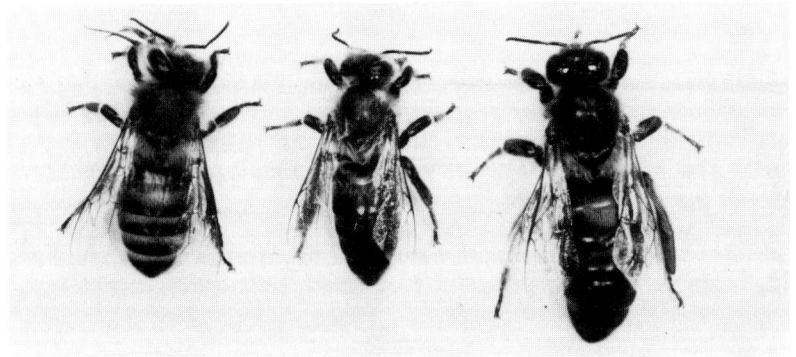

Abb. 74: Normale Arbeitsbiene (links) und normale Königin (rechts) im Vergleich mit einer Zwergkönigin (Mitte), die durch Entnahme allen Futtersaftes aus der Zelle kurz vor der Deckelung entstanden ist.

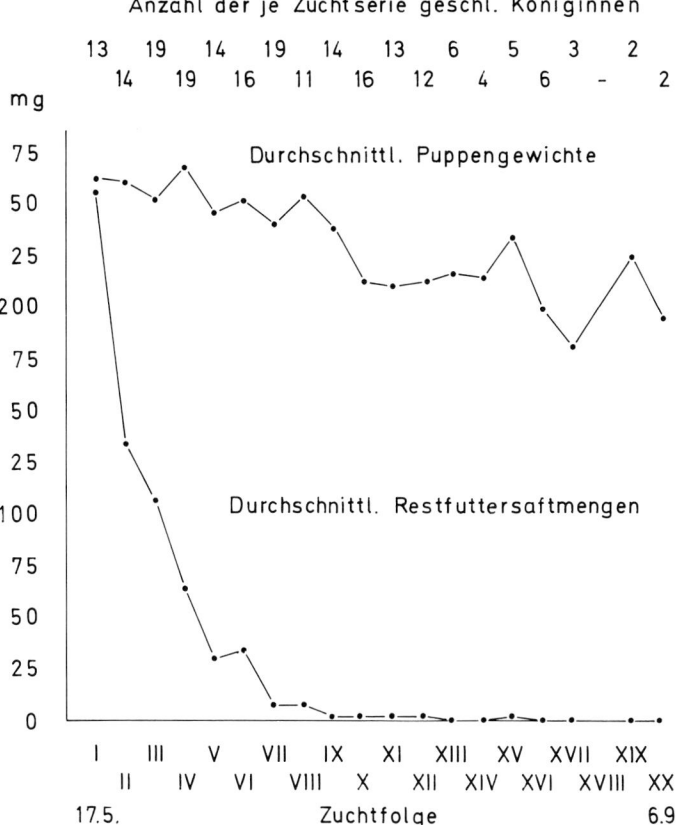

Abb. 75: Während die Puppengewichte der Königinnen im Laufe einer längeren Pflegefolge im weisellosen Volk nur zögernd abnehmen, fallen die in den Zellen übrigbleibenden Futtersaftmengen rasch bis nahe Null ab. Eine Beziehung zwischen den Einzelgewichten der Königinnen und den zugehörigen Futtersaftresten konnte nicht nachgewiesen werden.

die Pflegekapazität der Ammenbienen übersteigen, so daß aufkommender Futtermangel zu kleineren Tieren führen müßte. Die Bienen gleichen das häufig – aber nicht immer – durch geringere Zellenannahme aus. Auch ist schon lange bekannt, daß man durch Entnahme von Futter aus den Weiselzellen kurz vor deren Verdeckelung Zwergköniginnen erzielen kann (Abb. 74).

Das alles ändert nichts an dem hier aufgezeigten und leicht nachprüfbaren Sachverhalt, daß unter normalen Zuchtbedingungen *keine Korrelation* zwischen Königinnengewicht und Restfuttermenge besteht. *Es wäre also falsch, wenn man aus der Restfuttermenge auf den »Wert« der geschlüpften Königinnen schließen wollte.*

Frage 66: *Was muß man beim Umgang mit gedeckelten Weiselzellen beachten?*

Es kommt ganz entscheidend auf das Alter der gedeckelten Zellen an, wie lange sie ohne Schaden für ihren Inhalt außerhalb des Pflegevolkes bleiben können. *Kurz nach der Deckelung,* sobald sich die Streckmaden eingesponnen haben, *ist der Zellinhalt empfindlich* gegen Erschütterungen und offenbar nicht unempfindlich gegen Abkühlung. Wenn man den Zuchtrahmen im Pflegevolk alle fünf Tage gegen einen neuen austauscht, um die gedeckelten Zellen zum Schlüpfen in den Brutschrank zu bringen, sollte man sie nicht gleich in Schlüpfkäfige verschulen, sondern zuerst noch am Zuchtrahmen lassen. Der Zuchtrahmen wird so vorsichtig als irgend möglich bewegt. Schon ein geringes Aufstoßen beim Absetzen kann den Jungpuppen in den Zellen das Leben kosten. Man wird sich auch bemühen, mit dem aus dem Volk genommenen Zuchtrahmen den Brutschrank möglichst rasch zu erreichen, um kein zusätzliches Risiko durch Verkühlen der Zellen einzugehen.

Die Empfindlichkeit der Zellen hält *bis zwei Tage vor dem Schlüpfen* an. Die alte Empfehlung, die Zellen erst zehn Tage nach dem Umlarven zu verschulen, d. h. in Schlüpfkäfigen unterzubringen, hat nach wie vor Gültigkeit. *Jetzt können auch starke Erschütterungen den Zellen nichts mehr anhaben.* Eine Unterkühlung, die vorher zu Flügel- und Beinschäden führen konnte, ist nicht mehr zu befürchten. Man kann die Zellen ruhig in einer mit weichem Tuch ausgeschlagenen Transportkiste, lose übereinandergehäuft, zur Belegstelle bringen, um sie etwa zur Wiederbeweiselung von Mehrwabenvölkchen zu verwenden (Abb. 76).

Die *Insassinnen schlüpfreifer Weiselzellen* sind außerhalb des Bienenvolkes *ebensolange lebensfähig wie ältere Bieneneier* (s. **Frage 31**). Nach wenigstens 24 Stunden ist noch mit keiner Schädigung zu rechnen. Infolgedessen kann man Weiselzellen des richtigen Alters auch verschicken. Man muß sie nur vor mechanischer Beschädigung schützen, etwa indem man sie in eine Schachtel mit

Abb. 76: Die Weiselzellen mit ihren Insassinnen sind ab zwei Tage vor dem Schlupf äußerst robust gegen Stöße und verhältnismäßig widerstandsfähig gegen Abkühlung. Man kann sie in diesem Alter über weite Entfernungen transportieren oder verschicken.

Sägemehl legt oder Schaumstoffblöcke mit entsprechend tiefen Bohrungen benutzt, ähnlich wie beim Transport von angebrüteten Zellen (s. **Frage 30**). Man kann sie aber auch mitsamt den Schlupfkäfigen auf die Reise bringen.

> **Frage 67:** *Wo sollen die Königinnen schlüpfen: im Begattungsableger, im Pflegevolk oder im Brutschrank?*

Je nach der Art der Pflege befinden sich die gedeckelten Weiselzellen kurz vor dem Schlupftermin der Königinnen entweder im Pflegevolk, im Brutschrank oder in Begattungsablegern. Soweit die Königinnen in *Begattungsablegern* schlüpfen, bleiben sie hier auch gleich zum Zwecke ihrer Paarung (s. **Frage 80**). Ähnliches gilt für das Begattungsvölkchen: Im Unterschied zum Begattungsableger wird es nicht mit Brut, sondern ausschließlich mit Bienen als kleiner Kunstschwarm gebildet (s. **Frage 75**). Statt wie üblich mit einer Königin kann man es auch mit einer schlupfreifen Weiselzelle versehen. Wer mit Mehrwabenbegattungsvölkchen arbeitet und diese mehrmals nacheinander zur Paarung von Königinnen verwendet, hat gar keine andere Wahl, als Zellen zur Wiederbeweiselung zu verwenden. Geschlüpfte Königinnen würden die Bienen ablehnen (s. **Frage 76**).

Bei der Versorgung von Begattungsablegern und Begattungsvölkchen mit Weiselzellen geht man das Risiko ein, daß die eine oder andere Königin nicht schlüpft oder daß eine fehlerhafte Königin schlüpft, die sich nicht paaren kann. Man hat dann einige Arbeit umsonst investiert. Deshalb ist es bei weitem vorteilhafter, wenn die Königinnen kontrolliert ausschlüpfen, damit ihre Körperbeschaffenheit (Fühler, Flügel, Beine) einer genauen Inspektion unterzogen werden kann. Der Ort des kontrollierten Schlupfes ist entweder das *Pflegevolk* – das weisellose oder der Honigraum des weiselrichtigen – oder der *Brutschrank*. Während im Pflegevolk das Kleinklima immer stimmt, muß man im Brutschrank darauf achten, daß stets eine konstante Temperatur von 35 °C und die relative Luftfeuchte von 50–60% eingehalten werden. Mit der Temperatur gibt es wenig Sorge, da sich der Brutschrank genau darauf einstellen läßt. Kleine Untertempe-

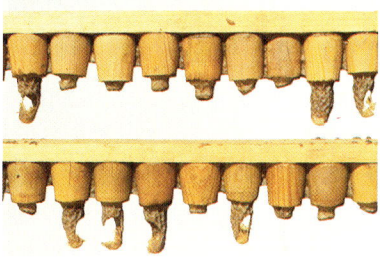

Abb. 77: Als Folge einer Nachlässigkeit des Imkers, der es versäumte, die Zellen rechtzeitig in Schlüpfkäfige zu verschulen, ist die ganze Zuchtserie verdorben.

raturen haben meist eine etwas dunklere, kleine Übertemperaturen eine hellere Ausfärbung der Königinnen zur Folge. Auch die Schlupfzeit kann in extremen Fällen bis zu einem Tag verlängert oder verkürzt sein. Die Feuchtigkeit muß durch Einstellen von Wasserschalen passender Größe und Überprüfung mit einem Hygrometer geregelt werden. Zu hohe Luftfeuchten sind schon deshalb nicht gut, weil das den gekäfigten Königinnen beigegebene Futter Gefahr läuft, Wasser zu ziehen, und die Königinnen sich damit verschmieren können.

Der kontrollierte Schlupf im Pflegevolk oder im Brutschrank setzt voraus, daß die Zellen voneinander isoliert untergebracht werden. Das heißt, man muß sie in *Einzelhaft* nehmen, damit nicht eine voreilige Königin ausschlüpft und alle übrigen Zellen aufbeißt. Das wäre im Pflegevolk das Signal für die Bienen, die Zellen samt Inhalt zu beseitigen. Manche schöne Zuchtserie ist auf diese Weise schon verlorengegangen (Abb. 77).

Frage 68: *Wie werden die Weiselzellen verschult?*

Zur Isolierung der schlupfreifen Weiselzellen dienen sogenannte *Schlüpfkäfige*. Sie sind sehr verschieden in Ausbildung und Material (Abb. 78). Die meisten Käfige sind so beschaffen, daß gerade eine Zelle darin Platz hat. Wenn die

Abb. 78: Schlüpfkäfige gibt es in den unterschiedlichsten Ausführungen.

Abb. 79: Beim Verschulen von Weiselzellen in Schlüpfkäfige.

Abb. 80: Eine direkt von der Zuchtlatte abgeschnittene Weiselzelle wird in die Verschlußkappe eines Filigran-Lockenwicklers gesteckt.

Zellen bereits an Stopfen oder Holzplättchen sitzen, werden sie in die passende Öffnung der Käfige gesteckt (Abb. 79). Müssen sie von der Wabe, von Wabenstreifen oder direkt von den Zuchtlatten heruntergeschnitten werden, verwendet man gerne Schlüpfkäfige mit konischen Aussparungen, in die man die Zellen nur einsinken läßt. Sie müssen aber eine Abdeckung zum Schutz vor den Bienen bekommen. Wer zum Schlüpfen der Königinnen die in der Imkerei allbekannten »Filigran«-Lockenwickler der Firma Christian Stöhr KG, 8641 Zeyern üb. Kronach, verwendet, kann sowohl mit Zellen an Holzstopfen als auch mit nur abgeschnittenen Zellen arbeiten. Als Schlüpfkäfig gefragt ist die Type 20 kz mit 19 mm Durchmesser. Die Zellen werden einfach in die zu den Wicklern gehörenden Schutzkappen gesteckt (Abb. 80).

Die traditionellen Schlüpfkäfige besitzen eine besondere Vorrichtung zum Füttern der Königinnen. Der bekannte *Zander-Schlüpfkäfig* (mit Drahtgitter auf der einen und Zelluloidfenster auf der anderen Seite) besitzt z. B. im Boden eine Vertiefung für die Aufnahme eines Futterbechers. Den Futterbecher kann man wie die Weiselnäpfchen aus Wachs ziehen. Man macht ihn nur etwas tiefer und schneidet den Rand so zu, daß zwei gegenüberliegende Fortsätze stehenbleiben. Nach Füllen der Becher mit Honig werden die Fortsätze umgebogen, damit sich die ausschlüpfenden Königinnen nicht beschmutzen können. Es gibt aber auch fertige Becher aus Metall oder Plastik mit geschlitztem Deckelchen im Handel (Abb. 81). Die *Lockenwickler-Schlüpfkäfige* haben keine eigene Futtereinrichtung. Man muß hier Zuckerteig anstelle von Honig verwenden, was aber ebensogut geht. Beim Einstecken der Wickler in passende Bohrlöcher einer

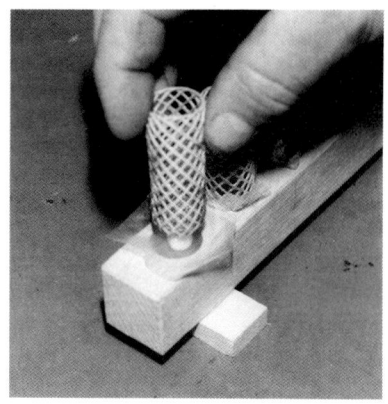

Abb. 81: Vor dem Zander-Schlüpfkäfig mit Sichtfenster auf der Vorder- und Kontaktgitter auf der Rückseite liegen die dazugehörigen Futternäpfchen aus Wachs und aus Metall.

Abb. 82: Die als Schlüpfkäfig dienenden Filigran-Lockenwickler werden über einem Klümpchen Futterteig in Bohrlöcher einer Halteleiste gesteckt, so daß sich der Futterteig durch die Maschen in den Käfig drückt.

Holzleiste wird gleichzeitig ein Klümpchen nicht zu feuchten Futterteigs am Grunde deponiert (Abb. 82). Das Futter drückt sich durch die Maschen des Käfigs und wird auf diese Weise der geschlüpften Königin zugängig. Damit die Feuchtigkeit des Futterteigs nicht in das Holz einziehen kann, muß man die Bohrungen erst mit einer feinen Wachsschicht versehen oder mit dünner Plastikfolie auslegen. Die Holzleisten dienen den Lockenwicklern gleichzeitig als Halterung.

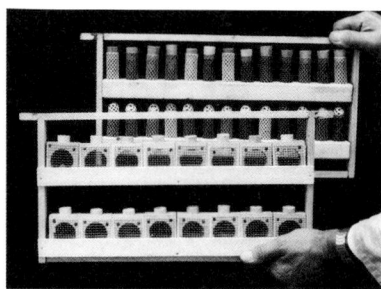
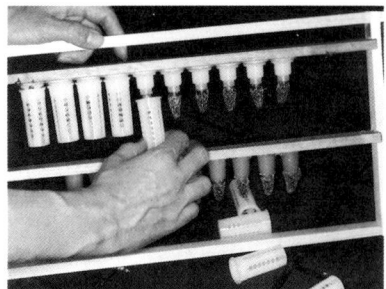

Abb. 83: Die Hürdenrahmen können zur Aufnahme von traditionellen Holzschlüpfkäfigen wie auch von Lockenwicklern eingerichtet werden.

Abb. 84: Ein modernes Plastik-Set aus Weiselbecher, Weiselbecherhalter und Übersteckkäfig erlaubt eine zusätzliche Funktion des Zuchtrahmens auch als Hürdenrahmen.

Abb. 85: Für die Unterbringung im Brutschrank sind die Schlüpfkäfige auf langen Halteschienen aufgereiht.

Wenn man die Königinnen im Volk schlüpfen lassen will, braucht man dazu einen besonderen Rahmen zur platzsparenden Unterbringung der Schlüpfkäfige. Dieser »Hürdenrahmen« muß sich natürlich den Besonderheiten der verwendeten Schlüpfkäfige anpassen (Abb. 83). Eine der jüngsten Konstruktionen auf diesem Gebiet ist ein Plastik-Set aus Stopfen, Weiselnapf und Schlüpfkäfig. Die Weiselzellen brauchen bei dieser Vorrichtung nicht mehr von den Zuchtlatten des Zuchtrahmens abgenommen zu werden, die Käfige werden einfach darübergesteckt (Abb. 84).

Wer die Königinnen im Brutschrank schlüpfen läßt, verwendet zur raumsparenden Unterbringung der Schlüpfkäfige entsprechend eingerichtete Halteschienen (Abb. 85).

Frage 69: *Soll man die Königinnen mit Begleitbienen schlüpfen lassen?*

Neben den üblichen Schlüpfkäfigen, die nur für eine Zelle Platz haben, gibt es solche, in denen auch noch Bienen untergebracht werden können. Sie gleichen im wesentlichen den schon bei der **Frage 42** als »Okulierkäfige« beschriebenen Behältnissen, sind als Verschul- und Schlüpfkäfig aber meist etwas kleiner (Abb. 82, hintere Reihe). Je nach Größe werden sie neben der Weiselzelle mit etwa 15 bis 30 Bienen besetzt. Gut mit Flüssigfutter (in Aufsteckröhrchen) oder mit Futterteig verproviantiert, kommen sie in den leeren Honigaufsatz des Pflegevolkes oder in den Brutschrank.

Vor etwa 30 Jahren knobelte der thüringische Imker HORST HEINECKE eine Zuchtmethode aus, die ganz gezielt auf die Versorgung der Schlüpfkäfige mit Begleitbienen ausgerichtet war. In einem besonderen Zuchtaufsatz, der über das Pflegevolk gesetzt wurde, befanden sich kleine Deckelscheiben mit Stopfen. Daran entstanden über belarvten Näpfchen die Weiselzellen. Wenn die Zellen reif zum Schlüpfen waren, wurden die Deckelchen mit je einer Zelle und den daransitzenden Bienen auf einen becherförmigen Plastikbehälter gesteckt. Diese Becher, mit Luftschlitzen am Boden, erhielten vom darunter befindlichen Volk die notwendige Wärme (Abb. 86).

Abb. 86: Die »Becherzucht« machte die Anwesenheit von Begleitbienen beim Schlupf der Königinnen zur Methode.

Denselben Effekt des Schlüpfens zwischen Bienen versuchte man gelegentlich auch auf einfachere Weise zu erreichen. Man verwendete gewöhnliche Zander-Schlüpfkäfige mit *Absperrgitter* anstelle des Zelluloidfensters. Aber man erlebte damit häufig eine Enttäuschung. Es kam vor, daß die Bienen bei einsetzender starker Tracht und Umschlagen der Zuchtstimmung die eben geschlüpften Mütter umbrachten, oder es schlüpfte eine so kleine Königin, daß sie durch das Absperrgitter ihres Käfigs heraus- und in andere Käfige hineingelangen konnte, wobei sie ihre Schwestern umbrachte.

Heute versucht man so etwas erst gar nicht mehr, und auch um die »Becherzuchtmethode« ist es still geworden. Aber die Meinung, daß die Anwesenheit von Bienen für die geschlüpften Königinnen von Vorteil sein könnte, ist bei den Züchtern nach wie vor lebendig. Warum?

Wenn eine Königin im Bienenvolk schlüpft, entfernen die Bienen vorher die Wachskappen von den Zellen, so daß das Kokongespinst freiliegt. Die Königin, die sich stets aus eigener Kraft mit Hilfe eines Ringschnittes aus der Zelle befreit, braucht nur den Kokon, nicht auch die diesen umgebende Wachshülle zu durchnagen. Dadurch spart sie Kraft. Dazu kommt, daß sie beim Schlüpfen im Volk, während sie sich aus der Zelle herausschneidet und immer wieder den Rüssel durch den entstehenden Spalt hindurchsteckt, von den Bienen gefüttert wird. Es ist deshalb nicht verwunderlich, daß eine Königin, die unter der Fürsorge von Begleitbienen schlüpft, nach dem Befreiungsakt kräftiger ist als eine Königin, die allein schlüpfen muß. Versuche, bei denen man mit und ohne Begleitbienen geschlüpfte Königinnen aus der gleichen Zuchtserie sofort nach dem Schlupf in einen kleinen Raum zusammensperrte, ergaben denn auch bei dem unvermeidlichen Rivalitätskampf eine deutliche Überlegenheit der mit Begleitbienen geschlüpften über die allein geschlüpften Königinnen.

Trotzdem sollte man sich vor einer voreiligen Schlußfolgerung hüten. Wenn man nämlich die unter beiderlei Bedingungen geschlüpften Königinnen vor dem Kräftemessen nur wenige Stunden in Begattungsvölkchen einweiselt, stellt man fest, daß derselbe Versuch jetzt nicht mehr einseitig zugunsten der mit Begleitbienen geschlüpften Königinnen ausgeht. Jetzt sind rein zufällig einmal die einen, einmal die anderen Tiere Sieger oder Verlierer. Der Kräfteschwund der »allein« geschlüpften Königinnen ist also nur vorübergehend. Sie erholen sich nach kurzem Aufenthalt unter der Obhut von Bienen so vollständig, daß sie ihren mit Begleitbienen geschlüpften Schwestern an Vitalität nicht nachstehen.

Eine Beschickung der Königinnenschlupfkäfige mit Begleitbienen ist also nicht notwendig.

Frage 70: *Wie lange dürfen die Königinnen im Schlupfkäfig bleiben?*

Wenn man die Königinnen zwischen einer kleinen Schar von Begleitbienen schlüpfen läßt, ist die hier gestellte Frage überflüssig. Die Königinnen halten in diesem Fall tage-, wenn nicht wochenlang durch, was hier aber wegen der anstehenden Paarung nicht von praktischem Interesse ist. Bei »einsamem« Schlupf muß man dagegen die Königinnen so rasch wie möglich aus dem Schlüpfkäfig befreien. Die Königinnen einer Zuchtserie schlüpfen in der Regel innerhalb von 24 Stunden. Länger sollten sie auch nicht in den Käfigen bleiben. Nach Möglichkeit sieht man zweimal am Tag nach, wobei man die Weiselzellen der jeweils neu geschlüpften Königinnen aus den Käfigen entfernt. Macht man das nicht, neigen die Königinnen dazu, die Zellen abzunagen, das Gemüll fällt auf den Boden und bedeckt den kleinen Futtervorrat. Das kann sich im Brutschrank katastrophal auswirken. Aber auch im Bienenvolk nehmen die Königinnen nicht immer sofort Kontakt zu den Stockbienen auf und laufen Gefahr zu verhungern.

Spätestens einen Tag nach dem Schlupf sollten die Königinnen in die Begattungseinheiten verschult werden. Tut man das nicht, muß man, auch beim Schlupf im Volk, mit Verlusten rechnen, die von Tag zu Tag größer werden. Auch hat man beobachtet, daß die Bienen den gekäfigten Königinnen durch das Gitter hindurch Fußkrallen abgebissen haben. Solche Tiere sind dann nicht mehr brauchbar. Hat man wirklich keine Zeit zum rechtzeitigen Verschulen der Königinnen, gebe man fünf bis acht Jungbienen (nicht irgendwelche Bienen) in jeden Schlüpfkäfig und vergesse nicht das Nachfüllen mit Futter. Auf diese Weise halten die Königinnen sowohl im Volk als auch im Brutschrank etwas länger aus. Aber man sollte trotzdem nach wenigstens drei bis fünf Tagen Zeit finden, sie zu verarbeiten.

Frage 71: *Wie und wann zeichne ich die Königinnen?*

Die Farbe ist international geregelt: Es gibt *fünf Zeichenfarben,* die sich von Jahr zu Jahr in bestimmter Reihenfolge abwechseln. Die Farbfolge kann man sich leicht merken, da der Farbcharakter gleichmäßig vom Hellen zum Dunklen fortschreitet, nämlich: weiß, gelb, rot, grün, blau. Dabei fällt Weiß stets auf eine Jahreszahl mit 1 oder 6 am Ende. Die übrigen Farben ordnen sich dazwischen.

Von den vielerlei Zeichenmaterialien hat sich die Verwendung von *Opalithplättchen* zweifellos am besten bewährt. Die Plättchen erhält man im Bienenfachhandel, in der Regel auch den Klebstoff dazu. Aber nicht immer ist diesem Schellack-Spiritusgemisch zu trauen. Besser ist *Azeton-Nagellack*, den man sich im Kaufhaus oder in der Drogerie besorgen kann. Auch das Pinselchen im Deckel ist dazu willkommen.

Zum Zeichnen nimmt man die Königin mit dem Brustabschnitt zwischen Daumen und Zeigefinger der einen Hand und tupft mit dem Pinselchen in der anderen Hand ein wenig Klebstoff auf den Brust-Rücken. Dann vertauscht man das Pinselchen mit einem dünnen Stäbchen, z. B. einem Zündholz, dessen hinteres Ende man mit der Zunge etwas befeuchtet. Man nimmt damit eines der Opalithplättchen, die man vorher mit der gewölbten Seite nach oben auf der Tischplatte ausgebreitet hat, auf und drückt es auf den noch feuchten Klebefleck. In wenigen Sekunden hält das Plättchen fest. Wer die Königin nicht anfassen will, kann sich auch eines *Zeichennetzchens* bedienen und die Königin durch die Maschen hindurch zeichnen (Abb. 87 a, b).

Zu welchem Zeitpunkt man die Königinnen am besten zeichnet, richtet sich danach, ob man Zellen oder geschlüpfte Königinnen zur Beweiselung der

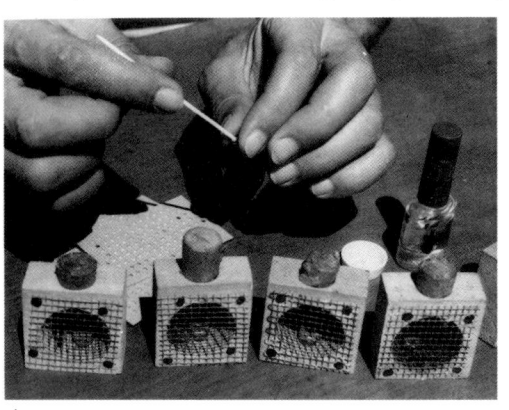 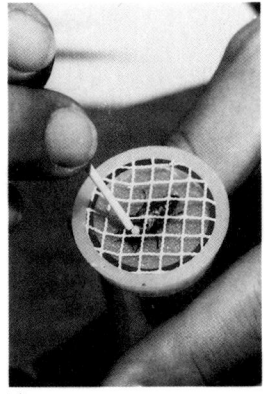

a)   b)

Abb. 87a, b: Das Zeichnen der Königinnen kann freihändig (*a*) oder mit Zeichennetzchen geschehen (*b*).

Begattungsvölkchen bzw. -ableger verwendet. Da man *Ableger und Mehrwaben-Begattungsvölkchen* gewöhnlich mit Zellen versieht, kommt man in diesen Fällen erst an die begattete, bereits in Eiablage befindliche Königin heran. *Einwaben-Völkchen* werden dagegen vorwiegend mit geschlüpften Königinnen beweiselt, und so nützt man die hier angezeigte Kontrolle der geschlüpften Königinnen auf einwandfreie Körperbeschaffenheit gleichzeitig auch zum Zeichnen. Jetzt ist der Anfänger auch noch mutiger, als wenn er es mit den wertvolleren bereits begatteten Königinnen zu tun hat.

Gelegentlich werden Bedenken geäußert, daß die Farbmarkierung der Königin bei ihren Hochzeitsflügen stören könnte, sei es, daß sie die Drohnen irritiert, insektenvertilgende Vögel anlockt oder die zu Hause wartenden Bienen bei der Heimkehr der Königin provoziert. Das alles trifft nicht zu und ist durch die Alltagserfahrung auf den Belegstellen tausendfach widerlegt. Da es das einfachste und bequemste ist, die Königinnen vor dem Einweiseln in die Begattungsvölkchen zu zeichnen, sollte man das auch tun.

Frage 72: *Ein- oder Mehrwabenkästchen?*

Bei der Antwort auf die Frage, welcher Typ von Begattungskästchen wohl der beste sei, kommt man nicht mit einem einfachen Pro oder Kontra aus. Betriebswirtschaftlich gesehen haben beide Kästchen Vor- und Nachteile. In biologischer Hinsicht sollte man nicht voreilig urteilen. Ob sich die Bienen in einem Kästchen wohl fühlen, hängt von der Bauart des Kästchens ab. Das trifft für Einwabenkästchen natürlich in noch stärkerem Maße als für Mehrwabenkästchen zu.

Abb. 88: Einwaben-Begattungskästchen nach ZANDER (½ Zandermaß, links) und ⅓-Normalmaß-Kästchen (Mitte) sind auch heute noch viel im Gebrauch. Wirtschaftlicher ist jedoch ein kleineres Begattungskästchen, das rechts (in Erlanger Bauart) abgebildet ist. Es verdient auch biologisch die besseren Noten.

Abb. 89a, b: Das Erlanger Klein-EWK zeichnet sich durch seine Einfachheit aus. Es besitzt an Stelle eines Rähmchens nur ein Leistchen mit Nut für den Mittelwandstreifen (*a*). In den Futterraum führt ein Loch mit Haltegitterchen für den Futterteig (*b*).

Die *herkömmlichen Einwabenkästchen* in den Größen ½ Zander- und ⅓ Normalmaß (Abb. 88 Mitte und links) schneiden nicht sehr günstig ab, wenn man sie unter extremen Wetterbedingungen prüft. Vergleichende Versuche im Hochgebirge sind eindeutig zugunsten eines viel kleineren Einwabenkästchens ausgefallen (Abb. 88 rechts). Dieses von der *Bayerischen Landesanstalt für Bienenzucht* entwickelte *Klein-EWK* hat einen Bienenraum von 11,5 × 10 × 4,5 cm und eine darüber befindliche 6,5 cm hohe Futterkammer. Es besitzt kein Rähmchen, nur eine Kopfleiste an der Decke mit Nut zur Aufnahme des Mittelwandstreifens (Abb. 89 a). Bienen und Futterraum sind nicht wie bei

Abb. 90: Das Klein-EWK ist nur in Verbindung mit einem nach allen Seiten (auch zum Boden und Deckel) gut isolierten Schutzhaus zu gebrauchen. Darin hat eine Batterie von 4 Kästchen Platz

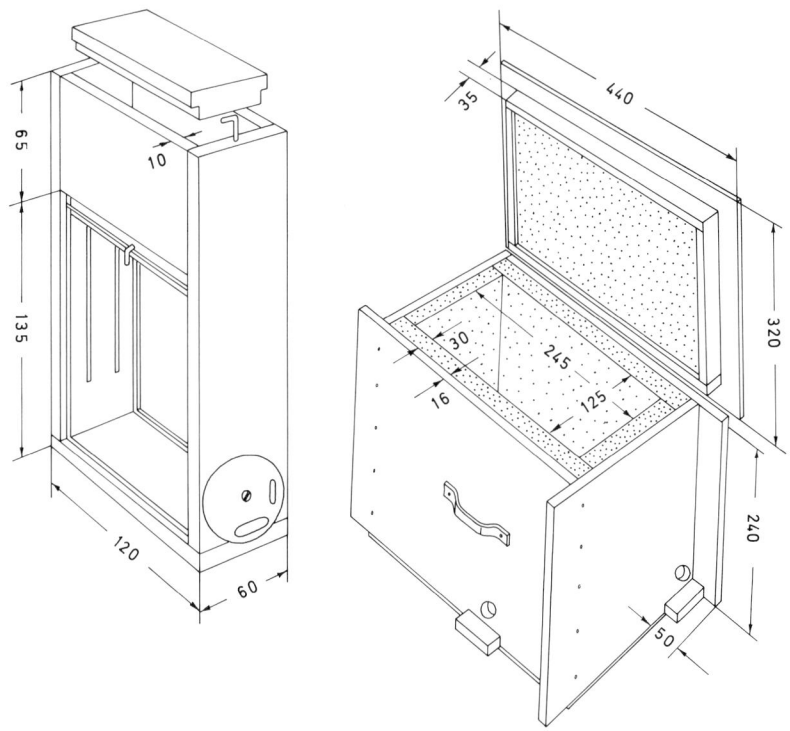

Bauzeichnung des Erlanger Kleinkästchens (*links*) und des Schutzhauses (*rechts*).

den großen Kästchen durch einen Aufstiegsschacht, sondern nur durch ein nach Bedarf mit einem Drahtgitterchen vom Futter abgegrenztes Loch in der Decke miteinander verbunden (b). Eine Bauzeichnung liefert Abb. 90.

Der Vorteil dieses kleinen Begattungskästchens gegenüber den größeren Exemplaren liegt aber nicht nur in der Konstruktion der Kästchen selbst, sondern vor allem in der Art ihrer Anordnung zu je vieren in einem Schutzhaus. Dieses Schutzhäuschen hat außen Holzwände und ist innen – an den Seitenwänden, auf dem Boden und unter dem Deckel – mit 3 cm starken Styroporplatten ausgekleidet (Abb. 90). Das ist der Grund, weshalb die nach außen stark isolierten und sich gegenseitig wärmenden Einwabenvölkchen kleinklimatisch jedem einzeln aufgestellten Mehrwabenvölkchen zumindest ebenbürtig sind.

Welch verschiedene Arten von *Mehrwabenkästchen* schon ersonnen und welch originelle Ideen dabei verwirklicht wurden (Blumentöpfe, Konservendosen, Vogelbauer usw.), läßt sich hier kaum wiedergeben. Wenn man von den einfachsten Konstruktionen, in denen die Bienen Wildbau errichten, absieht, enthalten die Kästchen, ihrem Namen entsprechend, mehrere – allerwenigstens

a) b)

Abb. 91a, b: Das Erlanger Dreiwaben-Kästchen aus bituminierter Weichfaserplatte besteht aus einem etwa quadratischen Bienenraum und einer dahinterliegenden schmäleren Futterkammer. Beides wird gesondert durch Holzdeckelchen abgedeckt. An dem mit Luftschlitzen versehenen Deckel des Bienenraums sind die nach unten offenen Rähmchen mit Schraubhaken befestigt. Für die Beweiselung gibt es ein mit Stopfen versehenes Bohrloch. Über den Holzdeckelchen liegt ein Abschlußdeckel aus Weichfaser (*a*). Die fächerartig aufklappbaren Wäbchen erleichtern die Suche nach der Königin (*b*).

aber zwei – Rähmchen. Häufig sind die Rähmchen nach Vorbild des altehrwürdigen *Schweizer Begattungskästchens* am Innendeckel befestigt. Abbildung 91 a zeigt die *Erlanger Version* dieses Kästchens mit Wänden aus 12 mm starker bituminierter Weichfaserplatte. Wenn man den Deckel abnimmt, zieht man gleichzeitig auch die Wäbchen mit heraus. Sie haben keine Unterleiste und lassen sich fächerartig auseinanderklappen (Abb. 91 b). Das Kästchen kann man sich leicht selber bauen (Abb. 92).

In geräumigeren Mehrwabenkästchen finden sich entsprechend größere Wäbchen, die man wie aus einem Bienenkasten einzeln herausziehen muß. In den *USA,* wo die Königinnenzucht fast nur von Großimkereien im klimatisch günstigen Süden und Westen durchgeführt wird, sind die dünnen Kästchenwände aus Holz. Bei uns in Mitteleuropa mit sehr wechselhaften Klimaverhältnissen setzt sich immer mehr der Schaumstoff als Baumaterial für die Mehrwabenkästchen durch: so etwa bei dem in *Österreich* weit verbreiteten Dreiwabenkästchen (Abb. 93 a) oder bei dem wohl bekanntesten deutschen *Mehrwabenkästchen aus Kirchhain* (Abb. 93 b). Letzteres besitzt keine Rähmchen, sondern nur Latten mit Wachsstreifen, an denen die Bienen die Wäbchen anbauen. Wegen des konisch nach unten sich verengenden Innenraums werden die Waben an den Seitenwänden des Kästchens nicht angebaut. Vorteilhaft ist, daß sich der Bienenraum durch Öffnen der Futterkammer von vier auf sechs Wäbchen erweitern läßt. Leider ist das mit Bienen besetzte Kästchen nicht für lange

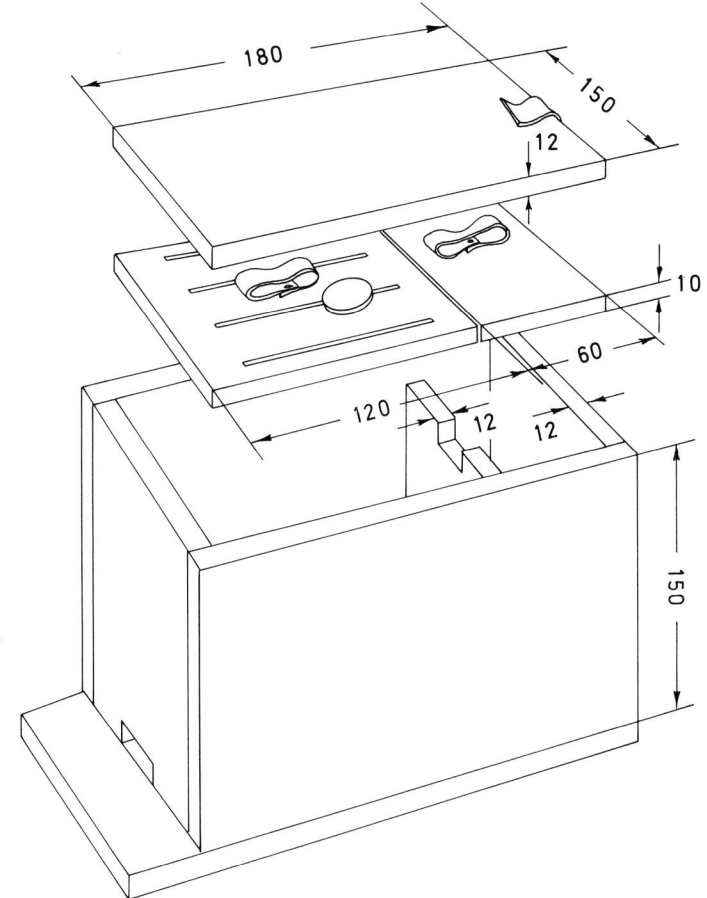

Abb. 92: Bauzeichnung des Erlanger Dreiwaben-Kästchens.

Transporte geeignet: Die futter- oder brutschweren Waben brechen leicht herunter.

Der *Bienenbedarf* für Mehrwabenkästchen ist selbstredend größer als für Einwabenkästchen. Zu einer angemessenen Füllung des Kirchhainer Kästchens gehören z. B. ca. 200 g Bienen. Das Erlanger Klein-Kästchen kommt mit 50 g Bienen aus. Ein normal starkes Pflegevolk reicht nur für 20–25 Kirchhainer, aber für wenigstens 80 Erlanger Kästchen.

Als *Vorzug des Mehrwabenvölkchens* kann man ins Feld führen, daß es *mehrmals verwendbar* ist, d. h. mehrmals hintereinander Königinnen zur Begat-

a) b)

Abb. 93a, b: Im Handel angebotene Mehrwabenkästchen sind häufig aus Schaumstoff hergestellt wie das in Österreich weit verbreitete Kästchen mit drei herausnehmbaren kompletten Wäbchen (*a*). Das in der Bundesrepublik sehr beliebte Kirchhainer Mehrwabenkästchen ist durch seine sich nach unten verjüngende Form gekennzeichnet. Flugloch und Lüftungsgitter befinden sich im Boden des Kästchens (*b*).

tung aufnehmen kann. Man darf aber nicht vergessen, daß Mehrwabenvölkchen bei der Wiederverwendung mit Zellen versehen werden müssen. Die Bienen nehmen keine geschlüpften Königinnen an.

Um die Mehrwabenvölkchen voll zu nutzen, muß man die Zucht auf die zeitlichen Begattungsintervalle der Königinnen abstimmen. Bei unseren wechselnden Klimaverhältnissen dürfte das nicht immer leicht sein. Vor allem wird es kritisch, wenn eine Königin besonders früh verlorengeht. Dann ist der Erfolg einer Wiederbeiselung auch mit Zelle ungewiß. Arbeitserschwerend ist die fortgesetzt notwendige Kontrolle der Völkchen auf eine mögliche Überfüllung mit schlüpfenden Bienen und auf ausreichende Futterbevorratung. In *Amerika* füttert man nur mit Zuckerwasser in Wabentaschen. In *Deutschland* ist sowohl bei den Ein- als auch bei den Mehrwabenvölkchen die Fütterung mit Zuckerteig üblich (s. **Frage 73**). Was aber den Optimismus mit den Mehrwabenvölkchen am meisten zu dämpfen vermag, ist die kurze Bienensaison in unseren Breiten, die dem mehrfachen Einsatz der Völkchen enge Grenzen setzt. Unter der Voraussetzung, daß zwischendurch keine Königin verlorengeht, wird man wohl kaum über eine viermalige Benutzung hinauskommen. In den klimatisch günstigen Zuchtzentren der USA rechnet man mit wenigstens doppelt so vielen Einsätzen. Der Paarungserfolg ist dort bei Berücksichtigung aller möglichen Pannen aber nur 64%. Wir kommen mit unseren Einwabenkästchen erheblich höher.

Zwischen dem Mehrwaben-Begattungsvölkchen und dem Begattungsableger im Standmaß (s. **Frage 80**) gibt es Übergänge. Hierfür gebraucht man in der

a)

b)

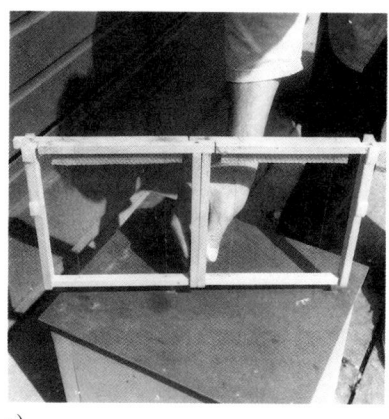
c)

Abb. 94a–c: Mehrwabenkästchen größerer Bauart mit Rähmchen im halben Standmaß beherbergen Völkchen, die in dieser Form sogar über den Winter gehen können (*a* u. *b*). Die Halbrähmchen können zu Ganzrahmen zusammengesteckt und dann in beliebiger Weise in den Wirtschaftsbetrieb integriert werden (*c*).

Das Kästchen hat ein vorderes und ein hinteres Flugloch und kann für die Unterbringung zweier Völkchen in der Mitte durch ein dünnes, in Seitennuten verlaufendes Trennschied geteilt werden. Im Boden besitzt es zwei große, mit Gitter versehene Lüftungslöcher.

Bundesrepublik gerne den Ausdruck »Kernvölkchen«. Sie werden in der Regel in Kästen aus Hartschaumstoff mit Rähmchen im halben Standmaß untergebracht (Abb. 94 a, b). Die Bildung der relativ großen Einheiten mit Bienen allein ist zu aufwendig, weshalb man zusätzlich auch Brutwaben aus Wirtschaftsvölkern dazu verwendet. Um Brutwaben in passender Größe zu erhalten, sind die Rähmchen für die Kernvölkchen so konstruiert, daß je zwei, in sinnvoller Weise zusammengesteckt, eine Wabe im Standmaß ergeben (Abb. 94 c). Anstelle von Anfangsstreifen erhalten die Kernvölkchen Mittelwände wie die Standvölker, und zur Fütterung ist eine Wabentasche für Zuckerwasser wie bei den amerikanischen Mehrwabenvölkchen vorgesehen.

Solche Völkchen bieten auch in Mitteleuropa eine gute Voraussetzung für mehrmalige Beweiselung. Notfalls kann man sie auch überwintern und als eine Art Königinnenreserve benützen (s. **Frage 98**).

Ob man in einem Königinnenzuchtbetrieb Einwabenkästchen oder Mehrwabenkästchen verwendet, ist nach meinem Dafürhalten *keine biologisch-wissenschaftliche Frage,* sondern hat sich nach *rein praktischen und kalkulatorischen* Gesichtspunkten zu richten. In den einen Betrieb läßt sich das eine, in den anderen das andere Kästchen besser einordnen.

Frage 73: *Womit füttere ich die Begattungsvölkchen?*

In den *Vereinigten Staaten* würde man diese Frage nicht stellen. Dort füttert man die Begattungsvölkchen ausschließlich mit Zuckerwasser, und zwar reicht man die erste Gabe gleich bei der Bildung der Völkchen. Die Mehrwabenkästchen haben dafür ein kleines, als Futtertasche ausgestattetes Rähmchen oder sonst einen, meist primitiven, Futterbehälter. Da die Völkchen mehrmals über die ganze Bienensaison verwendet werden, sind Futterkontrolle und Nachfütterungen eine Selbstverständlichkeit.

In *Deutschland* ist die Flüssigfütterung der Begattungsvölkchen wenig bekannt. Hier wird *Futterteig* verwendet, wobei die Einwabenvölkchen bis zur Begattung und Eierlegetätigkeit ihrer Königinnen in der Regel mit einer einzigen Füllung der Futterkammer auskommen müssen. Für das Erlanger Klein-Kästchen reichen 250–300 g (Abb. 95 a). Die Mehrwabenkästchen mit größerer Futterkammer fassen natürlich entsprechend mehr und müssen auch bei wiederholter Beweiselung der Völkchen nachgefüllt werden (Abb. 95 b). Besonders wenn die Kästchen aus Weichfaser oder Schaumstoff hergestellt sind, ist es gut,

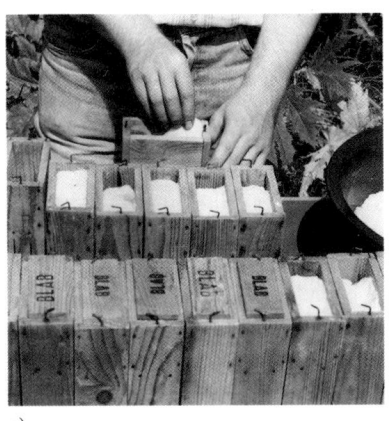 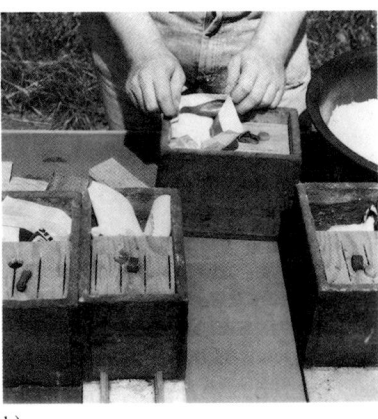

a) b)

Abb. 95a, b: In Deutschland werden sowohl Einwaben- als auch Mehrwabenkästchen mit Futterteig gefüllt.

die Futterkammer vor dem Einbringen des Futterteigs mit Plastikfolie, Pergamentpapier oder einer abgeschnittenen gewachsten Milchtüte auszukleiden. Futterreste lassen sich dann später bei Auflösung der Völkchen leichter entfernen.

Für die Fütterung der Begattungsvölkchen bestens geeignet ist *Zuckerteig aus Blütenhonig und Puderzucker* im Verhältnis 1 : 3. In den letzten Jahren hat die Landesanstalt für Bienenzucht in Erlangen zwei Verfahren zur *Futterteigbereitung ohne Honig* entwickelt. Zwar hat sie dabei hauptsächlich an die Fütterung von Ablegern gedacht, aber die Teige sind auch für Begattungsvölkchen brauchbar. Das eine Verfahren arbeitet mit einem säureinvertierten Sirup als Honigersatz, das andere stützt sich auf die Wirkung des Enzyms »Invertin« der Firma *Merck*. Hier sind die Rezepte:

1. Teigbereitung mit Milchsäure: 1 kg Kristallzucker + ½ l Wasser + 2 g Milchsäure werden 30 Minuten lang auf kleiner Flamme gekocht. Der Futterteig wird wie bei Verwendung von Honig etwa im Verhältnis 3 kg Puderzucker zu 1 kg Milchsäure-Zuckersirup hergestellt.

2. Teigbereitung mit Invertin: Auf 1 kg Puderzucker kommen 80 ml Wasser, dem in kaltem Zustand 1–2 g Invertin zugegeben wurden. Der Puderzucker wird einfach mit dem Invertin-Wassergemisch zum fertigen Teig verknetet. Je nach Körnung und Beschaffenheit des Puderzuckers ist es mitunter nötig, noch etwas Wasser (bis zu 20 ml je kg Puderzucker) nachzugeben, um einen geschmeidigen Teig zu bekommen. (Eine angebrochene Flasche mit Invertin ist jahrelang haltbar, muß aber im Kühlschrank aufbewahrt werden. Versehentlich zuviel entnommenes Enzym darf man nicht mehr in die Flasche zurückgießen.)

Auf welche Weise man die Teige bereitet, von Hand, mit dem Spaten oder mit einem Betonmischer (Abb. 96 a–c), richtet sich nach der Größe des Imkerei- und Zuchtbetriebes. Unabhängig von der Art der Herstellung weichen alle Futterteige ohne Honig in ihrer Konsistenz vom Honigfutterteig etwas ab. Sie sind »kürzer« und verkrusten bei trockener Lagerung an der Oberfläche leicht. Deshalb war ihre Verwendbarkeit in der Königinnenaufzucht auch nicht von vornherein selbstverständlich. Wir haben dazu eine Reihe vergleichender Versuche gemacht, bei denen wir Erlanger Klein-EWKs nebeneinander mit Honigfutterteig, Milchsäurefutterteig und Invertinfutterteig ausstatteten und das Verhalten der Völkchen hinsichtlich Baueifer sowie Schnelligkeit und Prozentsatz der Begattungen überprüften. Es war indessen kein Unterschied zwischen den mit verschiedenen Futterteigarten versorgten Völkchen festzustellen. *Die Brauchbarkeit von Futterteigen ohne Honig zur Fütterung von Begattungsvölkchen ist damit erwiesen.*

a)

b)

Abb. 96a–c: Bei der Teigbereitung hat man die Auswahl u. a. zwischen dem Kneten von Hand (*a*), der Benützung eines Spatens (*b*) oder dem Einsatz einer Zementmischmaschine (*c*). Letztere kann für größere Betriebe nur empfohlen werden.

c)

Frage 74: *Ist eine medikamentöse Vorbeugung gegen Nosema sinnvoll?*

Der Deutsche Imkerbund als Begründer und Verkünder von Zuchtrichtlinien schrieb früher vor, daß alle Begattungsvölkchen zum Schutz vor der Nosemaseuche mit *Fumidil B* behandelt werden müßten. Das Antibiotikum war dem Futterteig beizumengen.

Die Rezeption für den *Heilfutterteig* war allgemein bekannt: 1 g Fumidil B auf 1 kg Zuckerteig. Das pulverförmige Präparat wurde in einer kleinen Menge handwarmen Wassers aufgeschwemmt und dem abgekühlten Honig oder Honigersatz für die Futterteigbereitung beigemengt. Fumidil B konnte man auch dem Invertin-Wasser beigeben, wenn man damit Futterteig herstellte. Leider ist das künftige Schicksal dieses Medikaments derzeit ungewiß. Ungeachtet seiner bisher ungestörten Anwendung in fast allen Ländern dieser Erde könnte es den strengen Zulassungsvorschriften für veterinärmedizinische Produkte in der Bundesrepublik Deutschland zum Opfer zu fallen. Wenn das geschehen sollte, wird man bei dem immensen Risikofaktor, den die Nosemaseuche für unsere Bienenzucht darstellt, nach einem Ersatzmittel Ausschau halten müssen.

In jüngerer Zeit wurden *Zweifel* laut, ob es richtig ist, die Zucht gleich mit einem Heilmittel zu beginnen. Man würde sich damit der Chance berauben, nosemafeste Bienen zu züchten. Ich will mich an diesem Streit nicht über Gebühr beteiligen, halte aber die Proteste für ungerechtfertigt. Man sollte doch bedenken: Begattungsvölkchen sind Übergangseinheiten, in ihrer Kleinheit ungünstigen Außeneinwirkungen verstärkt ausgesetzt. Die Prozedur ihrer Bildung und die nur allzuleicht eintretende Überalterung ihrer Bienen fordern die Entwicklung des Nosemaparasiten geradezu heraus. Leider ist auch die Königin nicht gegen diese Krankheit gefeit. Einmal damit befallen, ist sie auch schon nichts mehr wert. Mit dem Schutz der Bienen und damit auch der Königin im Begattungsvölkchen gegen die Ansteckung durch Nosema ist noch keine Negativauslese in Bezug auf Nosemafestigkeit verbunden. Aber es kann gerade in Nosemajahren manche Königin für den Wirtschaftsbetrieb gerettet werden, die anderenfalls zur versteckten Ursache eines Problemvolkes werden könnte.

> **Frage 75:** *Mit welchen Bienen fülle ich die Begattungskästchen, und wie gehe ich dabei vor?*

Als man früher aus einem Pflegevolk nur eine einzige Königinnenserie herauszüchtete, gab es nichts zu überlegen: *Man löste das Pflegevolk auf* und bildete damit die Begattungsvölkchen. Das tut man natürlich auch heute noch. Da die Bienen nach fünf angebrüteten Serien nicht älter sind, als wenn sie eine einzige Serie bis zum Schlüpfen betreut hätten, eignen sie sich immer noch in vorzüglicher Weise zur Bildung von Begattungsvölkchen. Aber es fallen mehr Königinnen an und noch dazu über eine längere Zeitspanne, so daß man sich rechtzeitig um weiteres Bienenmaterial kümmern muß.

Sofern noch Schwarmstimmung auf dem Stand herrscht, mag man *durch Schröpfen der schwarmgefährdeten Völker* Bienen gewinnen – wenn man nicht das eine oder andere Volk mit fortgeschrittener Schwarmlust ganz auflösen will. Auch Bienen *aus einem Schwarm* sind geeignet. Vielleicht gibt es *Völker mit beschädigter Königin* oder unbeabsichtigt weisellos gewordene Völker, die es aufzulösen gilt. Bei alldem muß man nur auf eines achten: *Überalterte Bienen* sind für die Bildung von Begattungsvölkchen *gänzlich ungeeignet*. Bienen aus länger weisellosen Völkern oder Bienen nur aus Honigräumen ohne Brut kann man nicht nehmen. Wenn man es doch tut, kann zweierlei geschehen: entweder die Völkchen ziehen gleich nach dem Aufstellen aus, oder sie werden später so rapide schwächer, daß der Königinnenverlust schon vorprogrammiert ist.

Abb. 97: Wenn es nur wenige Begattungskästchen zu füllen gilt, und wenn man nicht vor hat, eine öffentliche Belegstelle zu besuchen, genügt es, die dafür benötigten Bienen in einen Plastikeimer abzustoßen und von dort aus aufzuteilen.

Natürlich kann man auch *kein krankes Volk* als Lieferanten für die Begattungsvölkchen auswählen. Begattungsvölkchen – gleich ob Ein- oder Mehrwabenvölkchen – haben ohnehin nicht die Widerstandsfähigkeit von normalen Völkern und brauchen gesundes Bienenmaterial.

Zum Abschütteln und Abkehren der Bienen von den Waben besprüht man sie ganz leicht aus einem Druckzerstäuber mit Wasser. Wenn man nur wenige Kästchen füllen will und nicht beabsichtigt, eine Belegstelle zu besuchen, genügt es, die Bienen in einen (Plastik-)Eimer zu stoßen (Abb. 97). Da vor allem die Jungbienen nur zögernd abfliegen, bleibt in der Regel genügend Bienenmaterial zur Verteilung in die Begattungskästchen übrig. Bei größerem Bienenbedarf empfiehlt es sich, einen Feglingskasten als Sammelbehälter zu verwenden.

Wenn man mit den Begattungsvölkchen auf eine Belegstelle gehen will, muß man beim Füllen des Sammelbehälters die Drohnen absieben, d. h., daß der Feglingskasten gleichzeitig als Drohnensieb zu dienen hat. Es gibt einen fast schon klassischen Drohnensiebkasten, durch dessen Innenraum sich ein Absperrgitter bewegen läßt (Abb. 98 a). In diesen »Zander-Siebkasten« kehrt man die Bienen mit Hilfe eines Aufstecktrichters ab. Anschließend nimmt man den Trichter ab, legt den losen Boden auf und dreht den Kasten um. Das gerahmte Absperrgitter ist in der Mitte an einem Führungsstab befestigt, der durch die Kastendecke hindurchragt. Indem es langsam nach unten sinkt, sammeln sich die Bienen im oberen Kastenteil, während die Drohnen am Boden eingeschlossen werden. Wenn man den Kasten vorsichtig über dem Führungsstab hochzieht, hängen an der Decke die gesiebten Bienen.

In den letzten Jahren wurde der Drohnensiebkasten alter Bauart mehr und mehr vom *Mahrburger Feglingskasten* (Abb. 98 b) verdrängt. Dieser besitzt einen aufklappbaren Bieneneinkehrtrichter an der Seite. Die Bienen müssen von hier aus selbständig durch ein Absperrgitter in das Kasteninnere laufen. Fast alle modernen Feglingskästen, die gleichzeitig als Drohnensieb-, Schwarmfang- und Kunstschwarmkästen brauchbar sind (s. **Frage 103**), arbeiten nach diesem

a)

b)

Abb. 98a–c: Der traditionelle »Schwarm- und Drohnensiebkasten« besteht aus drei Einzelteilen: dem Kasten, einem darin beweglichen Absperrgitterschied und dem losen Bodenbrett. Außerdem gehört ein Einkehrtrichter dazu (*a*). Der »Marburger Feglings-, Schwarm- und Drohnensiebkasten« hat seitlich einen abklappbaren Einkehrschacht für die Bienen und dahinter ein eingebautes Absperrgitter (*b*). In einfacheren Feglingskästen werden die Drohnen mit einem normalen Absperrgitter aus dem Wirtschaftsbetrieb ausgesiebt (*c*).

c)

Prinzip. Bei manchen Konstruktionen nimmt das Absperrgitter, das mit einer einschiebbaren Holzplatte auswechselbar ist, die ganze Kastenseite ein (Abb. 98 c). Eine besonders praktische Neukonstruktion zeigt Abb. 132.

Die Feglingskästen sind mit Lüftungsgittern ausgestattet. Je besser ein Kasten gelüftet ist, desto mehr Bienen kann man darin unterbringen. Mit 2 kg Bienen ist der »Zander-Siebkasten« mit seinen beiden sehr kleinen Lüftungsöffnungen schon fast überfüllt. Kehrt man mehr Bienen ab, besteht die Gefahr des Verbrausens.

Man kann die abgekehrten Bienen sofort aufteilen oder auch einige Zeit – Stunden oder Tage – damit warten. Dazu muß man sie ruhig, kühl und dunkel

Abb. 99: Beim Füllen der Erlanger Klein-EWKs.

aufstellen. Damit sie ruhig bleiben, bekommen sie eine gedeckelte Weiselzelle oder eine gekäfigte Königin. Außerdem ist der Feglingskasten zum Füttern eingerichtet in der Weise, daß man auf ein Futterloch in der Decke einen Glasballon oder ein Futterglas mit durchlöchertem Deckel aufsetzen kann.

Zum Aufteilen der Bienen in die vorbereiteten Begattungskästchen dient ein Schöpflöffel, den man je nach dem Bienenbedarf verschieden groß wählen wird. Für das Erlanger Mini-Kästchen reicht ein Löffel mit 60 ml Inhalt, den man leicht gehäuft voll Bienen macht (Abb. 99). Alle Kästchen sollten geöffnet und nebeneinander aufgereiht sein, damit die Arbeit zügig vonstatten gehen kann. Eine Hilfskraft, die die gefüllten Kästchen schließt, ist stets willkommen.

Frage 76: *Wie beweisele ich die Begattungsvölkchen, und was geschieht anschließend mit ihnen?*

Wenn man das Pflegevolk selbst zur Aufteilung in Begattungsvölkchen verwendet, kann man die Königinnen ohne besondere Vorkehrungsmaßnahmen zu den Bienen in die Kästchen werfen. Wenn die Königinnen jedoch in einem anderen Volk oder im Brutschrank zur Welt kommen, muß man sie vorsichtshalber eigens zusetzen. Allerdings braucht bei den kleinen Völkchen nicht die Weiselunruhe abgewartet zu werden; die Beweiselung kann gleich im Anschluß an die Bildung der Völkchen erfolgen.

Zugesetzt wird je nach Kästchenart verschieden – entweder gleich im *Schlüpfkäfig* (Zander-Schlüpfkäfig oder Lockenwickler) oder mit einer *Zusetzpatrone* aus Wachs (Abb. 100). Man stellt die Wachspatronen in derselben Weise wie Weiselbecher her, nur verwendet man ein entsprechend dickeres Rundholz dazu (Durchmesser ca. 17 mm). Mit einer angewärmten Stricknadel sticht man einige Luftlöcher hinein. Verschlossen werden die Patronen, nachdem man die Köni-

Abb. 100: Die leicht selbst anzufertigenden Zusetzpatronen aus Wachs sind zur Beweiselung von Begattungsvölkchen besonders gut geeignet.

ginnen hineinlaufen ließ, mit einem etwa haselnußgroßen Futterteigpfropf. Wir legen die Patronen mit den Königinnen unten in die Kästchen und füllen erst dann die Bienen ein. Jede Wachspatrone wird nur einmal verwendet und bleibt nach dem Zusetzen im Begattungskästchen zurück.

Man kann die Königinnen aber auch ohne Käfig zusetzen. Dazu muß man sie in lauwarmes dünnes Honigwasser eintauchen. Wenn man sie anschließend durch das Flugloch in die Völkchen hineinlaufen läßt, werden sie von den Bienen gesäubert und dabei auch gleich als neue Mutter akzeptiert.

Alle Arten von Begattungsvölkchen können auch *mit einer Zelle* anstelle einer geschlüpften Königin beweiselt werden, wenn auch normalerweise ein größeres Verlustrisiko damit verbunden ist. Mehrwabenvölkchen müssen bei der Wiederverwendung immer mit Zellen versehen werden. Geschlüpfte Königinnen würden die Bienen nach Herausnahme ihrer begatteten Stockmutter nicht annehmen. Mit Zellen aber geht es. Dabei gibt man die neue Zelle entweder sofort nach der Entweiselung ins Völkchen oder erst nach 12, spätestens 24 Stunden, was vielleicht noch sicherer ist. Man kann die Zelle durch eine besondere Zusetzöffnung einbringen, man kann sie mit einer Spange zwischen zwei Waben hängen oder – wie es die Amerikaner tun – einfach seitlich in eine Wabe hineindrücken (Abb. 101 a, b). Steht das Völkchen schon längere Zeit weisellos, muß man evtl. vorhandene Nachschaffungszellen ausbrechen. Wenn weder Königin noch Brut mehr vorhanden ist, kann man sich die Mühe der Wiederbeweiselung sparen. Die Annahmechancen zeigen dann auf Null.

Gleich nach ihrer Bildung müssen die Begattungsvölkchen drei Tage lang in einen kühlen (15 bis 20 °C) und abgedunkelten Raum. Falls die Bienen schon vorher in ihrer Sammelkiste eine Weile im Keller standen, beginnen sie jetzt sofort zu bauen. Wenn sie dagegen vom Volk weg eingeschlagen werden, lassen sie sich bis zu drei Tagen damit Zeit. Vor der Aufstellung der Völkchen im Freien sollten sie wenigstens ein kleines Wabenherzchen erzeugt haben, sie fühlen sich dann stärker an den Aufstellungsort gebunden.

Abb. 101a, b: Zur Wiederbeweiselung von Mehrwabenvölkchen verwendet man Zellen. Wenn sich kein Beweiselungsloch im Deckel befindet, hängt man die Zelle einfach zwischen zwei Waben (links) oder drückt sie in eine vorher mit dem Finger in die Wabe eingeritzte Vertiefung (rechts).

Frage 77: *Wie und wohin transportieren wir die Begattungsvölkchen?*

Begattungskästchen jeglicher Art sind mit Lüftungsgitter oder -schlitzen ausgestattet. Ohne Lüftung kann man Bienen nicht gefangenhalten, was ja während der Kellerhaft und beim Transport der Kästchen notwendig ist.

Wie Bienenvölker können auch Begattungsvölkchen über weite Entfernungen transportiert werden. Durch ihre Kleinheit und den fehlenden Wabenbau ist die Gefahr des Verbrausens sogar geringer – aber grundsätzlich können auch sie durch Überhitzung geschädigt oder gar umgebracht werden. Man wird also bei der Stapelung der Kästchen auf dem Transportgefährt für gute Belüftung sorgen. Einwabenkästchen werden in der Regel in dafür geeigneten *Transport-*

Abb. 102: Einwabenkästchen werden für den Aufenthalt im Keller und auf dem Weg zur Belegstelle in Transportkisten untergebracht, wobei auf eine ausreichende Belüftung der Völkchen Rücksicht zu nehmen ist.

kisten untergebracht (Abb. 102). Für den unbeaufsichtigten Versand durch Bahn oder Post gibt es abschließbare *Versandkästen*.

Die Einwabenkästchen sind hauptsächlich für die Beschickung von Belegstellen gedacht (s. **Frage 89**). Durch die Glasscheiben hindurch kann man die angelieferten Völkchen leicht auf Drohnenfreiheit kontrollieren. Noch heute ist auf den meisten Belegstellen die Aufstellung von Mehrwabenvölkchen untersagt. Diese stellen wir lieber an unseren Heimatständen auf, wo wir durch Zusammenziehen vieler Drohnenvölker aus dem eigenen Betrieb die Voraussetzung für eine gute Vererbung schaffen (s. **Frage 93**).

Frage 78: *Lassen sich durch Verflug bedingte Königinnenverluste verhindern?*

Kleine Volkseinheiten, die in unmittelbarer Nachbarschaft von starken Völkern stehen, sind immer in Gefahr, Bienen an diese zu verlieren. Nur allzuleicht werden die vom Paarungsflug heimkehrenden Königinnen vom lebhaften Flugverkehr der großen Völker angezogen, wobei sie schon auf dem Flugbrett ihr Schicksal ereilen kann. Wer Begattungsvölkchen auf dem Heimatstand aufstellt, sollte sie also nicht etwa in Lücken zwischen Wirtschaftsvölkern plazieren, sondern nach Möglichkeit etwas seitab.

Die in der Regel zu mehreren in einem gemeinsamen Schutzhaus untergebrachten *Einwabenvölkchen* haben einen nach verschiedenen Seiten gerichteten Ausflug. Z. B. fliegen die Erlanger EWKs nach allen vier Himmelsrichtungen aus. Blendenartige Vorsprünge der Seitenwände an den Schutzhäuschen und farbige Anstriche im Fluglochbereich erleichtern den Bienen die Orientierung (Abb. 103 a). *Mehrwabenvölkchen* werden häufig einzeln aufgestellt, aber auch Zweier- und Vierergruppen sind üblich, wobei auch hier auf eine unterschiedliche Ausflugrichtung der einzelnen Völkchen geachtet werden muß (Abb. 103 b).

Ein *abwechslungsreicher Bewuchs* durch Bäume und Sträucher im Aufstellungsgebiet wäre vorteilhaft. Ob die Völkchen auf dem Erdboden stehen oder halbhoch an Pfählen befestigt sind, scheint von untergeordneter Bedeutung zu sein. Allerdings spielt dabei die mehr oder weniger bequeme Handhabung eine Rolle. Auch an die Bekämpfung von Ameiseninvasionen mit Leimringen oder Nelkenöl ist dabei zu denken. Bei erhöhter Aufstellung ist es nicht falsch, verschiedene Höhen zu wählen. Die Bienen registrieren die Entfernung zum Erdboden und besitzen damit eine weitere Orientierungshilfe.

Für die Aufstellung der Begattungsvölkchen ungeeignet sind einförmige, vegetationsarme Plätze. Zu meiden ist auch der innere Bereich von Nadelhochwäldern, während die Randzonen relativ gute Aufstellungsplätze abgeben. Die Völkchen sollten nicht in langen geraden Reihen vor einem abwechslungsarmen

a) b)

c)

Abb. 103a–c: Die Art der Aufstellung der Begattungsvölkchen ist für die Orientierung von Bienen und Königin von Bedeutung. Aus den Schutzhäuschen von Einwabenvölkchen fliegen die Bienen nach verschiedenen Himmelsrichtungen aus. (*a*). Mehrwabenvölkchen werden allein oder in Zweier-, höchstens Vierergruppen aufgestellt (*b*). Besonders bei starker Massierung der Völkchen wie auf dieser amerikanischen Großbelegstelle ist auf genügenden gegenseitigen Abstand zu achten (*c*).

Hintergrund stehen, und der gegenseitige Abstand der Schutzhäuschen sollte nicht wesentlich geringer als 2 m sein (Abb. 103 c). Ob wir bei der Plazierung der Begattungsvölkchen auf dem Aufstellungsort auch wirklich immer im Sinne unserer Bienen handeln, bleibt dahingestellt. Ihre Welt ist nun einmal eine ganz andere als die unsere.

Frage 79: *Warum ziehen Begattungsvölkchen aus?*

Die »falschen« Bienen! Das wurde schon in **Frage 75** erörtert. Aber es gibt noch andere Gründe: z. B. *ungenügend lange Kellerhaft.* Man sollte die magischen drei Tage unbedingt einhalten. Diese Frist ist uns ja auch schon vom klassischen Verfahren der Kunstschwarmbildung her bekannt (s. **Frage 103**). Das Begattungsvölkchen ist nichts anderes als ein kleiner Kunstschwarm. Vor allem wenn man Bienen aus verschiedenen Völkern zusammenkehrt, ist es wichtig, daß sie in der Haftzeit zu einer neuen Einheit zusammenwachsen. Was aber noch wichtiger ist: Die Begattungsvölkchen sollten vor ihrer Aufstellung *bereits gebaut haben!* Je größer das Wabenherzchen, desto besser! Ein gutes Zeichen ist es, wenn auch schon Futter in den neuen Bau umgetragen wurde. Abgekehrte Bienen beginnen selten vor dem dritten Tag zu bauen. Wenn sie vor der Aufteilung bereits ein bis zwei Tage im Sammelkasten verbringen mußten, darf man mit einer noch besseren Bautätigkeit der Völkchen rechnen.

Begattungsvölkchen sollten *nicht morgens oder während des Tages* aufgestellt werden. Durch den Transport sind die Bienen erhitzt und erregt. Sie stürzen nach dem Öffnen zum Flugloch hinaus und reißen die Königin mit sich. Solche Völkchen hängen dann draußen am Pfosten und ziehen nicht mehr ein – sondern häufig weiter. Am Abend, wenn es schon etwas dämmrig wird, ist dergleichen nicht mehr zu befürchten. – Ein Züchter mit großer Erfahrung berichtete mir einmal, daß er das Ausziehen auch bei der Aufstellung am Tage sicher verhindern könne. Er tauche jedes Kästchen unmittelbar vorher in einen vorbeifließenden Bach. Das würde die Bienen »zähmen«.

Ein Anlaß zur Flucht der Bienen aus dem Begattungskästchen kann auch *ungeeignetes Futter* sein. Die Holzwände der Futterkammer ziehen, besonders wenn die Kästchen neu sind, unverhältnismäßig viel Feuchtigkeit aus dem Futterteig. Er wird dadurch trocken und hart. Die Folge: Das kleine Völkchen, das auch bei bester Trachtzeit auf das mitgegebene Futter angewiesen ist, kann den ausgetrockneten Zuckerteig nicht verwerten. Es zieht als sogenanntes »Hungerschwärmchen« aus.

Von Bedeutung ist auch *die Bienenmasse.* Sie muß dem Rauminhalt des Begattungskästchens angemessen sein. Zu schwach gebildete Begattungsvölkchen bauen schlecht, und die Königin läßt sich mit der Paarung Zeit bzw. bleibt ungepaart. Zu stark gebildete Begattungskästchen ziehen dagegen gerne aus. Die richtige Bienenmenge ist Erfahrungssache. Grob kann man sich wohl merken, daß der Bienenraum der Kästchen zu gut einem Drittel mit Bienen gefüllt sein sollte.

Wenn zu starke Völkchen ausziehen, scheint hauptsächlich *Überhitzung* daran schuld zu sein. Die Temperaturregulation in einem so kleinen Raum mit winziger Flugöffnung ist vermutlich für die Bienen nicht ganz leicht. Bei schlecht isolierten Schutzhäusern sind sowohl Kälteeinbrüche als auch – vielleicht noch mehr – zu starke Sonneneinstrahlung von Übel. Als wir vor 20 Jahren noch mit Zander-EWKs arbeiteten, die zu zweien in den dazugehörigen einfachwandigen hölzernen Schutzhäuschen untergebracht waren, hatten wir über viele Jahre unverhältnismäßig große Verluste durch Ausziehen. Allmählich wurde es besser, obwohl wir immer noch dieselbe Art von Begattungskästchen und Schutzhäuschen benützten. Aber in der Zwischenzeit waren die kleinen Fichten und Laubgehölze der Schonung, in der die Kästchen standen, größer geworden und kamen als Schattenspender in Frage. Bei den schlecht isolierten Zander-Schutzhäuschen hat das sicher eine Rolle gespielt. Heute scheuen wir uns nicht, unsere Erlanger Klein-Kästchen mit ihren wärmemäßig bestens abgedämmten Schutzhäusern auch in die pralle Sonne zu stellen.

Frage 80: *Was ist vom Begattungsableger zu halten?*

Der zünftige Königinnenzüchter hat mit Begattungsablegern in der Regel nicht viel im Sinn. Er ist bestrebt, mit einem Mindestaufwand an Bienenmaterial eine Höchstzahl an begatteten Königinnen zu erzeugen. Der Einsatz von Brutwaben ist dabei nicht vorgesehen. Anders der Kleinimker und viele Nebenerwerbsimker, die nur für ihren Eigenbedarf Königinnen züchten. Aber auch dem Magazinimker im Freien drängt sich die Bildung von Begattungsablegern förmlich auf.

Abb. 104: Gedeckelte Königinnenzellen werden auf verschiedene Begattungsableger verteilt.

Bei der »Integrierten Königinnenzucht« (s. **Frage 52**) ziehen Wirtschaftsvölker Weiselzellen über Edellarven entweder im Honigraum oder in einer zwischen Brut- und Honigraum eingefügten Zwischenzarge auf. Zum Gelingen der Zucht bedarf es des Umhängens von Brutwaben (offenen, gedeckelten oder gemischten) in diese Räume. Mit den gleichen Brutwaben bildet man dann zu gegebener Zeit die Ableger. Man macht sie *so klein wie möglich*, weil sie ja noch

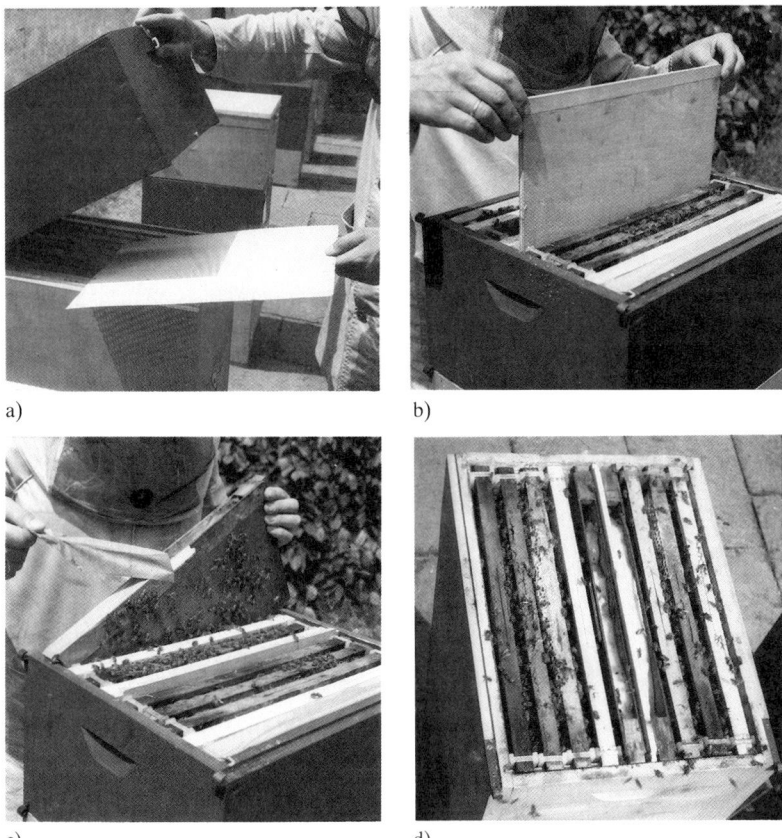

a) b)

c) d)

Abb. 105a–d: Einrichtung von Begattungsablegern über dem Honigraum eines Wirtschaftsvolkes.
a) Die Zarge für die Begattungsableger wird durch ein Streckmetallgitter vom Volk getrennt.
b) Mit Hilfe eines dünnen Sperrholzschiedes lassen sich zwei Ableger in einer Zarge unterbringen.
c) Die Futtertaschen werden geöffnet.
d) Blick von oben auf ein Ablegerpärchen über dem Wirtschaftsvolk.

das Begattungsrisiko ihrer Königinnen in sich tragen. Eine Brutwabe mit einer Weiselzelle, zwei Deckwaben und ein Futterschied sind genug. Wenn man als Wochenendimker die Ableger sieben Tage nach dem Zuchtansatz (d. h. nach dem Belarven der Näpfchen) bildet, sind die Zellen noch äußerst stoßempfindlich, und man muß bei ihrer Aufteilung mit größter Vorsicht zu Werke gehen (Abb. 104). Wer den 7-Tage-Rhythmus verlassen will, wartet zehn Tage. Dann sind die Zellen so robust, daß sie auf den Boden fallen können, ohne Schaden zu nehmen.

Die Begattungsableger werden zu zweien in einer Zarge, und zwar nach Möglichkeit *über dem Honigraum von Wirtschaftsvölkern* untergebracht. Die Ablegerzarge stellt man dabei über ein bienendichtes Gitter (Alu-Streckmetallgitter), um sie vom Wirtschaftsvolk zu trennen. Während üblicherweise bei der Ablegerbildung zu den bienenbesetzten Brutwaben noch Bienen von anderen Brutwaben hinzugekehrt werden müssen (s. **Frage 102**), ist das hier nicht notwendig. Die Zellen schlüpfen auch bei geringem Bienenbesatz, weil das Volk darunter wie ein kleiner Ofen wirkt. Die durch ein dünnes Holzschied voneinander getrennten Ableger fliegen durch den Deckel aus, der eine nach vorne, der andere nach hinten. Durch den Ausflug in zwei verschiedene Richtungen und die weite Entfernung der Flugöffnungen von der belebten Eingangspforte der einzeln stehenden Wirtschaftsvölker ist mit einem Minimum an Verflug und mit einem ausgezeichneten Paarungsergebnis zu rechnen.

Besonders leicht ist die Ablegerbildung im Sonderfall des *»Zellen-Sauglings«*. Dieser sitzt ja bereits in einer neuen Zarge über dem Honigraum des Wirtschaftsvolkes. Man braucht also nur das Streckmetallgitter dazwischenzuschieben und den Zellen-Saugling mit einem Holzschied zweizuteilen. Jeder Teil bekommt eine Weiselzelle, und die von Anfang an vorhandenen Futtertaschen werden für die Bienen zugänglich gemacht (Abb. 105 a–d).

Begattungsableger als Teil der Integrierten Königinnenzucht gehören zum Kernstück der »Wochenend-Imkerei«. Sie spart dem Imker viel Zeit und beschert ihm reichlich junge, leistungsfähige Königinnen.

Frage 81: *Was versteht man unter »Schwarmzellenverwertung«, und welchen züchterischen Wert hat sie?*

Was man darunter versteht, sagt schon der Name, und wie man es macht, gehört zu den ältesten Imkerpraktiken überhaupt. In einem Volk, das einen Vorschwarm abgegeben hat (Restvolk), befinden sich zahlreiche Schwarmzellen. Anstatt diese unkontrolliert schlüpfen zu lassen und auf Nachschwärme zu warten, greift man vorher ein.

Es gibt verschiedene *Varianten der Schwarmzellenverwertung:* Am einfachsten ist es, das Volk in Ableger aufzuteilen und darauf zu achten, daß jeder Ableger eine oder auch mehrere Weiselzellen mitbekommt *(Begattungsableger!).* Ökonomischer ist es, die Schwarmzellen auszuschneiden und in *Begat-*

Abb. 106: Eine angeschnittene Weiselzelle kann man, wenn die Insassin noch unverletzt ist, erfolgreich mit etwas Mittelwandwachs reparieren.

tungsvölkchen unterzubringen, von denen man aus der gleichen Bienenmasse ein Mehrfaches herstellen kann. Schließlich kann man die Zellen zuerst auch noch in Schlüpfkäfige verschulen und in einem Volk oder im Brutschrank schlüpfen lassen. Das hat den Vorteil, daß die Königinnen vor ihrer Unterbringung in den Vermehrungseinheiten kontrolliert und gezeichnet werden können. Das Schwarmvolk wird in der Regel im Zuge der Schwarmzellenverwertung aufgelöst.

Zum *Ausschneiden der Zellen* verwendet man ein angewärmtes Messer. Trotzdem geht es nicht immer ganz leicht. Aber man kann unabsichtlich angeschnittene Zellen, deren Inhalt noch unversehrt ist, durch Andrücken eines Stückchens Mittelwand auch wieder reparieren (Abb. 106). Wenn man die reichlich ausgeschnittenen Zellen in Schlupfkäfige steckt, muß man den überstehenden Teil abdecken, damit die Stockbienen nicht das Wachs abtragen und die Königinnen befreien (s. **Frage 68**). Auch beim Schlupf im Brutschrank ist Gefahr in Verzug, sofern es einer Königin gelingt, sich an ihrer Zelle vorbei in die Freiheit zu nagen.

Man bedenke auch, *daß die Schwarmzellen verschieden alt sind.* Die Königin hat die Näpfchen ja nicht an einem, sondern an mehreren aufeinanderfolgenden Tagen bestiftet. So darf man beim Verschulen der Zellen nicht zu spät kommen und muß häufiger Schlupfkontrollen durchführen.

Was ist von der Schwarmzellenverwertung züchterisch zu halten? Schwarmzellenverwertung ist kein ideales Mittel zur Zucht, genauer gesagt: ein miserables. Es sind in der Regel nicht unsere besten Völker, die schwärmen, und der Schwarmtrieb ist zu einem guten Teil vererbbar. Davon abgesehen wissen wir, daß Schwarmköniginnen, trotz ihrer von der Natur gewollten Bestimmung, nicht alle von gleich guter körperlicher Qualität sind, häufig sind sie unterschiedlich im Gewicht. Eine gut vorbereitete Nachschaffungszucht bringt in jedem Fall einheitlichere Königinnen zuwege.

Wir sollten also nach Möglichkeit die Schwarmzellenverwertung lassen und noch schneller vergessen, was in manchen alten Bienenbüchern steht: Gute Völker solle man durch Enghalten zum Schwärmen treiben, um zu jungen, verwertbaren Königinnen zu kommen. Das ist kein guter Rat. Unsere besten Völker sollen nicht Weiselzellen aufziehen, sondern Honig eintragen.

Frage 82: *Welche Bedeutung hat die instrumentelle Besamung?*

Immer wieder muß in der Bienenzucht der alte Vers von der Schwierigkeit der kontrollierten Paarung aufgesagt werden. Außer Inseln und einigen wenigen Hochgebirgsbelegstellen gibt es keine sicheren Paarungsorte. Aber auch dort verbieten sich züchterische Experimente: Brächte man z. B. fremde Bienenrassen ins Land, um es mit *Rassenhybriden* zu versuchen, würde der Großteil der Züchter, der von den Segnungen sicherer Paarungsorte ausgeschlossen ist, vor beträchtliche Schwierigkeiten gestellt. Zwei verschiedene Bienenrassen lassen sich im selben Gebiet nicht nebeneinander halten. Nachzuchten aus Rassenhybriden würden aber Leistungsabfall bedeuten – und wilde Verkreuzungen nicht minder. Leider gibt es immer noch Züchter, die das trotz genügend vorliegender praktischer Belege nicht wahrhaben wollen.

Ein Ausweg sei, hört man einwenden, die instrumentelle Besamung (Abb. 107). Damit bekomme man die Paarung in den Griff. Das trifft zu, aber leider ist die instrumentelle Besamung in der Bienenzucht, gemessen am Umfang der zur Bestanderhaltung der Bienen notwendigen Paarungen, nicht mehr als ein Tropfen auf den heißen Stein. In erster Linie befassen sich Bieneninstitute damit, aber sie sind in der Regel nicht in der Lage, künstliche Besamungen für Kunden aus der Imkerschaft, sogenannte Lohnbesamungen, im gewünschten Umfang durchzuführen. Zwar geben sie nach Bedarf Anleitungen in der Besamungstechnik an interessierte Imker weiter, aber der praktische Effekt ist nicht sehr groß. Nur ein kleiner Teil der Unterrichteten versucht es später selbst – und die allerwenigsten können letztlich wirklich etwas damit anfangen.

Der Grund dafür liegt nicht etwa in der Unzulänglichkeit der künstlichen Besamung als solcher. Die Technik ist weitestgehend perfekt, und es gibt auch ausgezeichnete schriftliche Anleitungen. Es liegt auch nicht an den Kosten der Besamungseinrichtung, die mit Besamungsapparat, Zusatzgeräten und Mikroskopteil zwar nicht billig sind, aber für den größeren Imkereibetrieb immerhin erschwingbar wären. Schuld ist erstens die für den Durchschnittsimker doch *relativ schwierige Handhabung,* die es zu erlernen und zu üben gilt. Wenn man bedenkt, daß eine Großzahl von Imkern schon Angst vor dem Umlarven hat und die schwierigsten Umwege in der Zucht in Kauf nimmt, um dieser harmlosen Technik zu entgehen, wird man verstehen, weshalb Besamer nicht wie Pilze aus dem Boden wachsen. Weiter spielt *die Zeit* eine Rolle, die man zur instrumentellen Besamung aufwenden muß. Aber wohl am meisten entscheidend ist der *organisatorische Aspekt.* Nicht nur, daß man begattungsbereite Königinnen an

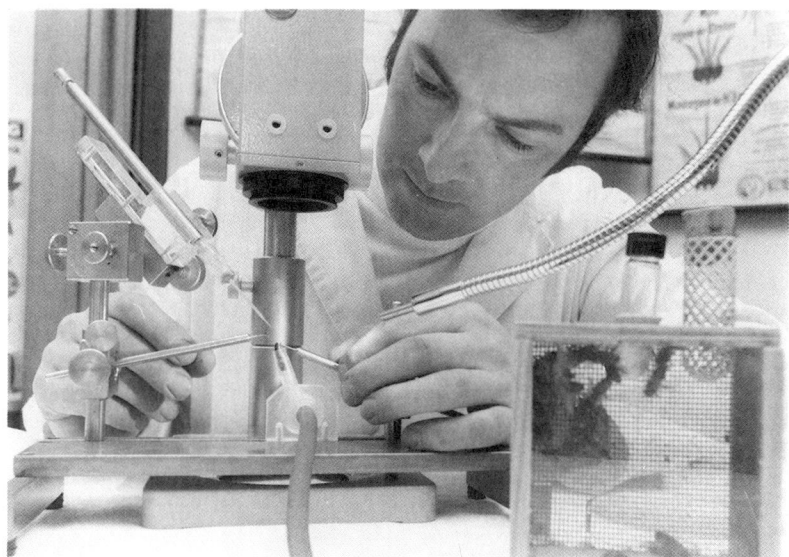

Abb. 107: Die instrumentelle Besamung ist ein Hilfsmittel, aber leider kein Allheilmittel in der Bienenzucht. Ihrem Einsatz in der Zuchtpraxis sind technische und organisatorische Grenzen gesetzt.

bestimmten Tagen zur Verfügung haben muß, es müssen auch reife Drohnen in genügender Zahl dazu vorhanden – und griffbereit – sein. Außerdem gilt es einen Zwischenaufenthalt der Königinnen im Begattungsvölkchen zu organisieren, um mit einem zweiten Besamungs- oder auch nur Betäubungsakt optimale Verhältnisse zu erreichen. Das Ganze ist aufwendig und – wenn es gegen Lohn gemacht werden soll – auch teuer.

So hat die künstliche Besamung zwar in den letzten Jahren Eingang in die imkerliche Zuchtpraxis gefunden, bleibt aber dennoch aus den genannten Gründen eine mehr oder weniger »spezielle Wissenschaft«. Revolutionieren wird sie die Bienenzucht mit Sicherheit nicht. Ihre Verwendung zur Herstellung von Rassenhybriden wäre unverantwortlich gegenüber dem Großteil der züchtenden Imkerschaft. Aber die instrumentelle Besamung könnte stets dort von Nutzen sein, wo es gilt, relativ rasch reine Linien aufzubauen oder zulässige Linien- und Stammeskreuzungen *im Rahmen der Rassereinzucht* zu erstellen. Unter diesem Aspekt wäre eine Ausweitung der künstlichen Besamung der Bienen in unserem Lande begrüßenswert.

Frage 83: *Welche Termine sind bei einem Zuchtgang zu beachten?*

Die Entwicklungszeit einer Königin beträgt, vom Ei an gerechnet, 16 Tage. Wie bei Arbeiterlarven schlüpft am dritten Tag die Made aus, am fünften Larventag wird gedeckelt. Selten gibt es Abweichungen, wenn, dann höchstens bis zu einem Tag. In Hitzeperioden oder bei leichter Übertemperatur im Brutschrank können die Königinnen schon an ihrem 15. Lebenstag ausschlüpfen, während bei kaltem Wetter oder etwas zu niedrig eingestellter Brutschranktemperatur auch eine Verzögerung von einem Tag eintreten kann. Wenn Königinnen noch später schlüpfen, sollte man mißtrauisch werden. Ernährungsmangel könnte die Ursache und mindere Qualität die Folge sein.

Der Königinnenzüchter muß einen genauen Zeitplan einhalten, um seine Zuchten erfolgreich durchzuführen. Das gilt für den Start und die Stationen der Pflege, aber auch für die Vorkehrungen nach dem Schlupf. Wenn wir auch keine absoluten Termine angeben können, so läßt sich doch eine Zeittafel aufstellen. Dabei erweist es sich als praktisch, den Tag, an dem die 1tägigen Larven ins Pflegevolk kommen, als den Tag »0« zu bezeichnen. Die Tage mit »−« gelten der Vorbereitung der Zucht, die Tage mit »+« beziehen sich auf die Handhabungen vom Zuchtbeginn an.

Zeitplan einer Zucht

Tage	Pflegevolk	Zuchtvolk
− 9	Königin in den Honigraum sperren	
− 4		Zuchtkönigin in Absperrgittertasche sperren
0	Pflegevolk entweiseln, nach 2 Stunden Zuchtstoff geben	
+ 2	3 tägige Larven in Endpflegevolk überführen (bei aufgeteilter Pflege) *oder*	
+ 5	eben gedeckelte Zellen in Endpfleger oder Brutschrank unterbringen	
+ 10	Zellen in Schlüpfkäfige oder Begattungseinheiten verschulen	
+ 12	Königinnen schlüpfen! Zeichnen, in Begattungseinheiten verschulen	
+ 15	Königinnen auf Belegstelle bringen	
+ 30	Begattete Königinnen von Belegstelle zurückholen	

VIII. Drohnenaufzucht

Die Leistung eines Bienenvolkes erbringen die Arbeitsbienen. Weder Königin noch Drohnen tragen dazu unmittelbar bei, aber sie können Leistung vererben. In dieser Hinsicht sind die Drohnen nicht weniger wichtig als die Königin selbst. Der Züchter muß sich also auch um die männlichen Wesen im Bienenstaat kümmern. Er muß vor allem darauf achten, daß zur Paarungszeit stets Drohnen guter Abstammung in angemessener Zahl und von guter körperlicher Verfassung zur Verfügung stehen (Abb. 108).

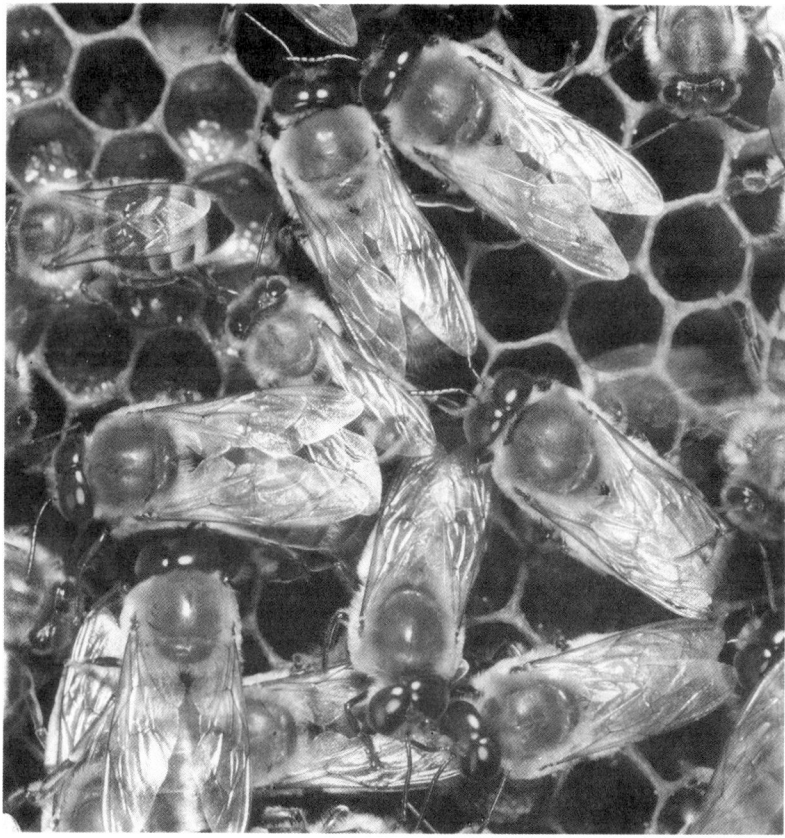

Abb. 108: Gut gepflegte Zuchtdrohnen sind für den Zuchterfolg genauso wichtig wie bestmöglich aufgezogene weibliche Geschlechtstiere.

Frage 84: *Wie bekommt man frühzeitig geschlechtsreife Drohnen?*

Die ersten Drohnen fliegen in unseren Breiten bereits im April, aber ihre Masse kommt erst im April als Ei zur Welt. Damit es nicht noch später wird, muß man einige Vorkehrungen treffen. Zunächst sollten die Drohnenvölker auf einem *guten Überwinterungsplatz* mit reichlichem Angebot an Frühjahrspollen stehen. Dann sollte man bereits den Winter über eine *ausgebaute helle Drohnenwabe* im Brutbereich lassen oder zumindest gleich im März ins Volk hängen. Der Beginn mit einem gedrahteten Rähmchen und Anfangsstreifen (Drohnenrahmen) kann die Drohnenerzeugung erheblich verzögern.

Natürlich muß der Frühjahrspollen vom Volk auch geerntet werden können. Ist das wegen schlechten Wetters nicht möglich, muß man mit Pollen-, notfalls Pollenersatzfütterung im Volk nachhelfen – sonst ist damit zu rechnen, daß das erste Eigelege auf der Drohnenwabe von den Bienen aufgefressen wird. Eine vom vergangenen Jahr aufgehobene *Pollenwabe,* neben die Drohnenwabe gehängt, wirkt Wunder. Die nächstbeste Wirkung erzeugt *ein Teig aus Höselpollen und Honig,* den man rechts und links der Drohnenwabe in Form schmaler Streifen über die Wabengassen legt (Abb. 109). In Ermangelung von Pollen kann man auch *Pollenersatz* (Fukopoll, Sojapoll) verwenden, den man ebenso wie den Höselpollen mit Honig (zu gleichen Teilen!) zu einem Teig verarbeitet und gezielt auflegt. Man sollte jedoch nicht mehr als 100 g pro Volk auf einmal geben, da der Teig sehr langsam (nur von den Jungbienen) aufgenommen wird und leicht verschimmelt. Ein stärker zuckerhaltiger Teig würde nicht so leicht schimmeln, aber auch nicht so gut wirken. Keinesfalls geeignet sind käufliche Pollenersatzteige, die nur einen relativ geringen Eiweißanteil besitzen.

Mit der Pollenwabe und aufgelegtem Pollenersatzteig haben wir in mehreren Frühjahren Vergleichsversuche mit Völkern gemacht, die diese Hilfen nicht bekamen. Wir mußten bei den Völkern ohne Eiweißzugabe fast immer länger

Abb. 109: Ein Gemisch von Höselpollen und Honig, zu Würsten ausgedreht und über die Wabengassen rechts und links der Drohnenwabe gelegt, sichert bei ungünstigem Frühjahrswetter die Pflege der Drohnenbrut.

auf die gedeckelte Drohnenbrut warten als bei den mit Eiweiß versorgten. Die Bienen fraßen die ersten Gelege häufig wieder auf.

Mit 24 Tagen Entwicklungszeit und 15 Tagen Reifezeit brauchen die Drohnen 1⅓ Monate, bis sie erfolgreich zu den Hochzeitsflügen starten können. Wenn sich Mitte April genügend Drohneneier in den Völkern befinden und zur Entwicklung kommen, kann man frühestens Ende Mai mit den begattungsfähigen Drohnen rechnen. Bekanntermaßen dauert es dagegen nur drei Wochen (16 Tage Entwicklungszeit und fünf Tage Reifezeit), bis aus einem Königinnenei eine paarungsbereite Königin geworden ist. Abgesehen davon, daß die Pflegevölker erst in Zuchtstimmung sein müssen, hat es wenig Sinn, vor Anfang Mai Königinnen zu züchten. Paarungsreife Königinnen brauchen paarungsbereite Drohnen.

Frage 85: *Wie viele Drohnen zieht ein Bienenvolk von Natur aus auf?*

Wie soll man diese Frage beantworten, wenn bei der heute üblichen Völkerführung der Drohnentrieb durch Vorgabe des Drohnenbaus in bestimmte Bahnen gelenkt wird? Die alten *Heideimker* mit ihrer Schwarmbetriebsweise in den Lüneburger Stülpern wußten darüber noch mehr zu sagen. Wie steht es damit aber bei unserer Carnica-Biene? Ich habe mich bemüht, auf dem Versuchsweg einiges darüber herauszufinden.

Im März 1960 kehrte ich fünf Carnica-Völker auf Mittelwandstreifen ab und fütterte sie tüchtig. Sie konnten bauen und brüten nach Belieben. Von Zeit zu Zeit maß ich den errichteten Wabenbau und rechnete den Arbeiter- und Drohnenbauanteil in Zellenzahlen aus. Der Drohnenbau betrug bei den einzelnen Völkern zwischen 10 und 17% des Gesamtbaus. Mehrere Brutmessungen ergaben auf dem Höhepunkt der Drohnenentwicklung, wiederum in Zellenzahlen umgerechnet, 2900 bis 8700 Drohnenzellen: das war ein Drohnenbrutanteil an der Gesamtbrutmenge zwischen 8 und 19% (im Durchschnitt 15%). Mit anderen Worten kamen auf zehn Zanderwaben Arbeiterbrut 1½ Waben Drohnenbrut.

Einmal im Juni, als die Völker noch sehr viel Drohnenbrut hatten, und einmal im Juli, als sie nur noch wenig oder keine Drohnenbrut mehr pflegten, kehrte ich jeweils an einem zeitigen Morgen, als noch keinerlei Flug herrschte, alle Bienen jedes Versuchsvolkes von den Waben ab und siebte sie. Ich zählte die Drohnen und stellte die Zahl der Arbeitsbienen nach dem Gewicht fest. Die höchsten Drohnenzahlen ermittelte ich im ersten Julidrittel mit 871 bis 2110 Drohnen pro Volk bei 25 600 bis 59 800 Arbeiterinnen.

Wenn man die Zahl der fertigen Drohnen mit der voher registrierten Drohnenbrutmenge vergleicht, fällt ein ganz erhebliches *Defizit an Drohnen* auf. Nur ein Viertel der erwarteten Anzahl Drohnen war vorhanden. Wo können die fehlenden Drohnen geblieben sein? Es herrschte teilweise schlechte Tracht, so daß ein nicht erkennbarer Sommerabtrieb an Drohnen in Betracht gezogen werden muß. Vielleicht erreichten die meisten Drohnen aber auch nur ein sehr geringes Alter, was auf schlechte Ernährung zurückgeführt werden könnte. Auch Verflug kommt in Frage. Etwas Genaues ist hierüber nicht zu sagen. Auf alle Fälle aber ist aus den mitgeteilten Zahlen zu ersehen, daß freibauende und -brütende Völker trotz gleicher Rassenherkunft einen sehr *unterschiedlichen Drohnentrieb* entwickeln und – was beachtenswert ist – einen im ganzen gesehen doch recht mäßigen.

Frage 86: *Wie viele Drohnen soll man von einem Drohnenvolk aufziehen lassen?*

In der Literatur gibt es dazu sehr unterschiedliche Meinungen. Maximale Angaben von drei bis vier Drohnenwaben pro Volk sollte man auf jeden Fall vergessen. Selbst wenn man sie erst in gedeckelter Form zuhängen wollte, ist die Belastung mit den geschlüpften Drohnen für das Volk zu groß. Junge Drohnen müssen *von Ammenbienen* verpflegt werden, um ihre Paarungsreife zu erlangen. Sie erhalten ein *Mischfutter* aus Pollen, Honig und Drüsensekret, ähnlich dem der älteren Arbeitermaden (Abb. 110). Man muß sich außerdem vergegenwärtigen, daß erwachsene Drohnen das *doppelte Gewicht von Arbeitsbienen* besitzen und entsprechend größere Futtermengen vertilgen. Ammenbienen, die natürlich auch noch in die normale Brutpflege eingespannt sind, könnten bei einem zu großen Überschuß an Drohnen leicht überfordert werden. Die Folge wären »Mangeldrohnen«, die sich durch eine unverhältnismäßig kurze Lebensdauer und ausbleibende Geschlechtsreife auszeichnen.

Man sollte einem Volk *nicht sonderlich mehr Drohnen zumuten, als es von sich*

Abb. 110: Junge Drohnen werden wie die Königin von Ammenbienen gefüttert; aber auch auf späterem Altersstadium nehmen sie nur im Notfall selbst Futter auf.

aus aufziehen würde. Eine Drohnenwabe besitzt ca. 4000 Zellen. Zwei Drohnenwaben (im Zandermaß) sind für ein starkes Volk genug. Ein mittelstarkes kommt mit einer Drohnenwabe aus. Man kann ihm aber ohne große Bedenken noch eine zweite bereits gedeckelte Drohnenwabe zuhängen.

Frage 87: *Wie kann man sonst noch zu Zuchtdrohnen kommen?*

Wenn man alle Drohnen von ein und demselben oder einigen wenigen Völkern haben möchte, kann man nach dem *Abmelkverfahren* vorgehen. Dabei wird alle paar Tage eine neue leere Drohnenwabe zum Bestiften in das Drohnenvolk gehängt. Nachdem die jungen Maden im ersten Futtersaft schwimmen, überträgt man die Wabe in den Honigraum eines anderen Volkes, das keine Gelegenheit zur Aufzucht eigener Drohnenbrut hat. Damit die Drohnenbrut dort auch weitergepflegt wird, muß sie von wenigstens zwei anderen Brutwaben flankiert werden. Nach dem Schlüpfen bringt man dann die Drohnenwabe in einem starken Ableger mit vier bis fünf gedeckelten Brutwaben (Drohnenableger) unter.

Bei guter Fütterung des Drohnenbrutlieferanten ist die Königin zu wiederholtem Bestiften von Drohnenwaben bereit. Stehen mehrere Völker zur Anzucht von Drohnenbrut zur Verfügung, läßt sich Drohnenmaterial für viele Ableger gewinnen. Man muß nur auch genügend Völker zur Bildung der Ableger haben. Schwierigkeiten kann es mit der Beweiselung dieser Ableger geben, denn begattete Königinnen sind zu so früher Zeit in der Regel noch nicht vorhanden. Man kann Zuchtjungfern dazu verwenden oder notfalls den Ableger auch eine Königin nachziehen lassen, indem man ihm ein paar belarvte Näpfchen anbietet.

Mehr von theoretischer Bedeutung bzw. im Zusammenhang mit wissenschaftlicher Fragestellung interessant sind noch *ein paar andere Möglichkeiten* der Drohnenerzeugung: Spät im Herbst geschlüpfte Königinnen, die nicht mehr zur Begattung kommen, werden im Frühjahr *drohnenbrütig*. Wenn man solchen Völkern ausschließlich Drohnenwaben einhängt, kann man frühzeitig begattungsfähige Drohnen bekommen, die für frühe Zuchten gut sind. Natürlich muß man solchen Völkern Jungbienen zuführen oder Arbeiterbrut hinter Absperrgitter zuhängen, wenn Drohnenbrut und Drohnen optimal versorgt werden sollen.

Unbegattete Königinnen lassen sich auch durch eine im Abstand von zwei bis drei Tagen wiederholte 20minütige *Kohlendioxid (CO_2)-Begasung* zur Ablage von Drohneneiern anregen. Die erste Begasung wird frühestens fünf Tage nach dem Schlupf durchgeführt. Eine knappe Woche nach der letzten Behandlung beginnt die Königin, Drohneneier zu legen.

Eine andere Möglichkeit ist die Drohnenerzeugung mit Hilfe einer *begatteten unterkühlten Königin.* Wenn die Königin nach einem wiederholten ¾tägigen Aufenthalt im Kühlschrank bei 0 bis +5 °C nach einigen Tagen wieder in Eiablage geht, legt sie in der Regel Drohneneier.

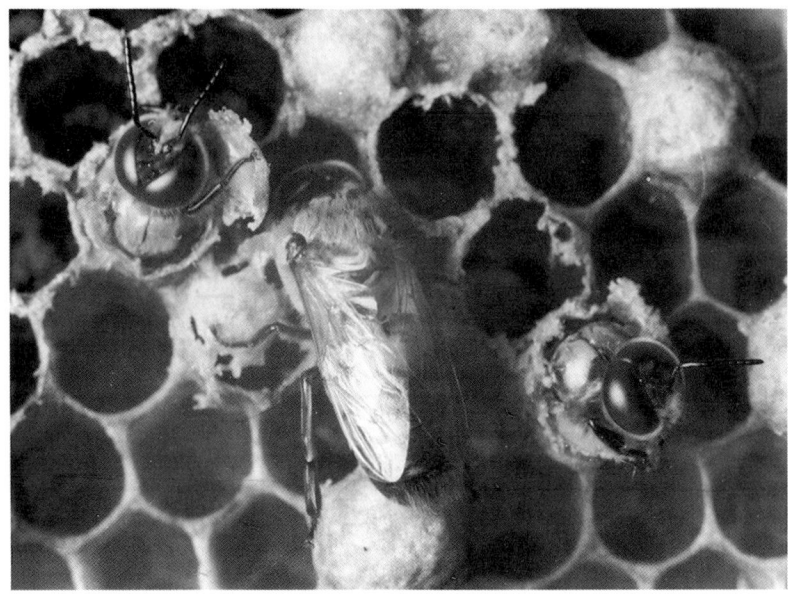

Abb. 111: Zuchtdrohnen sollten aus jungen, noch nicht zu oft bebrüteten Waben schlüpfen, um optimale Größe und Vitalität zu erreichen.

Schließlich kann man Zuchtdrohnen auch von *Afterweiseln* erzeugen lassen. Dabei wird nach einem Vorschlag von M. A. ALBER (Messina) die Königin, von der die Drohnen abstammen sollen, aus dem Volk genommen, und die Bienen werden auf reinen Drohnenbau abgefegt und reizgefüttert, bis die erste Drohnenbrut erscheint. Dann wird jeden zweiten Tag eine vollbestiftete Drohnenwabe gegen eine leere ausgetauscht und in ein weiselrichtiges starkes Pflegevolk hinter oder über Absperrgitter zwischen zwei offene Brutwaben gehängt. So kann man mit mehreren Pflegevölkern zahlreiche gut ernährte und abstammungsmäßig erwünschte Drohnen aufziehen lassen – und dies *ein Jahr früher,* als wenn man mit Tochtervölkern der Zuchtkönigin als Drohnenlieferanten arbeiten würde. Mit den schlupfreifen Drohnen bildet man in der vorne beschriebenen Weise Drohnenableger. Die Methode krankt nur leider daran, daß die Waben mit den Drohneneiern nicht immer von den Pflegevölkern angenommen werden.

Zur Hochzeit der Königin brauchbare Drohnen sollten in Drohnenzellen zur Welt kommen (Abb. 111). Drohnen aus Arbeiterzellen sind zwar auch begattungsfähig, bedienen die Königinnen aber sicher nicht so gut wie regulär erbrütete Drohnen, da sie eine geringere Menge Sperma besitzen. Nur mit der künstlichen Besamung ist dieser Mangel auszugleichen.

Frage 88: *Wie läßt sich die Drohnensaison im Volk verlängern?*

Bei anhaltend schlechtem Wetter und mangelnder Tracht kann man erleben, daß die Bienen trotz immer noch ausreichender Futtervorräte Drohnenpuppen zum Flugloch hinauswerfen – und zwar auch mitten im Sommer. Gleichzeitig treiben sie fertige Drohnen ab (Abb. 112). Das geschieht niemals in guten Trachtzeiten. Die Forderung für die Praxis lautet daher: Bei den Drohnenvölkern *stets auf guten Futterfluß achten!* Bei Trachtrückgang unverzüglich reizen. Wenn man mit Honig reizt, kann man auch zwischenhinein schleudern, falls die Natur später Zusätzliches bietet. Durch rechtzeitige und nicht zimperliche Reizfütterung ist es möglich, die Völker bis weit in den August hinein drohnenfreudig zu erhalten. Aber nicht nur Kohlenhydrate, sondern auch *Eiweiß* brauchen die Völker – besonders wenn sie nicht nur die bereits vorhandenen Drohnen erhalten, sondern auch noch zusätzliche aufziehen sollen. Dazu wären *Pollenwaben* zum Zuhängen richtig. Helfen kann zur Not auch ein Eiweißfutterteig. Ein Gemisch nur aus Höselpollen oder Pollenersatz (Fukopoll oder Sojapoll) und Honig wäre theoretisch das beste (s. **Frage 84**). Aber ein solcher Teig wird im Sommer nur sehr langsam abgenommen. Wenn man zuviel davon

Abb. 112: Den Drohnenabtrieb kann man durch Füttern, entscheidend aber nur durch Entweiseln der Drohnenvölker hinauszögern.

auflegt, kann er leicht verpilzen. Einen Teig aus einem Teil Pollenersatz, einem Teil Honig und einem Teil Puderzucker nehmen die Bienen dagegen sehr gerne auf. Auch wenn ihn nicht nur Jungbienen fressen, mag er dennoch seine Wirkung tun.

Ein radikales, aber wirksames Mittel, die Drohnen länger im Volk zu halten, ist die *Entweiselung*. In der Praxis wird man dazu einen Brutableger samt Königin entnehmen. Weisellose Völker treiben ihre Drohnen nicht ab. Sie versuchen aber eine Königin nachzuziehen und holen die »Drohnenschlacht« sofort nach, sobald sie wieder in Ordnung, d. h. weiselrichtig sind. Wilde Nachschaffungszellen sind nicht erwünscht, weshalb man den Drohnenvölkern nach dem Ausbrechen dieser Zellen lieber einen Ersatz aus regulären Zuchten anbietet. Wenn man ihnen angebrütete Näpfchen gibt, kann man die Drohnensaison noch länger ausdehnen.

Frage 89: *Was ist eine Belegstelle?*

Die Belegstelle ist in der Tierzucht etwas Besonderes, was es in dieser Art nur bei den Bienen gibt. Da die natürliche Paarung hoch in der Luft stattfindet und alle Versuche, sie in einem geschlossenen, kontrollierbaren Raum (Käfig, Zelt) stattfinden zu lassen, bisher fehlschlugen, ist man zur Paarung der Königinnen

Abb. 113a–c: Wenn man moderne Belegstellen fotografieren will, muß man sich geflissentlich auf das Zentrum, nämlich den Aufstellungsort der Begattungskästchen konzentrieren.

a) Die 1909 im Gebiet des Sebalder Reichswaldes im Norden von Nürnberg von der Bayerischen Landesanstalt für Bienenzucht gegründete Belegstelle »Ohrwaschl« war eine der frühesten Einrichtungen dieser Art in Bayern. Sie wurde die Keimzelle der späteren legendären Nigra-Zucht.

b) c)

b) Ausschnitt aus einer Belegstelle mit Viererschutzkästen.
c) Auf privaten Belegstellen sind Mehrwabenkästchen erlaubt. Dazu ein Stimmungsbild von der Belegstelle am Ötscher des Instituts für Bienenkunde in Lunz (Österreich).

auf einen Platz im Freien angewiesen, an dem nach Möglichkeit nur die gewünschten Zuchtdrohnen fliegen. Die Belegstelle kann man also knapp definieren als einen *Ort zur Erzielung kontrollierter Paarungen zwischen Zuchtköniginnen und Zuchtdrohnen*. Nach außen hin ist sie gekennzeichnet durch die Aufstellung zahlreicher Begattungseinheiten mit den Zuchtköniginnen (Abb. 113 a–c). In der Regel sind in unmittelbarer Nähe auch Völker mit Zuchtdrohnen plaziert. Sie liefern aber bei den Landbelegstellen nur einen Teil der notwendigen Drohnen. Der größte Teil der Drohnenvölker befindet sich in der Regel im näheren und weiteren Umkreis der Belegstelle. Auf diese Weise bekommt die Belegstelle ein Zentrum (Aufstellungsplatz der Königinnen) und ein Umfeld (Verteilungsbereich der Drohnenvölker). Letzteres soll nach den derzeit geltenden *Zuchtrichtlinien des Deutschen Imkerbundes* nicht weniger als 6 km im Halbmesser betragen. Für Inselbelegstellen wird eine Entfernung zwischen Insel und Festland über Wasser von mindestens 3 km verlangt.

Frage 90: *Wie sicher ist eine Belegstelle?*

Wer sich entschließt, eine Belegstelle zu benützen, muß sich darauf verlassen können, daß sie vor dem Zuflug von Fremddrohnen weitgehend sicher ist. Der Zuchterfolg hängt in hohem Maße von der Paarung der Königinnen mit den gewünschten Drohnen ab. *Inselbelegstellen* mit einem Abstand zum Festland von 3 km vermögen diese Sicherheit zu bieten, *Landbelegstellen* im allgemeinen nicht. Noch vor wenigen Jahren gab man sich der Illusion hin, daß es mit vier Vatervölkern auf einer im Umkreis von 3 km bienenfreien Belegstelle getan wäre, und so lauteten damals auch die Zuchtbestimmungen. Heute wissen wir es besser (s. **Frage 89**). Die Drohnen legen bei ihren Hochzeitsflügen erheblich größere Entfernungen zurück, als man früher annahm. Selbst wenn die Mehrzahl der Drohnen in der 3-Kilometer-Zone bleiben sollte, sind doch Drohnenflüge von 6 km und weiter keine Seltenheit. Dasselbe scheint auch für die Hochzeitsflüge der Königinnen zu gelten.

Wie sicher eine Belegstelle ist, kann man von vorneherein schwer sagen. Inselbelegstellen sind immer sicher. Bei Landbelegstellen spielen die Größe der bienenfreien Zone – sofern es eine solche überhaupt gibt – und natürlich der Völkerbesatz in der Umgebung eine Rolle. Am günstigsten liegen die Verhältnisse immer noch bei einigen Hochgebirgsbelegstellen, bei denen man bienenfreie Zonen wenigstens theoretisch annehmen darf. Vor wild lebenden Völkern in diesen Gebieten schließt man allerdings gerne die Augen. Jedenfalls bieten tief eingeschnittene Täler und Talkessel vor zufliegenden Fremddrohnen einen gewissen Schutz. Nur in solchen Fällen erscheint eine Überprüfung der Sicherheit der Belegstelle überhaupt sinnvoll. Wie geht man dabei vor?

Ballonversuch? Um das Paarungsverhalten bei den Bienen zu untersuchen, binden Bienenforscher die Königin an einen Faden oder stecken sie in einen Käfig und schicken sie mit einem mit Wasserstoff gefüllten Ballon in die Luft (Abb. 114). Man wartet auf paarungswillige Drohnen, die sich um die Königin einfinden sollen. Das funktioniert aber nur an bestimmten Plätzen – meist nur wenige Dutzend Meter breit und lang – in der gewünschten Weise. Das sind die

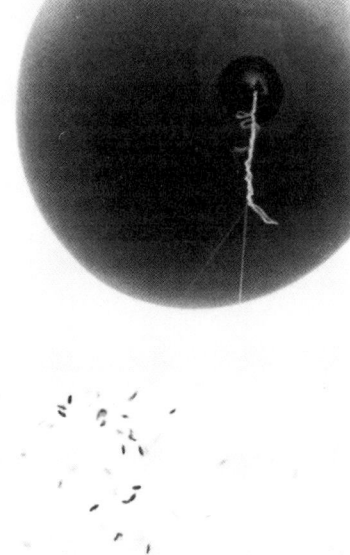

Abb. 114: Mit Hilfe von Lockköniginnen an hochgelassenen, mit Wasserstoff gefüllten Ballonen lassen sich Drohnensammelplätze entdecken. Allerdings ist das kein Mittel, um die Drohnensicherheit einer Belegstelle zu testen.

Drohnensammelplätze. Sie befinden sich immer an den gleichen Stellen, die man durch Absuchen des Areals mit hochgelassenem Ballon ermitteln kann. Wenn man jedoch glaubt, damit ein Mittel zur Prüfung der Güte einer Belegstelle in der Hand zu haben, irrt man. Nicht nur, daß es je nach der Geländeformation sehr mühevoll bis unmöglich ist, alle Drohnensammelplätze im Belegstellenbereich zu finden, weiß man nach der Entdeckung des einen oder anderen Sammelplatzes noch lange nicht, aus welcher Richtung die Drohnen dort anfliegen. Ohne Zeichnung eingefangener Tiere und umfangreiche Detektivarbeit auf den umliegenden Bienenständen ist nichts Sicheres auszusagen. Für die Praxis ist das also kein Verfahren.

Eine Möglichkeit wäre die Aufstellung von Begattungsvölkchen auf einem geplanten Belegstellenplatz *ohne jegliche Drohnenvölker.* Man könnte prüfen, wie schnell die Königinnen begattet werden. Die Hoffnung, daß an irgendeinem Platz Paarungen ganz ausbleiben würden, ist aber selbst in den besten Hochgebirgslagen vergeblich. Wir brachten Anfang der 60er Jahre im Juni einmal Begattungsvölkchen auf die Salletalm zwischen Königssee und Obersee. Die nächsten Bienenvölker standen im Ort Königssee – durch den langen, tief eingeschnittenen See ca. zehn Flugkilometer von unserem Aufstellungsort entfernt. Bei der Nachschau nach 14 Tagen waren 12 von 15 Königinnen begattet, drei verloren. Wir müssen also immer mit wilden Völkern rechnen – selbst in einer Gegend, in der sechs Monate Winter herrscht. Im Mai ist der obere Königssee hinter Bartholomä oft noch zugefroren.

Das beste Verfahren, die Sicherheit einer Belegstelle zu testen, ist der *Cordovan-Test.* Es gibt bei den Bienen eine spontan auftretende erbliche Mutante (Abweichung), die sich in einer *lederbraunen Farbe* des Chitinpanzers äußert. Bei der *Carnica-* und *Mellifica-*Rasse ist die Grundfarbe der Körperoberfläche dunkelbraun bis schwarz. Wenn sich lederbraune Königinnen mit lederbraunen Drohnen paaren, erzeugt die Königin lederbraune Nachkommen. Wenn die *Cordovan-*Königinnen aber mit *Carnica-*Drohnen Hochzeit halten, sind die Nachkommen nicht etwa ein Mittelding, sondern gehören farblich dem reinen *Carnica-*Typ an. Man sagt: Die Mutante »cordovan« ist *rezessiv,* d. h., sie wird unterdrückt (bzw. überdeckt) vererbt. Wenn man einen geplanten Belegstellenplatz ausschließlich mit *Cordovan-*Königinnen und *Cordovan-*Drohnen beschickt, kann man an dem Verhältnis der in der Nachkommenschaft der Königin auftretenden Individuen vom *Cordovan-*Typ und von anderem Äußeren den Prozentsatz der zugeflogenen Fremddrohnen erkennen. Je mehr Nachkommen der *Cordovan-*Mutante angehören, desto sicherer ist die Belegstelle.

Wenn es um die *Reinpaarung von Königinnen* geht, können schon wenige zufliegende Fremddrohnen großes Unheil stiften, ganz besonders bei nur geringem Drohnenbesatz der Belegstelle. Durch die Tatsache der *Mehrfachpaarung* werden 100%ige Reinpaarungen außerordentlich erschwert. Karl Dreher hat z. B. errechnet, daß bei einem Zahlenverhältnis von sieben Reinzuchtdrohnen zu einem Fremddrohn bei 8facher Paarung nur ein gutes Drittel Reinpaarungen zustande kommt und daß erst bei einem Verhältnis 15:1 mit einem knappen

Überwiegen der Reinpaarungen über die Mischpaarungen zu rechnen ist. Tatsächlich erhielten die Brüder F. u. H. RUTTNER, als sie mit *Cordovan*-Königinnen und -Drohnen die Sicherheit verschiedener Landbelegstellen überprüften, bei einer Aufstellung von vier Drohnenvölkern pro Belegstelle und einer Entfernung zum nächsten Bienenstand von 4 bis 5 km höchstens 15% wirkliche Reinpaarungen. Das übrige waren verschieden starke Mischpaarungen.

Man muß aus alldem Gesagten schlußfolgern, *daß auf den Landbelegstellen eine absolute Freiheit von Fremddrohnen schwerlich zu erreichen ist.* Aber man wird alles tun, um das Verhältnis von Fremddrohnen zu Zuchtdrohnen so klein als irgend möglich zu halten.

Frage 91: *Wie hält man Drohnenvölker vor ihrem Einsatz auf der Belegstelle drohnenrein?*

Nicht immer stehen die Drohnenvölker oder -ableger ganzjährig auf der Belegstelle – schon gar nicht, wenn es sich um eine Insel- oder Hochgebirgsbelegstelle handelt. Die Drohnen müssen dann erst vom Heimatstand auf die Belegstelle gebracht werden. Dabei besteht die Gefahr, daß sich noch zu Hause Drohnen aus den Belegvölkern in andere Völker verfliegen und, was schlimmer ist, daß fremde Drohnen den Belegvölkern zufliegen. So ist es möglich, daß man mit den Vatervölkern auch Fremddrohnen mit auf die Belegstelle bringt.

Um das zu verhindern, empfiehlt es sich, die für die Belegstelle vorgesehenen Völker, noch ehe im Frühjahr die ersten Drohnen fliegen, in größerer Entfernung von den übrigen Standvölkern aufzustellen. Außerdem ist es vorteilhaft, ein *Drohnen-Absperrgitter* vor den Fluglöchern anzubringen. Diese Art von Absperrgitter ist mit 5,2 mm Stababstand etwas weiter als die gewöhnlichen Absperrgitter mit nur 4,2 mm Stabweite. Dadurch wird der Flugverkehr der Arbeiterinnen weniger gestört. Man erhält das Gitter von der *Firma Konrad Neuner, Ziegelhüttenweg 9, 8532 Bad Windsheim (Mfr.).* Am besten bringt man es schräg zur Kastenwand geneigt unter einem kleinen abgedeckten Vorbau an. Wenn die herausdrängenden Drohnen den Himmel nicht sehen können, mühen sie sich nicht so sehr am Gitter ab (Abb. 115). Notfalls kann man in Magazinbeuten auch ein Absperrgitter zwischen Bodenbrett und ersten Brutraum legen.

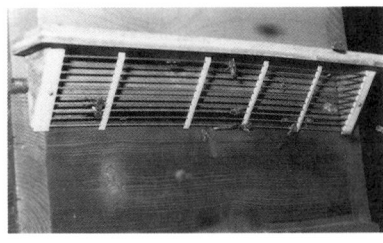

Abb. 115: Mit einem schräg gestellten Absperrgitter mit 5,2 mm Stabweite können die Zuchtdrohnen eine Zeitlang im Volk zurückgehalten werden, ohne daß der Flugverkehr zu sehr beeinträchtigt wird.

Das geht aber nur wenige Tage. Zu lange im Volk zurückgehaltene Drohnen finden schließlich einen unerklärten Tod.

> **Frage 92:** *Wie viele Drohnenvölker sollen auf einer Belegstelle stehen?*

Zur Beantwortung dieser Frage muß man zwischen Landbelegstellen und Inselbelegstellen unterscheiden. Für *Inselbelegstellen,* die unter keinerlei Zuflug von fremden Drohnen zu leiden haben, kann man eine Rechnung aufmachen: Wenn wir in einem Bienenvolk im Juni ungefähr 1000 Drohnen zählen, sind diese nicht alle geschlechtsreif. Bedenken wir aber, daß die zu paarenden Königinnen wenigstens zehn Tage auf der Belegstelle stehen, so dürfen wir annehmen, daß in dieser Zeitspanne ein relativ großer Anteil, sagen wir die Hälfte der gezählten Drohnen, begattungsfähig wird. 500 Drohnen stehen damit in diesem Bienenvolk als Hochzeiter für die jungen Königinnen zur Verfügung. Wenn nun nach unserer Kenntnis von der Mehrfachpaarung pro Königin im Durchschnitt zehn Drohnen für eine ausreichende Begattung anzusetzen sind und wenn wir den unwahrscheinlichen Fall annehmen, daß alle geschlechtsreifen Drohnen mit Jungköniginnen zusammenfinden, reicht das Drohnenvolk für 50 Königinnen. Die wirklichen Verhältnisse liegen aber sicher noch ungünstiger, weshalb man für ein Vatervolk mit *nicht mehr als 30 gleichzeitig auf die Belegstelle aufzubringenden Königinnen* rechnen sollte.

Wenn man von einzelnen *Hochgebirgsbelegstellen* absieht, die eine Fremdinvasion von Drohnen nur aus einer oder zwei Himmelsrichtungen zulassen, sind *alle übrigen Landbelegstellen* übel daran. Man kann für sie gar nicht genug Drohnenvölker haben. Dabei ist es keineswegs nötig, die gewünschte große Zahl an Drohnenvölkern auf einem einzigen Platz zu massieren, lieber sorgt man innerhalb eines möglichst großen Umkreises um den Aufstellungsplatz der Königinnen für zuchtwürdige Drohnen. Das bedeutet, daß alle Völker der benachbarten Bienenstände auf die Zuchtrichtung der Belegstelle umgeweiselt werden sollten. In *Bayern,* wo die Anerkennung der Belegstellen im Tierzuchtgesetz des Freistaates verankert ist, werden gegenwärtig Belegstellen nur dann staatlich anerkannt, wenn die Umweiselungszone auf 7,5 km ausgedehnt wird.

Bei der beabsichtigten Gründung einer Belegstelle sucht man sich gewöhnlich eine möglichst *bienenarme Gegend* aus. Wenn man die Umweiselungsarbeit schafft, kann man Belegstellen aber auch in Gegenden mit stärkerem Bienenbesatz einrichten. Je mehr Völker zu Vatervölkern umgewandelt werden, desto besser ist es. Man sollte sich von dem Gedanken frei machen, daß die Vatervölker unbedingt im Zentrum der Belegstelle stehen müßten. Die Königinnen werden ohnehin in den seltensten Fällen an ihrem Aufstellungsplatz begattet. Sie suchen dazu *Drohnensammelplätze* auf, die von Drohnen aus allen Richtungen frequentiert sein können (s. **Frage 90**). Trotzdem ist es üblich und kann auf keinen Fall schaden, auch unmittelbar am Aufstellungsplatz der Königinnen eine größere Anzahl von Drohnenvölkern zu stationieren.

Die *Umweiselungsaktionen* auf modernen *Großraumbelegstellen* erfolgen in der Regel über unbegattete Königinnen, Weiselzellen oder angebrütete Näpfchen (s. **Frage 30**). Die Verwendung begatteter Zuchtköniginnen wäre zu aufwendig und ist infolge der Vaterlosigkeit der Drohnen auch nicht notwendig. Allerdings dürfen die Völker im Belegstellengebiet nicht sich selbst überlassen werden. Vielmehr wird man versuchen, immer wieder neues Material der gewünschten Zuchtrichtung in der oben erwähnten Form auf den umliegenden Ständen unterzubringen.

Mit Hilfe solcher Belegstellen kann man schwerlich strenge Linienzuchten mit dem oft notwendigen raschen Drohnenwechsel durchführen. Aber wenn man bei den laufend vorgenommenen Umweiselungsaktionen auf Abstammung achtet, wird man dennoch Rassereinzucht-Belegstellen eigenständiger Prägung aufbauen können.

Frage 93: *Belegstelle oder Belegstand?*

Belegstellen, wie sie zuletzt geschildert wurden, haben mit den Belegstellen aus der Anfängerzeit der Züchtung mit relativ eng begrenztem (bienenfreiem!) Umkreis und abgezählten Drohnenvölkern nicht mehr viel gemein. Um so mehr gleichen sie dem, was man üblicherweise unter dem »Belegstand« versteht. Ein *Belegstand* ist ein großer Bienenstand, auf dem man nur weibliche Auslese und Vermehrung betreibt. Wenn man die jungen Zuchtköniginnen, die am Stand begattet werden, in die Wirtschaftsvölker einweiselt, fliegen aus diesen Völkern trotz ihres möglichen Bastardcharakters Drohnen von der gleichen Abstammung wie die Königin. Treibt man im nächsten Jahr wieder nur weibliche Zuchtauslese, werden die gezüchteten Prinzessinnen bereits von Drohnen dieser gewünschten Abstammung begattet.

Theoretisch ließe sich der gesamte Bienenstand innerhalb von zwei Jahren auf eine gewollte neue Zuchtrichtung umstellen, wenn man nur jeweils sämtliche Standvölker mit den neu gezüchteten Königinnen umweiseln würde. Praktisch geht es natürlich langsamer. Nicht nur, daß man wohl kaum die Königinnen in sämtlichen Wirtschaftsvölkern auf einmal austauschen wird, man muß auch mit dem Zuflug fremder Drohnen von benachbarten Ständen rechnen. Je weiter diese entfernt sind, desto besser! Am besten aber wäre es, wenn die Nachbarimker bei der Zucht mitmachen würden. Sie müßten vom gleichen Zuchtstoff nachziehen oder zumindest Zellen oder unbegattete Königinnen auf ihrem Stand einweiseln, die ihnen vom Züchter zur Verfügung gestellt werden. Das hat über einen längeren bzw. unbegrenzten Zeitraum zu geschehen. Dann fliegen auf den betreffenden Ständen immer mehr von den gewünschten Drohnen, und ihr Einfluß macht sich allmählich auch in der weiteren Umgebung geltend. Man spricht in diesem Zusammenhang von »Verdrängungszucht«.

Die modernen *Großraumbelegstellen* arbeiten im Grunde genommen nach diesem Prinzip.

IX. Nach der Paarung

Nach Königinnenaufzucht, Drohnenaufzucht und glücklicher Paarung der Geschlechtstiere kommt es schließlich noch auf die richtige *Verwendung der begatteten Königinnen* an. Zuerst gilt es, den Paarungserfolg sicher zu erkennen und dann – evtl. nach einem Versand der Königinnen – einen risikoarmen Weg zu finden, sie in den Wirtschaftsbetrieb einzugliedern. Mit anderen Worten: Wir haben uns mit Um- und Einweiselungsmethoden und mit den klassischen Verfahren der »künstlichen Vermehrung« zu beschäftigen.

Frage 94: *Wann und wie sicher erkenne ich den Paarungserfolg?*

Einen guten halben Tag nach ihrer letzten Paarung beginnt die Königin mit der Eiablage. Zehn Tage nach dem Aufstellen auf der Belegstelle sollten die Königinnen begattet sein. Eine *schön geschlossene Fläche von Eiern oder Larven* auf der Wabe des Begattungsvölkchens zeigt das an (Abb. 116a). Schlechtes Wetter kann Verzögerungen hervorrufen. Was nach 14 Tagen noch nicht begattet ist, gibt zu Skepsis Anlaß. Auch bei ungünstigen Witterungsverhältnissen sollten die Königinnen jetzt in Eiablage sein. Alles andere macht später selten Freude. Nur zu oft entpuppen sich Nachzüglerinnen im Wirtschaftsbetrieb als Versager.

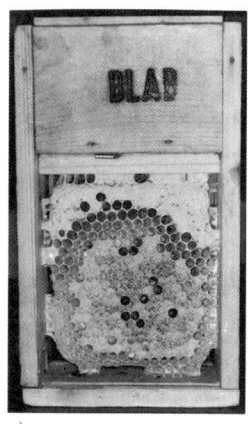

a)   b)   c)

Abb. 116a–c: Wenn die Begattungskästchen nach ca. 10tägigem Belegstellenaufenthalt nach Hause kommen, deutet eine schön geschlossene Brutfläche auf die ordnungsgemäße Paarung der Königin hin (*a*). Ein Näpfchen an der schlecht ausgebauten Wabe zeigt den Verlust der Königin an (*b*) und ein nicht weitergebautes Wabenherzchen gibt Kunde vom Auszug der Völkchen gleich nach dem Aufstellen (*c*).

Ein lückenhaftes Eigelege im Begattungsvölkchen ist zwar ein Alarmzeichen, aber für sich noch kein sicherer Hinweis auf einen Qualitätsmangel der Königin. Es gibt Königinnen, die das Eierlegen erst »lernen« müssen. Von ihren Startschwierigkeiten ist später im Bienenvolk nichts mehr zu merken.

Zu einer Täuschung können auch vereinzelt abgelegte, sogenannte *versprengte* Eier Anlaß geben. Solche Eier stammen möglicherweise gar nicht von der Königin, sondern können von einer Arbeitsbiene gelegt worden sein. Die Königin, die erst später begattet wird, bereitet dann mit ihrem eigenen Gelege dem Spuk ein Ende. Diese Beobachtung ist ein Grund, die Königin nicht zu früh – etwa schon beim Auffinden der ersten wenigen Eier – aus dem Begattungsvölkchen zu entfernen.

Nicht selten kommt es vor, daß man *mehrere Eier in den Zellen* findet und dann dazu neigt, das Völkchen für drohnenbrütig zu halten. Die Königin ist aber, wie man sich überzeugen kann, noch da. Da die Wabe zudem bis an den Rand bestiftet ist, kann nur Platznot für diese Unregelmäßigkeit verantwortlich sein. Selbst wenn noch genügend Zellen zum Bestiften vorhanden sein sollten, müssen mehrere Eier in einer Zelle nicht unbedingt auf Buckelbrütigkeit deuten. Hier kann ein Lernprozeß der Königin beim Eierlegen im Spiele sein. Wenig hat es auch zu bedeuten, wenn nach dem Deckeln zwischen die erste Arbeiterbrut einzelne Drohnenzellen eingestreut sind. In ihrem zukünftigen Volk verliert die Königin diese Unart wieder.

Bedenklich ist es aber, wenn eine Königin erst sehr spät (etwa erst in der dritten oder vierten Woche) zu legen beginnt. Auch wenn sich nach der Deckelung der Zellen keine Drohnenbrütigkeit herausstellt, wäre es besser, solche Königinnen ganz auszuschalten.

Tatsächliche Königinnenverluste erkennt man in der Regel an dem *mangelhaften Bau* und ganz sicher an *vereinzelt angeblasenen Weiselnäpfchen* (Abb. 116 b). Der letztgenannte Hinweis kann auch fehlen. Dann ist häufig auch der Wabenbau nur als kleiner Anfang vorhanden, und es ist kein Futter eingelagert (Abb. 116 c). Wahrscheinlich ist das Völkchen gleich beim Aufstellen ausgezogen.

Schließlich ist noch ein Wort zur Tageszeit der Völkchenkontrolle zu sagen: Man kontrolliere nach Möglichkeit nicht während der Flugzeit der Geschlechtstiere, also nicht zwischen 13.00 und 17.00 Uhr. Es könnten Königinnen unterwegs sein, die sich dann leicht verfliegen. Der Vormittag und der Abend sind besser dafür geeignet.

Frage 95: *Was geschieht mit den Begattungsvölkchen nach der Paarung?*

Man holt die Völkchen möglichst *am Abend,* wenn alle Bienen zu Hause sind, von der Belegstelle. Daheim stellt man sie zunächst kühl und dunkel bis zum nächsten Tag. Ausnahmsweise können sie auch einmal zwei Tage im Keller stehen. Hat man auch dann noch keine Zeit zum Verarbeiten der Völkchen, muß man sie ins Freie bringen und wieder fliegen lassen.

Wie verfährt man weiter mit den Völkchen? Zunächst muß man die Königin herausfangen (s. **Frage 97**). Handelt es sich nur um ganz wenige Kästchen, mag man die Bienen einfach in die Luft schütteln. Wenn sie gerade von der Belegstelle kommen, betteln sie sich rasch in ein nahe gelegenes Standvolk ein; wenn sie zu Hause aufgestellt waren, fliegen sie an ihren Aufstellungsplatz zurück, wo jetzt die Tür verschlossen ist. Es dauert etwas, bis sie sich anderen Völkern angeschlossen haben.

Sobald es sich von der Völkchenzahl her lohnt, bildet man einen *Sammelschwarm*. In der Regel verwendet man dazu eine Kunstschwarmkiste, wie wir sie schon unter **Frage 75** kennengelernt haben (s. auch **Frage 103**). Zur Bildung des Sammelschwarms käfigt man eine Königin in einem Schlüpf- oder Zusetzkäfig und hängt sie, am besten gleich unter Zuckerteigverschluß, in die Kiste. Dann kehrt man die Bienen aus dem Begattungsvölkchen hinzu (Abb. 117). Dabei bespritzt man sie mit Hilfe eines Druckzerstäubers etwas mit Wasser, damit sie nicht so leicht von den Wäbchen abfliegen. Wenn die Begattungsvölkchen in der Nähe aufgestellt waren und die Gefahr des Zurückfliegens an den alten Platz besteht, muß man den Sammelschwarm drei Tage in den Keller stellen. Er wird so lange aus einem Futterglas oder mit Futterteig gefüttert. Wenn die Bienen von der Belegstelle kommen, läßt man die Schwarmkiste nach dem Füllen noch

Abb. 117: Die entweiselten Begattungsvölkchen werden zur Bildung eines Sammelschwarms in eine Kunstschwarmkiste abgeschüttelt.

Abb. 118: Der Freiluftschwarm hat sich am »Schwarmlocker« um die gekäfigte Königin gesammelt.

etwas mit offenem Flugloch stehen, bis sich auch die abgeflogenen Bienen hineingezogen haben. Einen solchen Kunstschwarm kann man noch am selben Abend einschlagen.

Bei ortsunkundigen Bienen kommt man notfalls ohne Feglingskiste aus. Man kann einen *Freiluftschwarm* bilden. Dabei hängt man die gekäfigte Königin an die Unterseite eines ca. 30 cm großen, mit Rinde oder grobem Stoff benagelten Holzbrettchens (oder an ein Stück Weichfaserplatte) und befestigt diesen »Schwarmlocker« mit einer Schnur in bequem erreichbarer Höhe an einem Ast oder sonst wo an geeigneter Stelle. Darunter werden die Bienen einfach in die Luft geschüttelt. Sie sammeln sich in kurzer Zeit um die Königin (Abb. 118). Falls Jungbienen dabei sind (Mehrwabenvölkchen!), schüttelt man die Bienen auf den Boden und läßt das Brettchen mit der Königin an der Schnur bis zu ihnen hinunter. Die Jungbienen klettern dann vom Boden aus auf die sich unter dem Brettchen bildende Bienentraube und können mit dieser später hochgezogen werden. Der Freiluftschwarm wird am Abend wie ein gewöhnlicher Schwarm in eine Beute auf Mittelwände eingeschlagen. Die Königin läßt man dabei frei.

Und was macht man mit den Brutwäbchen aus den Begattungsvölkchen? Natürlich läßt man die Brut nicht verkommen. Man befestigt die Wäbchen mit Hilfe von Drahtklammern an der oberen und unteren Leiste leerer Rähmchen (Abb. 119) und bringt sie zum Schlüpfen der Bienen im Honigraum von Wirtschaftsvölkern unter.

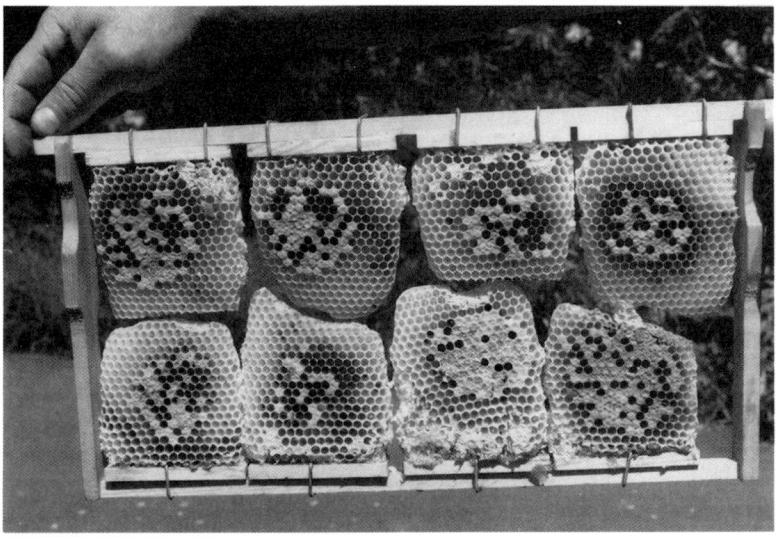

Abb. 119: Restliche Brutwaben aus aufgelösten Mehrwabenvölkchen kann man in leere Rähmchen einpassen und den Standvölkern zuhängen.

> **Frage 96:** *Wie lange kann man die begatteten Königinnen in den Begattungsvölkchen lassen?*

Immer wieder hört man die Befürchtung, daß Königinnen bei längerem Verbleib in den Begattungsvölkchen Schaden nehmen könnten. Wenn alle Zellen bestiftet sind, geraten sie zwangsläufig in Legenot. Kann sich die aufgezwungene Legepause auf ihre spätere Legetätigkeit im Bienenvolk ungünstig auswirken? Diese Frage interessiert z. B. einen Züchter, der sich an der Leistungsprüfung für Bienen beteiligen möchte und einen bestimmten Anlieferungstermin einhalten muß. Er hat aus irgendeinem Grund seine begatteten Königinnen zu früh auf der Startrampe. Was soll er tun? Wenn er nicht ohnehin beabsichtigt, eine Art *Vorselektion* zu treffen, und zu diesem Zweck die Königinnen in Ableger oder Kunstschwärme einweiselt – dazu müßte er aber wenigstens noch einen Monat Zeit haben –, kann er die Königinnen guten Gewissens im Begattungsvölkchen lassen. Wir haben mehrmals Versuche in diesem Sinne angestellt, wobei die Königinnen nach ihrer Begattung teils drei, teils fünf Wochen in den Begattungsvölkchen blieben. Teilweise war bereits die erste Bienengeneration geschlüpft und die zweite gedeckt. Die Königinnen, die wir nach der Eingliederung in unsere Wirtschaftsstände im Auge behielten, verhielten sich wie ihre Geschwister, die bereits zur Zeit der ersten offenen Brut aus den Völkchen genommen worden waren. Weder in der Legeleistung der Königinnen noch in der Honigleistung ihrer Völker traten Unterschiede auf. *Die Legepause hat den Königinnen also nicht geschadet.* Dieses Ergebnis wird dadurch noch überzeugender, daß die Versuche in den besonders kleinen *Erlanger Begattungskästchen* durchgeführt wurden. Dennoch: willkürlich wird man die Königinnen nicht auf längere Dauer in den Kästchen lassen. Nosema, die Gefahr des Auszugs wegen Überfüllung, Fütterungsprobleme und ähnliche widrige Umstände sprechen dagegen. Daß man begattete Königinnen vor der Eingliederung in den Wirtschaftsbetrieb auch noch auf andere Weise eine Zeitlang aufheben kann, behandelt **Frage 98.**

> **Frage 97:** *Wie versendet man begattete Königinnen?*

Zum Verschicken der Königinnen gibt es eigene *Versandkäfige* (Abb. 120). Das sind meist Holzkäfige, hergestellt aus kleinen, länglichen Klötzchen, in die, ineinander übergehend, drei kreisrunde Kammern eingebohrt sind. Eine Doppelkammer ist für die Königinnen mit ihren Begleitbienen vorgesehen, die andere Kammer nimmt den als Proviant dienenden Futterteig auf. Damit die Feuchtigkeit des Futterteiges nicht in das Holz eindringt, streicht man die Futterkammer mit Wachs aus. Während der Reise legt man als Schutz gegen das Austrocknen ein Stückchen Kunststoffolie über den Teig. Abgedeckt wird das

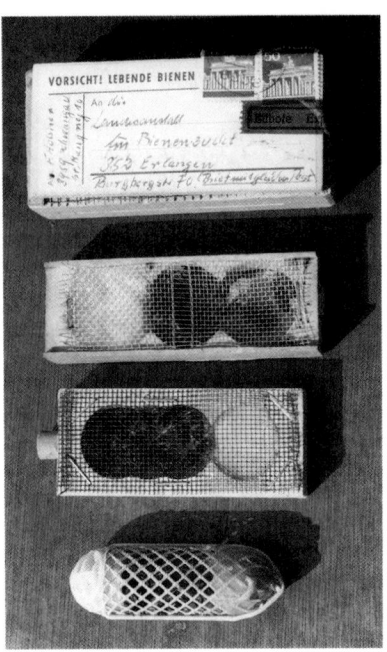

Abb. 120: Auswahl verschiedener Königinnenversandkäfige.

Ganze mit Fliegengitter, das man zunächst nur auf einer Seite befestigt. Als Begleitung für die Königin reichen *10 bis 20 Bienen.* Bei dem alten Zander-Einwabenkästchen war es ein leichtes, diese kleine Bienentruppe bereitzustellen. Wenn man das Kästchen ein paarmal fest auf den Tisch aufstieß und kurze Zeit wartete, sammelte sich am Abdeckbrettchen der Aufstiegs- und Beweiselungskammer ein kleines Bienenträubchen, das man nur mit dem Deckelchen abzunehmen und mit der Feder in den Versandkäfig abzustreifen brauchte. Das Fliegengitter wurde dann rasch darübergedeckt und festgenagelt. Bei den Kleinvölkchen im Erlanger EWK und bei den Mehrwabenvölkchen geht das nicht so einfach. Man könnte die Bienen für jede Königin von dem Wäbchen ihres eigenen Völkchens abkehren, was aber reichlich umständlich wäre. So nimmt man sie besser vom Sammelschwarm weg, oder man kehrt sie von irgendwelchen Brutwaben direkt in die Versandkäfige ab.

Zum *Herausfangen* der Königinnen aus den Begattungsvölkchen benutzt man am besten die Finger. Falls sich eine Königin im Futterraum oder sonstwo verkrochen haben sollte, muß man sie mit der Feder dorthin dirigieren, wo man sie leicht fassen kann. Sollte beim Herausfangen einmal eine Königin entweichen und wegfliegen, findet sie sich meistens nach kurzer Zeit wieder an Ort und Stelle ein. Sie kennt ja, wenn sie von auswärts kommt, in der näheren Umgebung nur diesen Platz, so daß man sie hier bald in einer kleinen Bienengesellschaft wiederentdecken wird. Der Vorsichtige fängt die Königinnen aber lieber

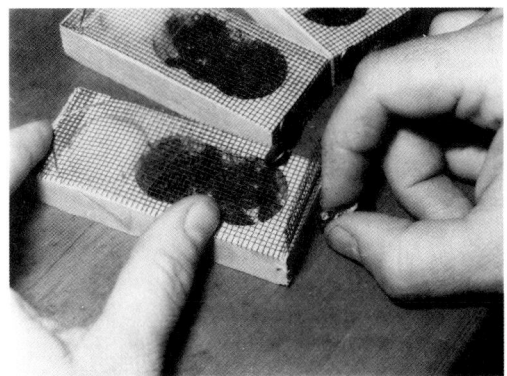

Abb. 121: Nach dem Füllen der Versandkäfige mit Bienen läßt man die Königin durch ein seitliches Loch zulaufen.

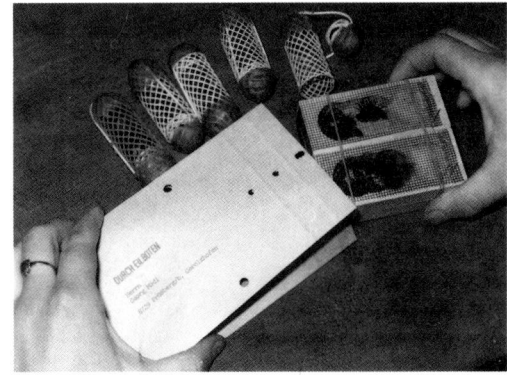

Abb. 122: Von den verschiedenen Arten von Versandkäfigen aus Holz sind heute nur noch die kleineren Ausführungen gebräuchlich. Sie werden zu mehreren in einem festen, mit ein paar Luftlöchern versehenen Papierbeutel zur Post gegeben. Dasselbe geschieht mit den als Versandkäfige verwendeten Lockenwicklern.

in einem Raum hinter geschlossenem Fenster aus. Abfliegende Bienen kann man später ins Freie entlassen, wenn nicht seuchenhygienische Gründe dagegenstehen.

Die mit Bienen gefüllten hölzernen Versandkäfige werden zuletzt mit der Königin *beweiselt*. Dazu befindet sich seitlich am Versandkäfig ein kleines mit einem Blech oder einem winzigen Korken verschließbares Loch, durch das man die Königin zulaufen läßt (Abb. 121). Obgleich sie dabei in der Regel unter fremde Bienen kommt, passiert ihr selten etwas – schon gar nicht, wenn man von Brutwaben abgekehrte friedfertige Jungbienen zum Füllen der Versandkäfige verwendet hat.

Die Verwendung von Jungbienen ist auf jeden Fall ratsam, wenn die Königinnen eine *längere Reise* machen sollen – etwa bei der Verschickung ins Ausland. Dann kann man die überalterten Bienen der Begattungsvölkchen nicht brauchen. Andererseits sind auch zu junge, eben geschlüpfte Bienen nicht geeignet. Sie haben noch keinen Pollen gefressen, leben deshalb kürzer und pflegen die Königinnen schlecht.

Der *Futterteig* für die Versandbienen sollte geschmeidig, nicht zu feucht und nicht zu trocken sein. Manche Züchter machen ihn schon einen Monat vorher und verlangen eine marzipanähnliche Konsistenz. Das Futterabteil faßt etwa 10 g Zuckerteig.

Früher hat man der Versandkönigin mit ihren Begleitbienen ein kleines Schwämmchen mit Wasser beigegeben, was aber sicher eine verlorene Liebesmüh war, da das Schwämmchen in kürzester Zeit austrocknete. Statt dessen spritzt man heute kurz vor der Abreise mit einer Feder etwas *Wasser* in die Kästchen. Die Bienen nehmen es meist sofort auf.

Bei den *älteren relativ großen Versandkäfigen* nagelte man ein mit Holzleisten unterlegtes Brettchen über das Fliegengitter und klebte den Zettel mit Adresse und Absender darauf. Man versandte die Königinnen in Einzelkäfigen. Heute, wo das Versandgeschäft mit Königinnen viel umfangreicher *und die Versandkäfige viel kleiner geworden sind,* steckt man die Käfige einzeln oder zu mehreren (evtl. zusammengeklammert) in einen Warenbeutel aus festem Papier, stanzt mit dem Locher einige Luftlöcher hinein und gibt sie so zur Post (Abb. 122). Bienen und Königinnen überleben einen Aufenthalt von zwei Wochen und länger in diesen Gefängnissen. Sie sollten aber gleich nach der Ankunft wieder etwas getränkt werden. Man sehe zu, daß keine *Insektenstrips* im Zimmer aufgehängt sind, wo die Käfige abgestellt werden. Wenn man sie noch eine Weile im Brutschrank aufheben möchte, ehe man die Königinnen verarbeitet, sollte dieser nicht über 30 °C eingestellt sein. Sonst ist die Zehrung zu groß, und Wassermangel macht sich bemerkbar. Die Unterbrechung der Legetätigkeit während der Versandzeit schadet der Königin nicht (s. **Frage 96**).

Sind die Königinnen nur wenige Tage auf der Reise, kann man sie auch in *Lockenwicklern* verschicken. Da immer Begleitbienen dabeisein müssen, braucht man Lockenwickler, die eine Nummer größer sind als die zum Schlupf der Königinnen verwendeten (s. **Frage 68**). Die »Filigran«-Wickler der Type 25 kz sind 2,5 cm weit und 6 cm tief. Sie werden mit ihrer Basis in flüssiges Wachs

Abb. 123: Wenn man Lockenwickler mit Bienen füllen will, steckt man zuerst die Königin hinein und streift dann rasch die in einen Plastikeimer abgekehrten und an der Wand emporstrebenden Bienen dazu.

getaucht, einesteils, um die an dieser Stelle häufig etwas weiten Maschenabstände zu schließen, anderenteils, um zu verhindern, daß die Bienen den Knoten der Gummischnur zur Befestigung der Wicklerkappe anknabbern. Als Reiseproviant dient ein kirschgroßes Stück Futterteig, das in die Kappe hineingedrückt wird.

Bei der Bestückung der Käfige mit Begleitbienen leistet uns ein *Plastikeimer*, in den von mehreren Brutwaben Bienen hineingekehrt werden, gute Hilfe. Man steckt die Königin in den Lockenwickler und deckt die Öffnung mit dem Daumen lose ab. Dann fährt man mit dem Lockenwickler unter Wegnehmen des Daumens zügig hinter den langsam an der Eimerwand hochstrebenden Bienen her (Abb. 123). Von Zeit zu Zeit stößt man die Bienen im Eimer wieder nach unten und kann so Käfig um Käfig mit Bienen füllen. Die von einem Zuggummi gehaltene Kappe des Lockenwicklers sorgt für festen Verschluß. Wie die Versandkäfige aus Holz, so werden auch die Lockenwickler in Papiertüten mit der Briefpost verschickt. Auf Tränkwasser kann man bei kürzerer Reisezeit verzichten.

Frage 98: *Wo und wie kann man begattete Königinnen aufheben?*

Wenn die aus den Begattungsvölkchen entnommenen oder mit der Post eingetroffenen Königinnen aus irgendeinem Grund nicht gleich am Stand verwendet werden können, fragt es sich, ob, wie und wie lange man damit warten kann. Königinnen halten, wie wir unter **Frage 97** erfahren haben, mit 10 bis 20 Begleitbienen und Futterteigproviant wenigstens zwei Wochen lang, ohne Schaden zu nehmen, im Versandkäfig aus. Es ist anzunehmen, daß sie in größeren *Käfigen* mit mehr Begleitbienen auch eine längere Zeitspanne schadlos überstehen können. Von der Aufbewahrung älterer Stockmütter in Okulierkäfigen während der Weiselaufzucht in ihren Völkern war schon in **Frage 42** die Rede. Wir haben nun auch Versuche mit jungen begatteten Königinnen gemacht. In den Käfigen brachten wir die Königin und jeweils etwa 50 aus dem Brutraum entnommene Bienen unter. Wir fütterten Zuckerteig (mit Fumidil B) und Wasser aus einem Tränkröhrchen. Die Kästchen standen im Juni/Juli vier Wochen lang teils an leicht abgedunkelter Stelle im Zimmer, teils im Brutschrank bei 25 °C und ca. 60% relativer Feuchte (Abb. 124). Es gab in dieser Zeit bei 20 Versuchsköniginnen nirgends Verluste. Die Königinnen haben später nach ihrer Unterbringung in Ablegern normal gelegt, sind in Reservevölkern gut über den Winter gekommen und gaben auch im nächsten Sommer keinen Anlaß zur Beanstandung.

Die Kästchenmethode benützt der rumänische Bienenforscher N. Foti sogar zur *Überwinterung* von Königinnen. Allerdings muß er von Zeit zu Zeit die Begleitbienen austauschen, d. h., er muß zur Winterzeit neue Bienen aus

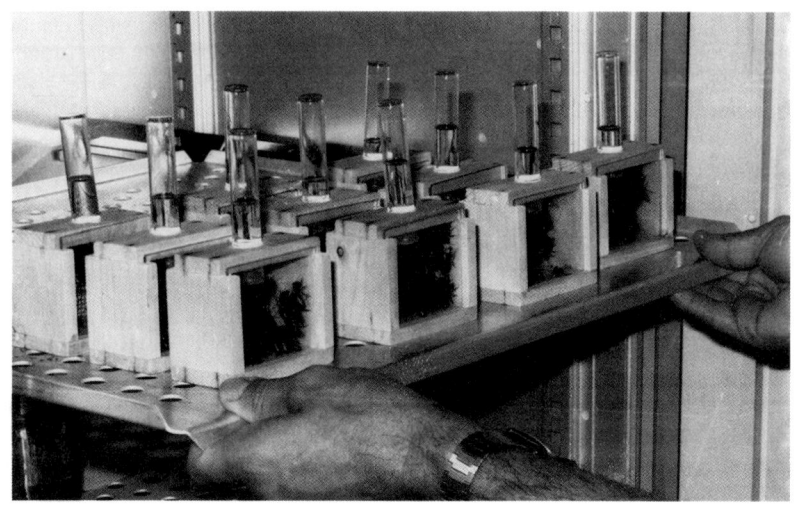

Abb. 124: Begattete Königinnen kann man mit Begleitbienen im Zimmer oder Brutschrank (bei 25 °C) wochenlang aufheben.

Abb. 125: Mit dem langgestreckten Gitterkäfig als Teil der amerikanischen »queen-bank« will man die Königinnen über 2 Monate in einem Volk am Leben halten können.

Völkern herausnehmen und den Königinnen beigeben was die Prozedur für praktische Verhältnisse doch sehr umständlich macht.

Amerikanische Züchter heben begattete Königinnen zwischen wiederholt umgehängten Brutwaben *im Honigraum weiselrichtiger Völker* auf. Sie benützen dazu lange schmale Käfige aus ringsum laufendem, ca. 2,5 mm weitem Drahtgitter, die beidseitig mit Holzklötzchen verschlossen sind. Die Käfige werden nebeneinander in Spezialrahmen eingesteckt (Abb. 125). Jeder Käfig erhält eine Königin ohne Begleitbienen und ohne Futter. Eigentlich ist diese »Königinnen-Bank« nichts anderes als unser Hürdenrahmen mit den Schlüpfkäfigen – nur daß es sich hier um etwas größere Käfige und um begattete, nicht um unbegattete Königinnen handelt. Ob das wirklich soviel Unterschied macht?

a) b)

Abb. 126a, b: Zur sicheren Überwinterung von Königinnen bedarf es kleiner Volkseinheiten mit wenigstens drei Waben im jeweiligen Standmaß. Sie sollten in engem Wärmekontakt zueinander stehen.
a) Überwinterung von drei Kleinstablegern in einer dreigeteilten Zarge.
b) Alte Königinnenüberwinterungsstände am Erlanger Bieneninstitut.

Wir mußten schon vom ersten Käfigtag an mit Verlusten rechnen. In *Amerika* will man in dieser Weise Königinnen acht Wochen aufgehoben haben. Allerdings soll der Erfolg nur in sehr starken Völkern und bei dauernder Fütterung gewährleistet sein.

Die *Überwinterung* mehrerer Königinnen im Volk gelingt auf diese Weise aber nicht. Selbst wenn man die Käfige aus Absperrgitter herstellt und in eine Wabe einschneidet, daß die Königinnen der wandernden Wintertraube folgen können, erlebt man eine Enttäuschung. Ich versuchte es mehrmals mit einem verhältnismäßig geringen Aufgebot von nur acht Königinnen pro Volk. Unseren mitteleuropäischen Winter überstanden in der Regel nur die Hälfte oder weniger der eingesetzten Königinnen.

Will man in unseren Breiten eine größere Zahl von Königinnen möglichst sicher über den Winter bringen, muß man den Weg über den *Kleinableger* wählen. Das ist ein Brutableger mit wenigstens drei Waben im Standmaß (s. dazu **Frage 102**). Die Ableger sollen, lediglich durch dünne Holzschiede getrennt, unmittelbar nebeneinanderstehen und sich gegenseitig wärmen. In der *Erlanger Magazinbeute* lassen sich drei Ableger in einer Zarge unterbringen (Abb. 126). Wenn man noch kleinere Einheiten verwenden will, braucht man einen temperierten Raum dazu. An der Außenstelle des *österreichischen Instituts für Bienenzucht in Lunz am See* werden Kleinstableger mit weniger als drei Waben im Zimmer bei gleichbleibenden Temperaturen von 10–12 °C überwintert. Die Ableger stehen über einem 30 cm langen Flugkanal mit der Außenwelt in Verbindung, damit die Bienen zur rechten Zeit ihre Reinigungsausflüge absolvieren können. Ob sich ein solcher Aufwand lohnt, wird jeder Imker für sich selbst entscheiden müssen.

Frage 99: *Soll man die Königinnen »kupieren«?*

Das ist genaugenommen keine Frage für den Züchter, aber sie erhält, sobald die Königinnen in den Wirtschaftsbetrieb übergehen, doch allgemeine Bedeutung. Wer nicht will, daß Schwärme davonfliegen, sollte seinen Königinnen *einen Flügel einkürzen*. Das verhindert zwar nicht den Schwarmauszug eines dazu entschlossenen Volkes, aber die Schwarmbienen kehren wieder ins Volk zurück, sobald sie ihre flugbehinderte Königin verloren haben.

Für die imkerliche Praxis bedeutet das, daß man bei wöchentlichen Schwarmkontrollen jeweils eine überspringen kann. Findet man bei der nächsten Nachschau nur noch gedeckelte Weiselzellen, ist mit größter Wahrscheinlichkeit die Altkönigin nicht mehr vorhanden. Man kann durch Ausbrechen der Zellen und Zugabe einiger Näpfchen mit Edelmaden das Volk am Nachschwärmen hindern.

Gleich, welche Betriebsweise man verfolgt, das Flügelstutzen kann sich kaum nachteilig auswirken. Die Königin braucht ihre Flügel – mit Ausnahme beim Schwärmen – das ganze Leben lang nicht mehr. Sie könnte sie abwerfen wie eine Ameisenkönigin, wenn die Natur das vorgesehen hätte.

Auf keinen Fall ist die Prozedur für die Königin schädlich (Abb. 127). In der Flügelspitze, die mit einem feinen Scherchen auf ein Drittel der Flügellänge abgeschnitten wird, befinden sich weder Nerven noch Blutbahnen. Man kann es mit dem Schneiden eines Fingernagels vergleichen. Besonders wichtig ist es, daß man nur einen, nicht beide Flügel stutzt. Mit einem gekürzten Flügel geht die Königin im Trudelflug zu Boden; beide Flügel beschnitten, würde sie noch

Abb. 127: Noch wichtiger als das Zeichnen der Königinnen ist für den Wirtschaftsbetrieb das Stutzen eines ihrer Vorderflügel.

fliegen und den Schwarmbienen folgen können. Wer seine Königinnen nicht zeichnet, kann in Jahren mit geraden Jahreszahlen immer nur den Flügel der einen und in solchen mit ungeraden den der anderen Seite wählen. Damit ist eine gewisse Aussage über das Alter der Königin in den Völkern möglich.

Frage 100: *Was ist beim Beweiseln von Wirtschaftsvölkern zu beachten?*

Eine »teure« Zuchtkönigin – gleich, ob sie aus dem eigenen Betrieb oder von einem Verkaufszüchter kommt – sollte möglichst gefahrlos in den Wirtschaftsbetrieb eingegliedert werden. Für die Einweisung von Königinnen in Bienenvölker stehen die Zeichen aber nicht immer gleich gut. Am schwierigsten ist es zur *Schwarmzeit* und zur Zeit der größten Brutentwicklung der Völker. Vorher, im März und April, und später, im September und Oktober, geht es leichter. Sehr junge Königinnen, die gerade erst in Eiablage gegangen sind, haben bedeutend weniger Chancen, angenommen zu werden als ältere, die bereits gedeckelte Brut oder gar schon geschlüpfte Nachkommen vorweisen können. Das hängt mit der *Königinnensubstanz* zusammen, die sich nach dem Schlupf erst allmählich ausbildet. Sie repräsentiert die Königin im Bienenvolk. Je mehr eine Königin davon abzugeben vermag, desto lieber wird sie von den Bienen akzeptiert. Auch die Größe des Volkes spielt dabei eine Rolle. Ein starkes Volk braucht viel, ein schwaches weniger Weiselstoff, um sich weiselrichtig zu fühlen und nicht auf Nachschaffungsgedanken zu verfallen. Aber auch das Wetter und mit ihm die Tracht sind von großer Bedeutung. Je besser das Wetter, desto unkomplizierter die Beweiselung, je ausgiebiger die Tracht, desto sicherer die Annahme. Die Bienen sind dann offenbar abgelenkt und gegenüber internen Angelegenheiten nicht so empfindlich. Vor allem sind die streitbaren Altbienen beschäftigt. *Jungbienen* sind stets verträglicher. Wenn sie in einem lange weisellosen Volk weniger werden, wird auch das Zusetzen schwieriger. Wenn gar schon Drohnenbrut zu finden ist, gleich, ob offen oder gedeckelt, wenn also *Drohnenmütterchen* am Werke sind, sinken die Annahmechancen bei der Wiederbeweiselung erheblich. Dasselbe trifft zu, wenn eine *fremdrassige* Königin in einem Bienenvolk untergebracht werden soll. Das ist überhaupt nur auf Umwegen zu erreichen.

Es gibt »999 Zusetzverfahren«, von denen jedes, wenn man seinem Erfinder Glauben schenken will, das beste ist. Ein normales Wirtschaftsvolk zu beweiseln ist aber immer ein Risiko. Niemand kennt den wirklichen Wert eines Zusetzverfahrens, denn die verschiedenen Arten lassen sich schwerlich miteinander vergleichen. Es sind meist die *Verfahren mit Tradition,* die gut gelingen und die noch dazu den Vorzug haben, relativ einfach zu sein.

Ein Bienenvolk ohne offene Brut ist ohne Königin verloren. Zwangsläufig führt das zu der Überlegung, daß man ein umzuweiselndes Volk in eine solche Situation bringen müsse, damit die neue Königin als Retterin auf den Plan treten kann. Man wartet also nach der Herausnahme der alten Mutter neun Tage, bricht dann alle wilden Nachschaffungszellen aus und setzt die neue Königin in einem gewöhnlichen Zander-Zusetzkäfig, einem Lockenwickler oder einer Wachspatrone zu. Die Käfige werden mit einem haselnußgroßen Stück Futterteig verschlossen (Abb. 128). Das Verfahren ist bekannt als *»das Zusetzen im neun Tage weisellosen Volk«*. Sein Ihr Nachteil ist die lange Wartezeit. Heute bevorzugt man *Schnellverfahren*. Dabei gibt man die neue Mutter bereits zwei Stunden nach Herausnahme der alten Königin bei. Manche Imker hängen die zuzusetzende Königin nach Entfernung der alten zuerst unter »Hartverschluß« zu, damit sie die Bienen nicht gleich ausfressen können und einige Stunden bis zu einem Tag Zeit haben, Bekanntschaft mit ihr zu schließen. Erst wenn der Zusetzkäfig nicht mehr von attackierenden Bienen umringt ist, sondern nur noch von friedlichen Bienen belaufen wird, vertauscht man den Holzriegel oder -stopfen mit einem Futterteigpfropfen.

Eine bekannte Art der Beweiselung ist die mit dem *Wohlgemuthkäfig*. Dieser besitzt im Unterschied zum gewöhnlichen Zusetzkäfig einen etwas verlängerten, mit Futterteig ausgestrichenen Zugangskanal. Der Käfig wird an der Tragleiste eines Rähmchens zwischen zwei flankierenden Mittelwandstreifen befestigt. Wenn man das Rähmchen in die Mitte des Volkes hängt, sammeln sich dort in kurzer Zeit Jungbienen und bilden eine Bautraube (Abb. 129). Die nach einiger Zeit befreite Königin ist nur von jungen, friedlichen Bienen umgeben.

Sehr sicher stuft man das Zusetzen mittels *Aufsteckgitter* ein (Abb. 130). Das Gitter ist in der Regel etwas kleiner als eine Wabenhälfte. Es wird aus 2½ mm weitem Maschendraht in der Weise hergestellt, daß man an den Ecken Einschnitte anbringt und die Ränder ringsum in einer Breite von 2 cm um 90° umbiegt. Das Gitter wird über einen Wabenbezirk gesteckt, in dem sich nach Möglichkeit ausschlüpfende Brut und etwas Honigvorrat befinden. Darunter kommt die Königin. Wenn nach einer Woche das Aufsteckgitter abgezogen wird, ist die Königin von einer Schutzgarde inzwischen geschlüpfter junger Bienen umgeben, die ihre Aufnahme ins Volk absichert.

Eine spezielle Beweiselungsmethode gibt es für *brutlose Völker*. Ich habe sie auch schon wiederholt an drohnenbrütigen Völkern mit Erfolg erprobt, obgleich man gemeinhin der Ansicht ist, daß solche Völker keine Königinnen mehr annehmen. Der Vorgang ist einfach: Man stellt das weiselose Volk beiseite und plaziert an dessen Stelle einen neuen Kasten mit ausschließlich leeren, ausgebauten Waben. Mitten hinein hängt man die Königin in einem üblichen Zusetzkäfig mit Futterteigverschluß. Dann werden die Bienen des weisellosen Volkes in einigen Metern Entfernung in die Luft gekehrt. Sie fliegen an ihren alten Platz zurück, ziehen in die neue Beute ein und nehmen die Königin ohne Umstände an.

Wenn man von der Gitterrahmenmethode absieht, werden alle Königinnen *grundsätzlich ohne Begleitbienen* zugesetzt. Begleitbienen – vor allem ältere – muß man als zusätzliches Risiko ansehen. Was man aber gerne tut und was ganz sicher nicht falsch ist: Man *füttert* das Volk am Abend nach der Beweiselung mit

Abb. 128: Verbesserter Zander-Zusetzkäfig (links). Zum Zusetzen kann man auch Lockenwickler (Mitte) und Wachspatronen (rechts) verwenden.

Abb. 129: Wohlgemuth'scher Zusetzkäfig mit Jungbienen an den seitlichen Bauanfängen.

Abb. 130: Das Zusetzen mit Gitterrahmen gilt als ein sehr sicheres Beweiselungsverfahren.

Flüssigfutter. Wenn sich die Wirksamkeit dieser alten Gepflogenheit auch wissenschaftlich nicht exakt nachweisen läßt, so kann man sich doch vorstellen, daß die Sammelbienen durch die Zuckerfütterung vorübergehend von der neuen Königin abgehalten werden, so daß sich diese »still und leise« einnisten kann.

> **Frage 101:** *Gibt es ein bestes Zusetzverfahren?*

Immer dann, wenn es gilt, ein Bienenvolk mit einer besonders wertvollen Königin oder gar mit einer Königin von fremder Rasse umzuweisen, geht man nicht den direkten Weg, sondern benützt einen Umweg. Man bildet aus dem Volk heraus einen *Brutableger* oder einen *Kunstschwarm* (s. **Frage 102** und **Frage 103**) und weiselt die Königin zunächst in eine dieser kleinen Einheiten ein. Das geschieht mit einem gewöhnlichen Zusetzkäfig unter Futterteigverschluß.

Wenn der erste Nachwuchs der Königin im Ableger oder Kunstschwarm zu schlüpfen beginnt, ist es Zeit für die *Rückvereinigung mit dem Ausgangsvolk*. Nachdem man zwei Stunden vorher die alte Königin daraus entfernt hat, macht man in der Mitte oder an der Seite des Brutnestes Platz und hängt die junge Volkseinheit geschlossen zu. Dabei besprüht man die Kontaktwaben mit etwas Wasser aus dem Druckzerstäuber.

Die Umweiselung eines Volkes auf dem Umweg über einen Ableger oder Kunstschwarm gilt als das *sicherste Zusetzverfahren,* das wir haben. Die Gründe für den zweifellos hohen Annahmeerfolg sind vermutlich darin zu suchen, daß die junge Königin, die noch nicht soviel Königinnensubstanz erzeugen kann wie ein altes Tier, den Bienen in einer kleinen Volkseinheit genügt, einem stärkeren Volk aber unter Umständen nicht gewachsen ist. Bis der Ableger später mit dem umzuweiselnden Volk vereinigt wird, ist die Königin so weit gereift, daß sie auch der größeren Einheit gerecht werden kann.

> **Frage 102:** *Wie bilde ich einen Brutableger?*

Die bekannteste Form der »künstlichen Vermehrung« bei den Bienen ist der Brutableger. Ihn stellt man mit Vorliebe *im Mai und Juni* her, um gleichzeitig schwarmlustige Völker damit zu schröpfen. Wenn es irgend angeht, nimmt man nur gedeckelte Brut dazu. Das bedeutet, daß man Brutwaben über Absperrgitter in den Honigraum umhängen muß, um nach neun Tagen (der Wochenendimker rechnet etwas großzügig nur mit sieben Tagen!) Wabenmaterial mit dem richtigen Brutalter zu bekommen.

Einen Brutableger macht man mit zwei bis sechs Brutwaben samt ansitzenden Bienen, einer leeren Randwabe auf der einen und einer Mittelwand auf der anderen Seite. Dazu kommt eine Futterwabe oder eine Wabentasche mit Zuckerteigfutter hinter der Mittelwand. Die Brutwaben überprüft man vor ihrer Verwendung sicherheitshalber auf Nachschaffungszellen.

Abb. 131: Der Brutableger wird mit einer Königin im Zander-Zusetzkäfig unter Futterteigverschluß beweiselt.

Wenn man vorhat, den Brutableger am Stand aufzustellen, muß man noch Bienen von anderen (umgehängten) Brutwaben hinzuschütteln. Man rechnet ein bis zwei Schüttelwaben pro Brutwabe. Wenn man den Ableger auf eine Außenstation bringt, braucht man weniger oder gar keine Schüttelbienen.

Bei der *Aufstellung des Ablegers am Bildungsort* gibt man ihm nach Möglichkeit zuerst einen provisorischen Platz, um die Altbienen abfliegen zu lassen. Erst am Abend oder im Laufe des nächsten Tages bringt man ihn an seinen endgültigen Standplatz. Damit beugt man einer möglichen Stillen Räuberei vor. Auf einem *Außenstand* ist so etwas nicht zu befürchten, weshalb der Ableger dort auch gleich seinen endgültigen Aufstellungsplatz erhalten kann.

Frühestens zwei Stunden nach Bildung des Brutablegers, sonst am Abend, *wird eine Jungmutter zugesetzt*. Man hängt sie in einem Zusetzkäfig mit haselnußgroßem Zuckerteigverschluß zwischen zwei Brutwaben (Abb. 131). In der Regel beweiselt man die auf einen Außenstand gebrachten Ableger erst an Ort und Stelle.

Den leeren Zusetzkäfig kann man, wenn man will, schon am anderen Tag entfernen. Man rückt die Waben aber gleich wieder zusammen und schaut nicht nach, ob die Königin angenommen worden ist. Die Kontrolle auf Weiselrichtigkeit erfolgt erst eine Woche später. Dann ist die Königin nicht mehr in Gefahr, abgestochen zu werden. Von jetzt an kann man den Ableger auch mit Zuckerwasser füttern. Vorher war das nicht ratsam, weil man damit nur allzuleicht eine Räuberei auslösen konnte. Man bedenke, daß der Ableger ein paar Tage nicht fliegt und so lange auch keinen Wächterdienst am Stockeingang unterhält.

Frage 103: *Wie stelle ich einen Kunstschwarm her?*

Die Alternative zum Brutableger ist der Kunstschwarm. Er wird vornehmlich *im Juli* am Ende der Sommertracht gebildet. Jetzt ist ein Großteil der Bienen – ob

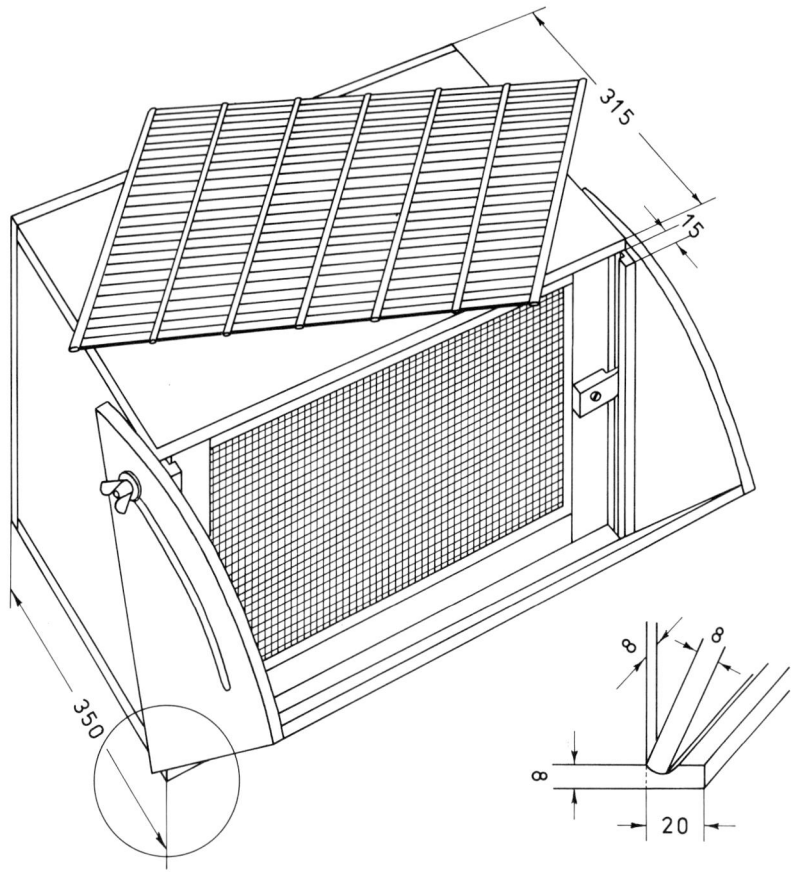

Abb. 132: Universeller Feglingskasten nach Erlanger Muster. Diese Konstruktion ist zur Kunstschwarmbildung, zum Drohnensieben, zum Einfangen von Naturschwärmen sowie zur Varroabehandlung mit anschließender Milbenkontrolle gleichermaßen geeignet (s. Text!).

jung oder alt – in den Völkern überflüssig, denn die Brut geht zurück und gibt Pflegebienen frei, und den heranwachsenden Sammlerinnen fehlt es an Arbeit. So macht es den Völkern wenig aus, wenn man ihnen Bienen entzieht.

Ein Kunstschwarm gedeiht am besten, wenn er wie ein natürlicher Schwarm *aus ⅔ Jung- und ⅓ Altbienen* zusammengestellt wird. Es ist deshalb zweckmäßig, ähnlich wie bei der Ablegerbildung vorher gedeckelte Brutwaben in den Honig-

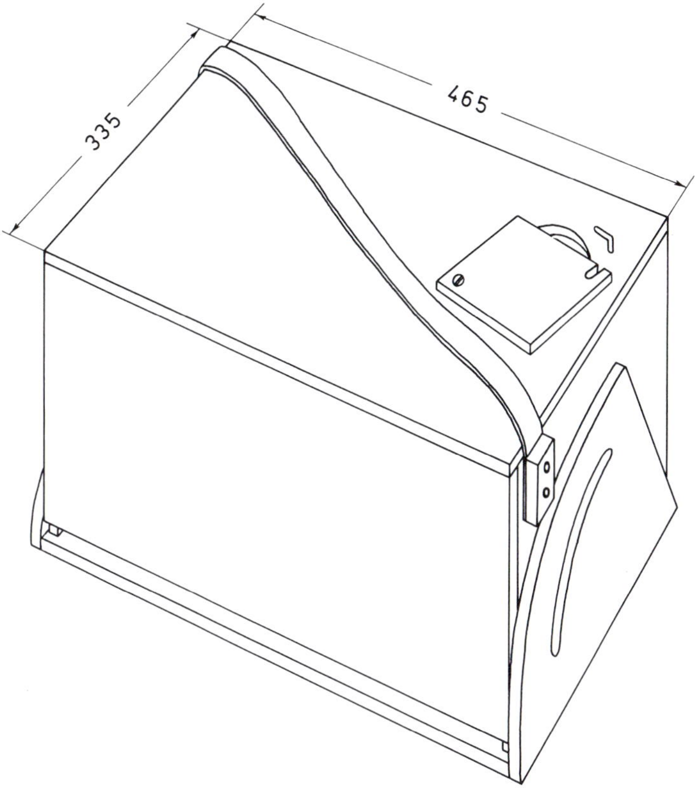

Abb. 133: Bei der Bildung eines Kunstschwarms übersprüht man die abzuschüttelnden bienenbesetzten Waben mit etwas Wasser, damit weniger Bienen abfliegen.

raum umzuhängen. Man kann dann die Bienen für den Kunstschwarm ausschließlich dem Honigraum entnehmen.

Wie man zum Einfangen eines Naturschwarms einen passenden *Behälter* benötigt, muß man einen solchen auch zur Kunstschwarmbildung haben. Zweckmäßige Konstruktionen sind für beides zu gebrauchen und können außerdem zum Absieben von Drohnen und Königinnen aus einem Bienengemisch verwendet werden. Der »Feglingskasten«, wie man ihn allgemein zu nennen pflegt, ist uns schon wiederholt begegnet (s. **Fragen 75** und **95**). Eine neue Erlanger Version dieses Gerätes ist außer zu den genannten Zwecken auch noch zur raschen Varroabehandlung und -kontrolle der eingefangenen bzw. abgefegten Bienen geeignet (Abb. 132). Aus 8 mm starkem, wasserfestem Sperrholz gefertigt, ist der Kasten leicht und dazu von unkomplizierter Bauart. Das Besondere an ihm ist die Kombination aus drei wesentlichen Einzelteilen: dem Kasten selbst, einem Absperrgitter und einem bienendichten Gitter. Wenn man bei der Feglingsbildung Drohnen absieben will, schiebt man das Absperrgitter (aus dem Wirtschaftsbetrieb) von oben in seitliche Nutzen vor die Kastenöffnung. Nachdem die Bienen hindurchgelaufen und die Drohnen entfernt worden sind, ersetzt man das Absperrgitter durch das bienendichte Gitter. Der Holzrahmen des Gitters paßt genau in die Kastenöffnung. Er wird hier durch vier Schusternägel am tieferen Eindrigen gehindert und mittels zweier Holzreiber rechts und links in den Nuten für das Absperrgitter festgehalten. Der Einkehrtrichter hat einen seitlichen Führungsschlitz und kann mit Hilfe einer Flügelschraube mit seitlich am Kasten angebrachter Einschlagmutter beliebig verengt und erweitert werden. Man kann den Trichter auch ganz abnehmen, da er unten lediglich in einer flachen Einfräsung des leicht vorspringenden Bodens ruht. Auf diese Weise eignet sich der Behälter gut zum Einfangen von Bienenschwärmen. Will man die Bienen für längere Zeit abstellen, muß man den Kasten drehen, so daß das Gitter nach unten zeigt. Notwendige Fütterungen werden von oben durch ein abdeckbares Loch vorgenommen. Durch das Futterloch kann man auch eine Beräucherung der Bienen mit Folbex VA gegen Varroatose durchführen. Die Milben fallen durch das Bodengitter auf den darunter befindlichen Einkehrtrichter, wo man sie leicht finden kann. Zum Tragen des Kastens dient ein kräftiger Gurt.

Vor dem Abschütteln der bienenbesetzten Waben in die Kunstschwarmkiste besprüht man sie mit etwas Wasser aus dem Druckzerstäuber, damit die Bienen nicht so leicht wegfliegen (Abb. 133). Man kann den Kasten auch *auf eine Waage* stellen. Wenn der Kunstschwarm bis zum Herbst noch ein überwinterungsfähiges Volk abgeben soll, muß er bei der Bildung im Juli wenigstens 1½ kg Bienen bekommen. Man kann dazu auch Bienen aus verschiedenen Völkern zusammenkehren.

Der Kunstschwarm kommt *drei Tage lang* an einen kühlen, dunklen Ort. Er wird von Anfang an *gefüttert* – am besten mit flüssigem Futter aus einem umgestürzten Glas mit Blechdeckel, in den man kleine Löcher eingestoßen hat. Das Glas stellt man über das dafür vorgesehene Futterloch auf die Kunstschwarmkiste. Notfalls kann man auch kandierten Honig oder Futterteig auf ein Gitter über das Futterloch legen.

Der Kunstschwarm wird jetzt sehr unruhig und fängt an, stark zu brausen. *Nach zwei Stunden* ist es Zeit, die (begattete) Königin zuzusetzen. Das geschieht in einem *Zusetzkäfig mit Futterteigverschluß,* den man durch das Futterloch oder eine eigens dafür vorgesehene Beweiselungsöffnung in den Kasten hängt.

Nach dem 3tägigen Kelleraufenthalt, der sich maximal auf sieben Tage ausdehnen läßt, wird der Kunstschwarm wie ein Naturschwarm *auf Mittelwände* eingeschlagen. Aus einem ordnungsgemäß gebildeten und behandelten Kunstschwarm fliegen die Bienen ebensowenig in ihr Herkunftsvolk zurück wie aus einem eingeschlagenen Naturschwarm.

X. Die Körung der Bienen

Wenn man durch *Züchtung* die *erbliche Struktur eines Tier- oder Pflanzenbestandes* beeinflussen will, muß man Auslese betreiben. Vor allem muß man genau wissen, wie das auszulesende Zuchtmaterial beschaffen sein soll. Erst dann kann man ein Zuchtziel kontinuierlich und konsequent verfolgen. Das gilt für jedes Zuchtobjekt, auch für die Bienen.

Wir brauchen also ein bestimmtes Bild von der Biene, die wir züchten wollen, damit wir aus einem unterschiedlichen Völkerbestand die in Erscheinung und Wesen unserer Zielvorstellung am nächsten kommenden Völker auswählen können. Dabei haben wir nicht nur diejenigen Völker im Auge, von denen wir Königinnen und Drohnen für die Vermehrung haben wollen, sondern ziehen immer auch die Geschwister und Vorfahren dieser »Zuchtvölker« mit in Betracht. Leider ist die *Auswahl der Zuchttiere* bei der Biene etwas komplizierter als bei allen übrigen vom Menschen züchterisch bearbeiteten Lebewesen. Das hängt mit ganz bestimmten artbedingten Besonderheiten der Bienen zusammen, die wir, noch ehe wir in die Körpraxis einsteigen, erörtern wollen. Desgleichen haben wir uns vorher noch einen Überblick über die in Europa vorhandenen und für unsere züchterische Arbeit bedeutsamen *Bienenrassen* zu verschaffen. Erst dann sind wir in der Lage, die Bienenvölker mit dem kritischen Auge zu betrachten, das für die Zuchtauswahl unerläßlich ist.

Frage 104: *Was versteht man unter der Körung der Bienen?*

Der Begriff Kören kommt von »Küren« und bedeutet soviel wie »für die Zucht auswählen«. Man kann nach verschiedenen Grundsätzen kören, so nach dem *Aussehen,* nach *Verhaltenseigenarten* oder nach der *Leistung* (in welchem Sinne diese auch immer gemeint sein mag). Bei der Biene werden in der Regel alle drei Kriterien zur Körung verwendet, wobei man unter Leistung immer die Honigleistung des Bienenvolkes versteht. Während es zur Feststellung der Honigleistung keiner Spezialkenntnisse bedarf – sie kann messend oder schätzend ermittelt werden (s. **Frage 109**) – und auch die Eigenschaften der Bienenvölker ohne besondere Testmethoden allein aus der Beschäftigung mit ihnen offenkundig werden (s. **Frage 110**), muß man die Körung auf Merkmale besonders erlernen. Sie ist bei der Kleinheit der Biene sehr mühsam und arbeitsaufwendig. Allerdings sind die Außenmerkmale nur in Verbindung mit der Rassenzucht (Reinzucht) interessant. Und auch dann werden nicht alle Völker des Bienenstandes merkmalsgekört, sondern nur diejenigen, die in der Leistung befriedigen bzw. an der Spitze stehen und auch in ihren Eigenschaften unseren Vorstellungen entsprechen. Damit hält sich der Gesamtaufwand der Körung bei den Bienen in Grenzen.

Frage 105: *Was ist am Erbgang der Bienen anders als bei anderen Tieren?*

Bei der geschlechtlichen Fortpflanzung zweier Individuen gibt jedes von ihnen dem neu entstehenden Lebewesen etwas mit. Wenn sich der Same mit dem Ei vereint, vermischen sich die in beiden Keimzellen enthaltenen Erbanlagen und erhalten in dem neuen Lebewesen sichtbaren Ausdruck. Das gilt auch bei der Biene. Aber die Verhältnisse sind hier insofern komplizierter, als die männlichen Tiere ohne Vater, d. h. durch »Jungfernzeugung« entstehen. Damit sind auch die Voraussetzungen für die Auslese der Drohnenvölker andere als beim Zuchtstofflieferanten, und sie sind anders als in der übrigen Tierzucht.

Wenn wir die *Ahnentafeln* von Königin und Drohn genauer betrachten, stellen wir fest, daß in beiden Fällen weniger Vorfahren als üblicherweise auftreten. So sind die männlichen Glieder unter den Vorfahren der Königin zahlenmäßig deutlich unterprivilegiert, und in der Ahnentafel des Drohns fehlt der Vater mitsamt seinen Vorfahren gänzlich (Abb. 134).

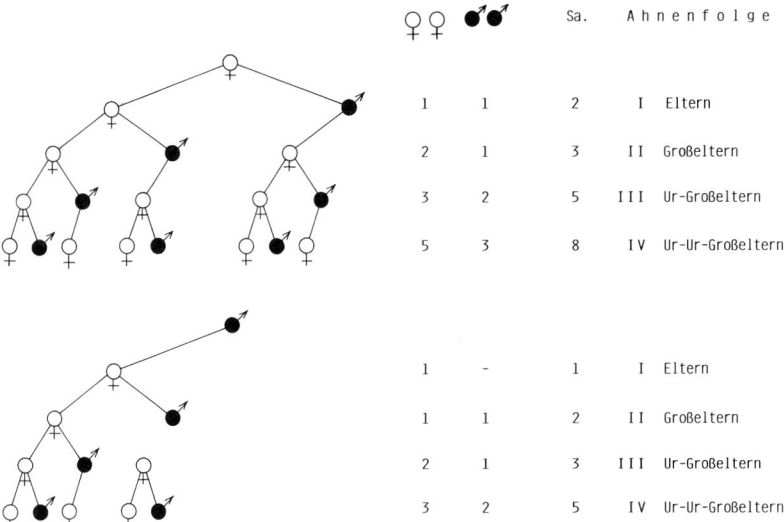

Abb. 134: Ahnentafel einer Königin (oben) und eines Drohns (unten) mit 4 Ahnenreihen.

Für die *Drohnen* eines Volkes ist nur das Erbgut der Volksmutter maßgebend, nicht aber, mit welchen Drohnen sie sich gepaart hat. Das Erbgut der Mutter der Drohnen kommt von der Großmutter der Drohnen und deren Gattendrohnen, den Großvätern. Dieses gemischte Erbgut von Großmutter und Großvätern wird von den Drohnenmüttern unverändert, also ohne Einwirkung eines Vaters, an die Söhne weitergegeben. Damit ist die Güte der Drohnen nicht an dem Volk, in dem sie geboren wurden (ihrem Muttervolk), sondern am Muttervolk ihrer Mutter, also an ihrem *Großmuttervolk* abzulesen. Dieses Volk muß denn auch gekört werden.

Demgegenüber ist für die *Erbqualität von Königinnen* tatsächlich dasjenige Volk verantwortlich, aus dem sie stammen, das ist das *Muttervolk der Königinnen*. Die Auswahl der Zuchtmutter stützt sich auf die Körung dieses, ihres eigenen Volkes.

Frage 106: *Mit welchen Bienenrassen haben wir es in Europa zu tun?*

Wir züchten heute in *Deutschland* fast nur noch eine einzige Bienenrasse, d. i. die *Carnica*-Rasse *(Apis mellifica carnica)*. Sie wird nach ihrem vornehmlichen Ausfuhrland auch *Krainer* oder *Kärntner* Biene oder wegen der Farbe ihres Haarkleides auch einfach »Graue Biene« genannt. Diese Rasse war ursprünglich nicht bei uns heimisch, sondern wurde vor der Jahrhundertwende und danach in mehreren Schüben eingeführt. Ihr natürliches Verbreitungsgebiet sind die *Balkanländer* bis hinauf nach Böhmen und Mähren und in die südlichen und östlichen Täler Österreichs hinein. Sie ist in Osttirol, Kärnten, in der Steiermark, im Burgenland und in Niederösterreich zu Hause. Als sie von da aus nach Deutschland kam, trat sie in Konkurrenz zu der hier eingesessenen dunkelbraunen *Nordrasse (Apis mellifica mellifica)*. Die »Dunkle Biene« besitzt ein besonders großes ursprüngliches Verbreitungsgebiet: Es reicht von *Spanien* über *Frankreich*, die *Schweiz, Deutschland, England,* die *skandinavischen Länder, Nordrußland* bis nach *Sibirien*. Die dritte bedeutsame europäische Bienenrasse ist ursprünglich nur in *Italien* beheimatet. Die durch ihren gelben Panzer gekennzeichnete *Italiener*-Biene *(Apis mellifica ligustica)* reicht von Natur aus in die südlichen Alpentäler hinein, ohne die Alpen zu übersteigen. Aber auch von dieser Rasse wurden bereits in der zweiten Hälfte des vorigen Jahrhunderts, animiert durch die Versuche Pfarrer DZIERZONS, in reichlichem Maße Bienen nach *Deutschland* eingeführt. Neue Einfuhren kamen in jüngster Zeit dazu, als man glaubte, diese Biene zur »Hybridzucht« verwenden zu können. Teilweise erreichte sie uns auch in schon verkreuzter Form als *Buckfast-Biene* aus *England*. – Als eigenständige europäische Bienenrasse wird auch die in ihrem Äußeren der Carnica ähnliche *Kaukasische* Biene *(Apis mellifica caucasica)* angesehen, die in den Tälern des *Kaukasus* daheim ist. Was von dieser Biene zu verschiedenen Zeiten (auch noch nach dem letzten Weltkrieg) nach *Deutschland* kam, war vermutlich nur eine Herkunft einer in ihrem Heimatgebiet nicht sehr einheitlichen Rasse. Sie hat züchterisch bei uns so gut wie keine Bedeutung erlangt.

Bienenrassen mit so riesigen Verbreitungsgebieten wie die *Nordrasse* oder die *Carnica*-Rasse *(geographische Rassen!)* haben natürlich landschaftlich geprägte Unterrassen herausgebildet. Man spricht von *Ökotypen* oder *Herkünften*. Wenn die züchterische Hand des Imkers im Spiele ist, gebraucht man in der Regel auch die Bezeichnung *Stämme*. Man denke an die Stämme *Sklenar* (Züchter: SKLENAR), *Troiseck* (Züchter: WRISNIG) und *Peschetz* (Züchter: PESCHETZ) bei der *Carnica*- oder an den *Nigrastamm* (Züchter: KREYENBÜHL und ZANDER) bei der *Nord*rasse. Äußerlich sind diese Stämme innerhalb der Rassen nicht voneinander zu unterscheiden.

Um zur gegenwärtigen züchterischen Situation in *Deutschland*, insbesondere in der *Bundesrepublik,* zurückzukehren, darf man feststellen, daß die frühe hier heimische *Nordbiene* weitgehend verschwunden ist und der *Krainer* Biene, die während des letzten Krieges und danach noch einmal in großen Mengen eingeführt wurde, Platz gemacht hat. Allerdings ist das, was wir heute als sogenannte *Landbiene* besitzen, keine reine *Carnica*, sondern eine Mischung mit der *Nordbiene,* wenn auch deren Anteil allmählich immer geringer wird. Das kommt durch die Arbeit der Züchter, die von jeher darauf aus waren, die Biene ihrer Wahl möglichst rein zu erhalten. Man setzte auch alles dafür ein, eine möglichst vollständige Umstellung auf die *Carnica*-Biene zu erreichen. Diesem Ziel gilt auch heute noch (bzw. wieder) der Großteil aller züchterischen Anstrengungen. Die Zucht von *Rassenhybriden,* die man in den letzten Jahren – insbesondere auch unter Heranziehung der *Italiener*-Biene – erprobte, hat die in sie gesetzten Hoffnungen nicht erfüllt (s. Einleitung).

Frage 107: *Welche Eigenschaften zeichnen die wichtigsten europäischen Bienenrassen aus?*

Es muß natürlich seine Gründe haben, weshalb man die eingeborene *Nordrasse* aufgegeben und in der Zucht ganz auf eine fremde Biene gesetzt hat. Dazu müssen wir uns die Verhaltenseigenschaften der fraglichen Rassen einmal etwas näher anschauen und die Einwirkung dieser Eigenschaften auf den Honigertrag, der für den Imker immer noch in erster Linie maßgebend ist, unter die Lupe nehmen.

Die *Carnica*-Biene hat sich mit ihren nach Deutschland eingeführten Herkünften in den Alpentälern entwickelt, wo es einen schnell einsetzenden Frühling gibt. Dementsprechend ist ihre Entwicklung im Frühjahr stürmisch, bedeutend rascher als bei der ursprünglich ansässigen Dunklen Biene, die eine größere Anlaufzeit braucht. Die *Nordbiene* ist erst mit der sommerlichen Wiesen- und Waldtracht auf voller Höhe. Die *Carnica* dagegen vermag die Frühtracht aus

Obstblüte und Löwenzahn mit den begleitenden Bienenweidepflanzen des Frühlings und Vorsommers als vollwertige Honigtracht zu nutzen. In einer Zeit, in der die Wiesen noch vor der Sommerblüte gemäht werden, erhält die Blütentracht des Frühjahrs immer stärkeres Gewicht. Dazu kommt der vermehrte Rapsanbau der letzten Jahre als frühzeitige Trachtquelle. Eine Biene mit rascher Frühjahrsentwicklung kann da nur willkommen sein.

Zu dieser wichtigen Eigenschaft kommen noch andere Vorzüge: Die *Krainer* Biene ist in reiner Ausprägung bedeutend sanftmütiger als die *Nordrasse*. Das ist heute, wo man einen Bienenstich nicht mehr als etwas Schicksalhaftes, sondern häufig als persönliche Beleidigung durch den Imkernachbarn betrachtet, von besonderer Bedeutung. Durch die lebhafte Bautätigkeit gelangen die Bienen auch immer mehr in den Bereich von Siedlungsgebieten und können hier zu einem ernsthaften Störfaktor werden – besonders natürlich, wenn sie auch noch stechlustig sind.

Die *Carnica*-Biene läßt sich angenehm bearbeiten, weil sie fest auf der Wabe sitzt. Sie läuft nicht und klumpt nicht am unteren Wabenrand, wie das die *Nordbiene* gerne tut.

Weniger mit einer besonderen Eigenschaft als mit einem rassetypischen Merkmal, nämlich dem langen Rüssel, hängt zusammen, daß die *Krainer* Biene den Rotklee mit seinen tiefen Blütenröhren als Honigtautracht nützen kann. Die *Nordbiene* ist dazu nicht in der Lage (s. **Frage 124**).

Daß die *Carnica* auf Schlechtwettereinbrüche mit empfindlichem Brutrückgang reagiert, im Herbst verhältnismäßig früh zur Ruhe geht und relativ kleine Wintervölker bildet, sind zwar nicht gerade wünschenswerte Eigenheiten – aber man braucht sie auch nicht unbedingt in Kauf zu nehmen, sondern kann ihnen züchterisch entgegensteuern. Auch mit der *Carnica* läßt sich die Heide nützen – und daß sie in der Waldtracht der *Nordbiene* unterlegen sein soll, müßte erst noch bewiesen werden.

Der *Carnica* wurde lange und hartnäckig ein besonders ausgeprägter Schwarmtrieb nachgesagt. Das kam daher, daß die ersten Ausfuhren aus Österreich von Züchtern gemacht wurden, die die Biene zur raschen Vermehrung in besonders kleinen Kästen, den *Kärntner Bauernstöcken,* hielten. Hierbei wurde tatsächlich eine Negativauslese auf Schwarmlust betrieben, und so bestand dieser Vorwurf früher auch zu Recht – zumal die Bienen in Deutschland wieder in verhältnismäßig kleinen Beuten einlogiert wurden. Vielleicht schwärmt die brutlustige *Carnica* tatsächlich etwas lieber als die *Nordrasse*, aber auch dieser Neigung ist auf züchterischem Wege oder sogar schon mit der Haltung der Biene in größeren Kästen beizukommen.

Die *Italiener-Biene* wurde bei ihrem ersten Auftauchen in *Deutschland* im vergangenen Jahrhundert von namhaften Bienenzüchtern dieser Zeit enthusiastisch gefeiert. In reiner Form ist die *Liguistica* sehr ruhig und sehr sanft. Im Unterschied zur *Carnica* brütet sie, zumindest in ihrer warmen Heimat, bis in den späten Herbst hinein und überwintert dort als starkes Volk. Sie beginnt im Frühjahr zeitig mit der Brut. Bei schlechtem Wetter stellt sie die Brut nur widerstrebend ein. Deshalb muß man aufpassen, daß sie nicht verhungert. Die Schwarmneigung ist gering. Auffallend ist ihre Neigung zu Verflug und Räuberei. Steht auch nur ein einziges *Italienervolk* auf einem Stand, findet man gelbe Bienen in allen Völkern.

Eigenartigerweise haben wir in *Erlangen* immer Schwierigkeiten mit der Überwinterung von *Ligustica*-Völkern gehabt, gleich, ob die Bienen aus Italien oder aus Übersee (Nordamerika) stammten. Im Norden der *Vereinigten Staaten* und in *Kanada* hat man früher die aus den Südstaaten *(Kalifornien, Georgia, Florida)* als Paketbienen bezogenen *Ligustica*-Völker im Herbst vernichtet, heute soll aber ihre Überwinterung nach entsprechender Zuchtauslese keine Seltenheit mehr sein. Erstaunlich ist auch, daß in *Norwegen* und *Finnland* reine *Italiener* gehalten werden und in starken Völkern überwintern.

Von der *Kaukasischen* Biene, die gelegentlich nach *Deutschland* eingeführt wurde, sei hier nur gesagt, daß die importierten Herkünfte in manchem der *Carnica* ähnelten. Die an der *Bayerischen Landesanstalt* getestete Biene war brav, sie reagierte empfindlich auf Trachtpausen. Auffällig war ihre Neigung zum Kitten. Wir haben die *Kaukasier* hauptsächlich wegen ihres langen Rüssels, der von allen bekannten Bienenrassen der längste ist, erproben wollen. Sie hat den Rotklee mit seinen langen Blütenröhren aber auch nicht besser genutzt als die ebenfalls langrüsselige *Carnica*-Biene (s. **Frage 124**). Daß die *Kaukasische* Biene in *Deutschland* ebensowenig auf Dauer Fuß fassen konnte wie die *Italienische,* ist schon deshalb nicht weiter verwunderlich, weil sie als Außenseiterin inmitten eines andersrassigen Zuchtgebietes ohne ständigen Nachschub aus ihrem Ursprungsland nicht existenzfähig ist.

Eine Übersicht über die Eigenschaften der für uns wichtigen europäischen Bienenrassen enthält *Tabelle 2*.

Tabelle 2: Übersicht über die Verhaltensbesonderheiten der für uns wichtigen Bienenrassen

Eigenschaften	Carnica	Mellifica	Ligustica
Brutbeginn	Frühbrüter	Spätbrüter	Frühbrüter
Brutende	frühzeitig	spät	spät
Schwarmlust	verschieden	schwarmträge	schwarmträge
Winterfestigkeit	gut	gut	mäßig
Wabensitz	fest	flüchtig	fest
Aggressivität	sanft	stechlustig	sanft
Störverhalten	sehr ruhig	unruhig	ruhig

Frage 108: *Welche Grundsätze sind bei der Prüfung auf Honigleistung zu beachten?*

Vor jeder anderen Art der Körung kommt die Feststellung der Honigleistung. Nur wenn der Honigertrag stimmt, können züchterische Erwägungen einsetzen. Dabei entscheidet nicht das Einzelvolk, das ein »Zufallstreffer« sein kann, auch *Geschwister* und *Vorfahren* sind mit zu berücksichtigen.

Leistung kann man nur vergleichend ermitteln. Da der Honigertrag zuvorderst von der *Tracht* abhängt und erst danach von der individuellen Leistung des Volkes, lassen sich nur Völker des *gleichen Standortes* miteinander vergleichen. Natürlich sollten sie auch in *gleichen Beuten* untergebracht sein und nach der *gleichen Methode* behandelt werden. Auch sollten die Königinnen der zu vergleichenden Völker gleichaltrig sein. Wegen der *Gefahr des Verflugs* ist es ratsam, die Völker einzeln aufzustellen. Im Bienenhaus erhalten die unten stehenden Völker meist unverdienten Zuflug von den oberen – und berüchtigt ist die Sonderstellung von Eckvölkern, die je nach der Richtung, in der die Trachtplätze liegen, viele der zurückkommenden Sammlerinnen auch aus anderen Völkern aufnehmen und dadurch besonders stark werden. Glücklicherweise geht heute der Trend – zumindest bei den größeren Imkern (die meist auch Züchter sind) – immer mehr zur *Freilandimkerei*. Aber auch dabei sind Fragen der Völkerplazierung im Zusammenhang mit der Honigleistung nicht bedeutungslos. Besonders wird man auf den *Wanderplätzen* darauf achten müssen. Selbstverständlich müssen Wanderungen mit allen zu vergleichenden Völkern gleichzeitig durchgeführt werden.

Zufälle im *Einzelschicksal* eines Volkes können seine Leistungsbeurteilung beeinträchtigen. So können Störungen im Winter durch Mäuse oder Spechte, Befall mit Krankheiten *(Faulbrut, Nosema)*, Behandlungsfehler durch den Imker u. dgl. das eine oder andere Volk aus dem Rennen werfen. Wenn ein schwaches Volk im Frühjahr verstärkt werden muß, kann man es nicht mehr bewerten. Wenn ein Volk schwärmt oder wenn schwarmverhindernde Maßnahmen vorgenommen werden müssen, fällt es strenggenommen aus der Bewertung heraus. Selbst wenn der Schwarm noch einen Ertrag abwerfen sollte, darf man diesen nicht einfach dem Schwarmvolk zurechnen. Wir wollen nun einmal keine schwarmlustigen Völker; unsere Zuchtauslese ist auf Schwarmträgheit ausgerichtet.

Frage 109: *Wie bestimmt man die Honigleistung?*

Unter dem *Honigertrag* eines Volkes versteht man die Honigernte einschließlich der Vorräte, die das Volk vor der Herbsteinfütterung noch besitzt. Die Honigernte kann aus einer oder mehreren Schleuderungen stammen. Sie wird meist *gewogen.* Dabei muß man die aus den Völkern entnommenen Waben mit den jeweiligen Stocknummern bezeichnen und gesondert wiegen. Nach dem Ausschleudern werden sie dann leer zurückgewogen. In größeren Imkereien kann sich das zu einer unzumutbaren Belastung auswachsen, weshalb man den Honigertrag dort *schätzend* ermittelt. Man weiß, daß eine Zanderwabe, beidseitig gedeckelt, 2½ kg Futter enthält und daß 1 dm^2 Wabenfläche, beidseitig gedeckelt, ⅓ kg wiegt. Das Abschätzen des Vorrats in den Honigwaben ist eine Übungssache. Mit Hilfe einiger anfänglicher Vergleichswägungen kann man es richtiggehend lernen.

Wir haben an der *Bayerischen Landesanstalt für Bienenzucht,* wo wir seit Jahren bei den Wirtschaftsvölkern den Ertrag durch Schätzen feststellen, die Überzeugung gewonnen, daß dieses Verfahren für züchterische Zwecke genügend genau und zuverlässig ist. Die in den Völkern verbleibenden *Vorräte* müssen ohnehin geschätzt werden.

Um Leistung vergleichen zu können, sollte auf dem Bienenstand eine *Mindestzahl von wenigstens 18–20 Völkern* stehen. Außerdem sollten wenigstens 6–10 Geschwister darunter sein, die züchterisch interessieren. Die Honigleistung jedes Volkes kann dann in Prozenten des Standmittels ausgedrückt werden. Es versteht sich von selbst, daß nur über dem Standdurchschnitt liegende Völker zur Zucht in Frage kommen. Den Standdurchschnitt berechnet man, indem man die Erträge sämtlicher Vergleichsvölker zusammenzählt und den Gesamtertrag durch die Zahl der beteiligten Völker teilt.

Frage 110: *Auf welche Eigenschaften legt man bei der Körung Gewicht, und wie hält man sie fest?*

Was in und mit einem Volk im Laufe des Jahres vorgeht und welche Verhaltensbesonderheiten es an den Tag legt, kann man sich, zumindest in einem größeren Betrieb, nicht merken. Dazu muß man *Aufschreibungen* machen. Wir benützen an der Landesanstalt kartonierte Ringbuchblätter mit einem äußerst einfachen Vordruck. Es gibt je eine Spalte für das Datum der Volkskontrolle, für Volksstärke, Wabenzahl, Brutwabenzahl und Futterversorgung. Dahinter ist in jeder Zeile Raum für besondere Bemerkungen (Abb. 135). Jedes Volk, oder richtiger jede Königin, verfügt über ein eigenes Blatt, und für jeden Außenstand (mit 20 Völkern) gibt es ein eigenes Ringbuch. Wenn eine Königin den Stand wechselt, geht die entsprechende Karte mit.

Aus den Eintragungen in ein solches Ringbuchblatt müßte schlechthin *alles über das Volk* zu ersehen sein: z. B. Auswinterungsstärke, Futterverbrauch, Pollenversorgung, Schnelligkeit der Frühjahrsentwicklung (aufgrund durchgeführter Erweiterungsmaßnahmen, Brutwabenzahl und Aufsetztermin), Brutbild, Schwarmverhalten und schwarmvorbeugende bzw. -verhindernde Maß-

Datum	Vst	W	BW	F		

Abb. 135: Für jede Königin mit ihrem Volk ist ein Kartenblatt in einem Ringbuch reserviert. Darauf verzeichnet man alle bemerkenswerten Vorkommnisse und Beobachtungen im Laufe des Jahres. Vst = Volksstärke, W = Wabenzahl, BW = Brutwabenzahl, F = Futter.

nahmen, Bruterzeugung während Schlechtwetterzeiten, Schleuderergebnisse und schließlich Futterversorgung, Brutumfang und Volksstärke im Herbst.

Wesentlich sind Eintragungen über Wabensitz und Sanftmut der Bienen. Da diese Eigenschaften nicht nur erblich sind, sondern auch von Umwelteinflüssen (Standort, Tracht und Wetterlage) abhängen, sollte man bei jeder Volksdurchsicht eine Eintragung darüber machen. Am Ende des Jahres ist man dann zu einer verläßlicheren Aussage in der Lage.

Zur Bewertung der Bienenvölker gibt es aber auch noch »offizielle« *Stock-Karten*, die man über die Geschäftsstelle des *Deutschen Imkerbundes, Schollengasse 4a, 5307 Wachtberg 3 (Villip)*, beziehen kann. Sie sind mit größeren Details ausgestattet und ganz auf die Bedürfnisse des Königinnenzüchters abgestimmt. Da die Ringbuchblätter durch den wiederholten Einsatz am Bienenstand arg strapaziert sein können, benützen manche Imker zusätzlich diese Stock-Karten und nehmen am Ende des Jahres eine Übertragung der Aufschreibungen vor. Die Stock-Karten werden dann über Jahre aufgehoben (Abb. 136).

Abb. 136: Der Übertrag der wichtigsten Daten aus dem Ringbuchblatt in die Stockkarte schafft eine übersichtliche, für die Zucht sehr hilfreiche Betriebsunterlage.

Frage 111: *Was sind und wie arbeiten Bienenprüfhöfe?*

Um mehrere Herkünfte von Bienen miteinander vergleichen zu können, muß man sie unter gleichen Bedingungen der Umwelt und der Völkerbehandlung prüfen. Dabei gibt es eine Schwierigkeit: Je näher die Honigleistungen der einzelnen zu prüfenden Abstammungen beieinanderliegen, desto mehr Völker sind von jeder Abstammung notwendig, um statistisch gesicherte Aussagen machen zu können. Hier stößt man rasch an technische Grenzen. Wenn der Aufwand der Leistungsprüfung dem zu erwartenden Ergebnis auch nur einigermaßen gerecht werden soll, muß man einen Kompromiß akzeptieren. Man muß sich mit einer Völkerzahl je Herkunft begnügen, von der man nicht unter allen Umständen eine Absicherung der Gruppenunterschiede im Honigertrag erwarten darf, die es aber ermöglicht, Herkünfte mit Spitzenerträgen und solche mit besonders geringer Honigleistung sicher zu erkennen. Das geschieht auf den Bienenprüfhöfen.

In *Bayern* gibt es Bienenprüfhöfe seit 1950. Die vom Freistaat unterhaltenen Einrichtungen befinden sich in *Acheleschwaig* (bei Oberammergau), in *Schwar-*

a)

b)

c)

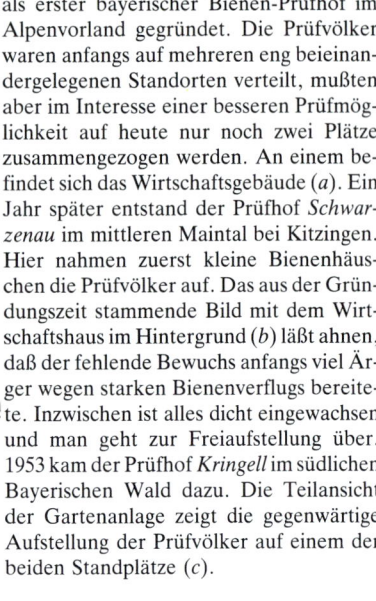

Abb. 137a–c: Acheleschwaig wurde 1950 als erster bayerischer Bienen-Prüfhof im Alpenvorland gegründet. Die Prüfvölker waren anfangs auf mehreren eng beieinandergelegenen Standorten verteilt, mußten aber im Interesse einer besseren Prüfmöglichkeit auf heute nur noch zwei Plätze zusammengezogen werden. An einem befindet sich das Wirtschaftsgebäude (*a*). Ein Jahr später entstand der Prüfhof *Schwarzenau* im mittleren Maintal bei Kitzingen. Hier nahmen zuerst kleine Bienenhäuschen die Prüfvölker auf. Das aus der Gründungszeit stammende Bild mit dem Wirtschaftshaus im Hintergrund (*b*) läßt ahnen, daß der fehlende Bewuchs anfangs viel Ärger wegen starken Bienenverflugs bereitete. Inzwischen ist alles dicht eingewachsen und man geht zur Freiaufstellung über. 1953 kam der Prüfhof *Kringell* im südlichen Bayerischen Wald dazu. Die Teilansicht der Gartenanlage zeigt die gegenwärtige Aufstellung der Prüfvölker auf einem der beiden Standplätze (*c*).

zenau (bei Kitzingen) und in *Kringell* (bei Passau). Alle zwei Jahre kommen ca. 100 neue Prüfköniginnen auf jeden Prüfhof und werden dort zu Völkern aufgebaut. Jede Prüfgruppe eines Züchters umfaßt zehn Völker, die nach einem genauen Verteilungsplan aufgestellt werden. Auf einem der Prüfhöfe (Schwarzenau) stehen alle 100 Völker zur Überwinterung und im Frühjahr an einem Platz, werden aber im Sommer in der Regel auf zwei Wanderplätze aufgeteilt. In

Kringell und neuerdings in Acheleschwaig besteht eine Zweiteilung auf zwei feste Standplätze mit je 50 Völkern, (Abb. 137 a–c).

Der frühere Ausdruck *Leistungsprüfhöfe* ist heute einfach in *Prüfhöfe* abgewandelt worden. Der Grund: Es wird nicht nur die Honigleistung geprüft, sondern auch die Eigenschaften der Völker sind Prüfungsgegenstand. Außerdem werden sämtliche Prüfvölker einer Merkmalskörung unterzogen (s. **Fragen 113** bis **125**).

Im übrigen gelten für die Leistungsprüfung wirtschaftliche Gesichtspunkte wie auf jedem anderen Stand. Umfangreicher sind allerdings die über das ganze Imkerjahr zu machenden Aufschreibungen. Ein Grundsatz ist es, alles zu tun, um die Prüfköniginnen über die Prüfperiode von zwei Jahren zu erhalten. Für den Fall, daß Schwarmlust aufkommt, bestehen deshalb besondere Anweisungen. Abgesehen von einem erlaubten erstmaligen Ausbrechen angesetzter Weiselzellen oder -krüge ist die alleinige schwarmverhindernde Maßnahme der altbekannte *Zwischenableger*. Nur mit seiner Hilfe bleibt die Schwarmkönigin im ungeschröpften Volk. Siehe hierzu »Neue Imkerschule« oder »Der Wochenendimker«, Ehrenwirth-Verlag, München.

Frage 112: *Gibt es eine Alternative zu den Prüfhöfen?*

Die Leistungsprüfung auf Bienenprüfhöfen ist nicht billig. Sie erfordert für den Prüfhof wenigstens eine hauptamtliche Kraft. Deshalb sind nur der Staat oder große Verbände in der Lage, solche Einrichtungen zu unterhalten. Aber sie stellen auch die konsequenteste und neutralste Methode dar, Bienenherkünfte im Vergleich zu testen. Es gibt indessen noch eine andere, weniger aufwendige, aber auch für mancherlei Pannen anfälligere Möglichkeit einer vergleichenden Prüfung. Dabei tauschen die Züchter ihre Königinnen untereinander aus. Beispielsweise stellt ein Züchter fünf begattete Königinnen aus seiner Zucht einem anderen Züchter zum Vergleich mit dessen Zuchtmaterial zur Verfügung. Weitere fünf Königinnen können an einen zweiten Züchter gehen. Dasselbe geschieht umgekehrt oder – besonders bei mehreren Teilnehmern – auch in Form eines *Ringtausches* (Abb. 138). Die Königinnen bleiben beim Empfänger. Dieser kann, wenn sie sich bewähren, davon nachzüchten. Nach zwei Prüfjahren sucht sich jeder Züchter einen anderen Partner. Das Ganze kann in der Weise gesteuert werden, daß sich alle Interessenten bei einer *Zuchtzentrale* melden. Die Zentrale sollte möglichst viele Angaben über die Betriebe der teilnehmenden Personen erhalten, z. B. über Größe, Lage, Wandertätigkeit, Zuchtziele (Reinzucht oder Gebrauchszucht), Belegstellenbeschickung u. dgl. Danach richtet sich dann die Aufteilung bzw. Zuteilung der Völker an die einzelnen Partner. An die Zentrale sollten auch die Ergebnisse des Leistungsvergleiches gemeldet werden.

Der Königinnenringtausch ist eine Notlösung. Fünf Königinnen sind für einen Leistungsvergleich relativ wenig. Die Prüfung unter gleichen Bedingungen auf

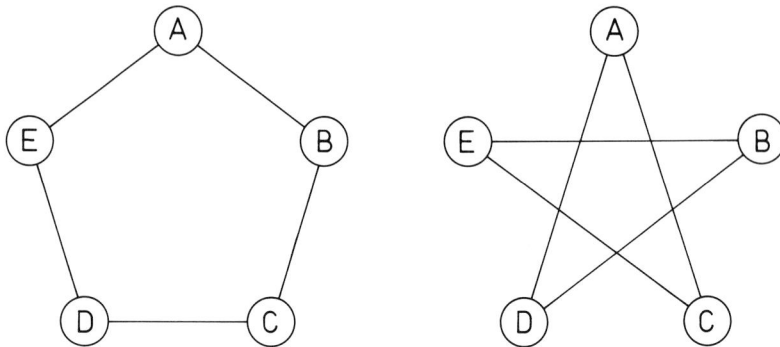

Abb. 138: Organisationsbeispiele für den Königinnenringtausch. Jeder Züchter liefert Königinnen an zwei andere Züchter und bekommt von ihnen gleichviele Königinnen zurück. Mit jeder neuen Prüfperiode können die Partner wechseln. Die Teilnehmer an dem Prüfverfahren sind mit A, B, C, D, E bezeichnet.

einem Stand üblicher Größe ist nur mit wenigen fremden Herkünften möglich. Die Teilnehmer an der Aktion sind der anfallenden Prüfarbeit, die natürlich fachlich so korrekt wie möglich durchgeführt werden muß, nicht gleich gut gewachsen, und außerdem ist jeder Prüfer selbst Partei. Aber trotz dieser Einschränkungen ist der Königinnenaustausch eine für die Praxis gangbare und bei guter Organisation und Durchführung erfolgversprechende Methode der Leistungsprüfung.

Frage 113: *Warum Merkmalskörung – und worauf kommt es dabei an?*

Die Körung auf Leistung und Eigenschaften kann in einem rassereinen Gebiet zu einem vollen Zuchterfolg führen. In einem Rassenmischgebiet ist das zwar ebenfalls möglich, aber mit der größeren erblichen Aufspaltung der Zuchtprodukte hat man auch mit größeren Leistungsschwankungen zu rechnen. Das heißt, daß mehr Ausschuß anfällt und eine entsprechend härtere und kostspieligere Auslese betrieben werden muß. Um rascher ans Ziel zu kommen, bemühen sich viele Züchter, innerhalb nur einer Rasse *rein* zu züchten. Je früher es ihnen gelingt, andersrassige Einflüsse auszuscheiden, desto rascher stellt sich der gewünschte Zuchterfolg ein. Bei diesem Vorhaben kann die Merkmalskörung eine große Hilfe sein.

Eifrige Wissenschaftler haben uns gezeigt, wie man die wichtigsten Bienenrassen an ihrem äußeren Erscheinungsbild erkennen kann. Für die Praxis ist es wichtig, von den verschiedensten Erkennungsmerkmalen am Außenkleid der Biene diejenigen auszuwählen, die sich zur Rassenunterscheidung am besten eignen. Dabei hat man sich auf ein paar wenige, besonders markante Merkmale geeinigt. Es sind dies:

1. *Panzerzeichnung*
2. *Haarfarbe* (nur bei Drohnen)
3. *Haarlänge* (nur bei Arbeitsbienen)
4. *Filzbindenbreite* (nur bei Arbeitsbienen)
5. *Cubitalindex.*

Frage 114: *Welche und wie viele Bienen werden zur Merkmalskörung eines Volkes gebraucht?*

Körbienen müssen *jung* sein. Nur bei jungen Bienen ist das Haarkleid noch unverbraucht und ohne Einschränkung körfähig. Allerdings dürfen die Bienen auch nicht *zu jung* sein: Eben geschlüpft, sind sie noch nicht ausgefärbt, und ihr Chitingerüst mitsamt dem Haarkleid ist noch nicht erhärtet. Das richtige Alter haben die Körbienen vom zweiten Lebenstag an. Auf alle Fälle wird man die Bienen zum Kören *aus dem Brutnest* holen. Üblicherweise kehrt man sie von einer offenen Brutwabe herunter. Dabei ist man aber nicht immer ganz sicher, ob die aus dem Volk herausgefangenen Tiere auch wirklich ausschließlich Töchter dieser Stockmutter sind. Besonders bei blockweise oder im Bienenhaus aufgestellten Völkern verirren sich die jungen Bienen nicht selten bei ihren Orientierungsflügen, und so könnte der eine oder andere Fremdling unter den Körbienen sein. Um solche Zufälle zu vermeiden, kann man eine Wabe mit

Abb. 139: Auf den bayerischen Prüfhöfen müssen alle zwei Jahre Körproben von sämtlichen Prüfvölkern entnommen werden. Man benützt dazu kleine Aufsteckgitter, die auf Waben mit auslaufender Brut gedrückt werden. Nach dem Schlüpfen der Bienen schiebt man einen Karton zwischen das leicht angehobene Gitter und die Wabe. Die zwischen Gitter und Karton gefangenen Bienen bringt man in diesem Zustand über eine Pappschachtel, die nur eine Kleinigkeit größer ist als das Gitter. Wenn man den Karton wegzieht, fallen die Bienen mit dem darüber liegenden Gitter in die Schachtel. Nach kurzem Aufenthalt in der Gefriertruhe kann man das Gitter entfernen und die Schachtel schließen. Die Bienen bleiben bis zur Körung im Gefrierschrank.

schlupfreifer Brut in eine Wabentasche aus bienendichtem Gitter sperren oder einen Gitterrahmen über Wabenteile mit schlüpfender Brut stecken (Abb. 139). Die Bienen entnimmt man, sobald sie das gewünschte Alter erreicht haben. Um von den *Drohnen,* die sich ja noch leichter als Arbeitsbienen verfliegen, wirklich volkseigene Tiere zu erwischen, sollte man sie stets über Absperrgitter im Honigraum schlüpfen lassen und von hier aus abfangen.

Eine volle Körung umfaßt 50 Arbeiterinnen und ebenso viele Drohnen. In der Regel kört man die Nachkommen von Königinnen, die zwei Leistungsjahre hinter sich haben, ausnahmsweise kann man die Körung aber auch an einjährigen leistungsgeprüften Königinnen vornehmen. Neben dieser *Hauptkörung* gibt es auch noch eine *Vorkörung.* Diese führt man gelegentlich an den Töchtern von eben begatteten Königinnen durch. Der Reinzüchter kann auf diese Weise unzureichende Königinnen von vorneherein ausschalten, um später zur Leistungsprüfung nur reines Material zur Verfügung zu haben. Bedeutsam ist die Vorkörung auch, wenn ein Käufer von Jungköniginnen ausdrücklich Wert auf rein begattete Tiere legt. Zur Vorkörung werden in der Regel nur 25 Arbeitsbienen verwendet.

Frage 115: *Wer kört – und in welchem Zustand sollen die Körbienen sein?*

Nicht jeder Züchter ist in der Lage, seine Bienen auf Merkmale zu kören. Dazu gibt es besonders ausgebildete Spezialisten, die häufig von den Verbänden als »Körmeister« eingesetzt werden und diese Arbeit für die weniger geübten gegen Entgelt verrichten. Auch an den Bieneninstituten werden Körungen durchgeführt.

Bienen (und Drohnen), die gekört werden sollen, muß man lebend verschicken. Man braucht dazu Kästchen, etwa so groß wie die zur Königinnenaufbewahrung verwendeten Okulierkäfige – natürlich ohne die übliche Sichtscheibe aus Glas. Notfalls geht es auch in einer festen Pappschachtel. Besonders beim Versand von Drohnen sollte man den Versandkäfig mit Fließpapier auskleiden, damit sich die leicht zum Koten neigenden Tiere nicht verschmutzen. Auch darf man kein Futter mit auf die Reise geben. Verschmierte Bienen sind zum Kören nicht mehr zu gebrauchen. Falls die Bienen unterwegs verhungern sollten, würde das die Körung nicht beeinträchtigen. Auf keinen Fall sollte man bereits tote Tiere verschicken. Verweste oder stark eingetrocknete und zerbröckelte Bienen lassen sich nicht mehr kören.

Zum Kören sind die Tiere zu *töten.* Man kann das nicht auf irgendeine Weise tun. Mit Äther oder Chloroform würden die Bienen spucken, mit Lachgas koten, was beides zu Verklebungen führen und die Körproben unbrauchbar machen würde. Es gibt hauptsächlich zwei Tötungsarten, die zweckdienlich und nicht tierquälerisch sind. Man kann die in einem kleinen Käfig abgefangenen Bienen samt Käfig in einen Topf werfen, eine *Schwefelschnitte* darin anzünden und einen Teller darüber decken. Die Schwefeldämpfe töten die Bienen sofort, so daß sie nicht mehr Zeit finden, sich gegenseitig zu beschmutzen. Nach zwei Minuten können sie bereits verarbeitet werden. Bei der anderen, noch schonenderen Methode legt man die Bienen in das *Gefrierfach eines Kühlschrankes* bzw. in die Tiefkühltruhe. Allerdings muß man 24 Stunden warten, bis man sicher sein kann, daß die Bienen bei der Körung nicht mehr aufwachen.

Man kann auch *bereits eingetrocknete Bienen,* soweit sie sich in ihrer Gestalt erhalten haben, noch kören. Dazu kommen sie 24 Stunden in eine feuchte Kammer, etwa in einen mit ein paar Lagen feuchten Fließpapiers ausgeschlagenen und mit einem Teller abgedeckten Topf. Etwas Formalin oder Karbol auf dem Fließpapier verhindert, daß sie schimmeln. Solcherart behandelte Bienenleichen lassen sich wieder strecken, was für die Körung von Bedeutung ist.

Frage 116: *Welche Geräte benötigt man zur Merkmalskörung?*

Das Hauptwerkzeug ist eine 8- bis 10fach vergrößernde *Handlupe.* Mit ihr allein kann der Geübte schon eine grobe Merkmalsbeurteilung durchführen, die für eine Vorkörung in der Regel ausreicht. Will man die Körmerkmale genauer bestimmen, was insbesondere für die Haarlänge und den aus dem Flügelgeäder ersichtlichen Cubitalindex – den beiden wichtigsten Kriterien zur Rassenunterscheidung – erwünscht ist, braucht man noch einige weitere Hilfsmittel (Abb. 140).

Immer willkommen ist ein Päckchen dünner *Insektennadeln.* Ein Teil der Körmerkmale befindet sich auf dem Hinterleib der Bienen, wie z. B. Panzerzeichen, Haarlänge und Filzbinden. Zu ihrer Beurteilung ist es vorteilhaft, die Bienen zu *strecken.* Das geschieht bei den gerade getöteten Tieren, indem man eine Insektennadel von vorne nach hinten durch die Brust und den Hinterleib steckt. Wenn die Bienen schon ein paar Tage tot, aber bei feuchter Lagerung noch weich sind, läßt sich ihr Körper durch Ausziehen mit einer Pinzette auch ohne Nadel dauerhaft strecken. Länger gelagerte, bereits eingetrocknete Bienen müssen wiederaufgeweicht werden (s. **Frage 115**).

Es wäre gut, wenn eine der Nadeln ziemlich genau 0,35 mm stark wäre oder wenn man ein Stückchen Draht von dieser Stärke auftreiben könnte. Mancher *Rähmchendraht* erfüllt bereits diese Bedingung. Notfalls muß man einen dickeren Draht mit Sandpapier auf den gewünschten Durchmesser zuschleifen. Das kann ein Feinmechaniker oder Optiker besorgen. Nadel bzw. Draht braucht man zur Feststellung der Haarlänge der Bienen (s. **Frage 119**).

Je genauer man den Cubitalindex bestimmen kann, desto sicherer wird das Körergebnis. Dabei gilt es, das Verhältnis zweier Aderstrecken auf dem Vorderflügel zu ermitteln (s. **Frage 121**). Unter Zuhilfenahme einer Lupe kann das nur schätzend geschehen. Es gibt *Meß-* bzw. *Fadenzählerlupen,* die bei 8facher Vergrößerung eine allerdings sehr ungenaue Messung der fraglichen Aderstrecken zulassen. Ungleich besser geeignet ist aber ein *Mikroskop.* Es sollte mit

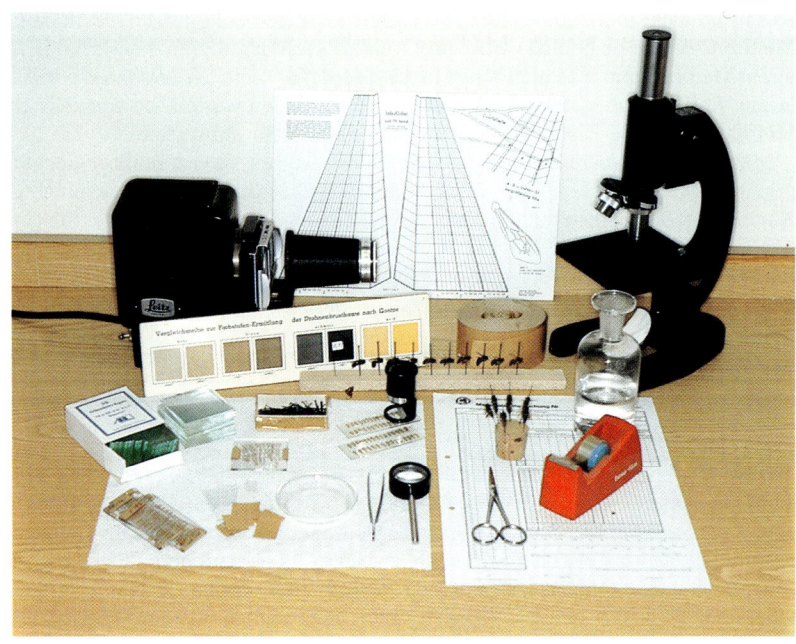

Abb. 140: Einige zur Merkmalskörung benötigte Utensilien: Lupe, Schere, Pinzette, Insektennadeln, Glasschälchen, Alkoholflasche, Objektträger, Diagläser, Fadenzähler, Diaprojektor (alt), Mikroskop.

einem Meßokular ausgestattet sein. Anstelle des üblichen Einsatzes in Form eines Scheibchens mit feinem, geradem Maßstab gibt es zur Indexermittlung ein besonderes Meßplättchen mit »Meßspinne«, das man beim *Institut für Bienenkunde, Karl-von-Frisch-Weg 2, 6370 Oberursel/Ts. 1,* beziehen kann. Ein anderer Weg, den Cubitalindex möglichst genau zu bestimmen, ist die Projektion des Flügels mit einem *Diaprojektor* an die Wand. Um sich dort das Ausmessen der Aderstrecken zu ersparen, kann man einen Karton mit einem aufgedruckten besonderen Liniensystem verwenden, das es erlaubt, den Index unmittelbar abzulesen. Ein von Pfarrer *Herold* entwickeltes Hilfsmittel dieser Art ist als sogenannter »Indexfächer« beim *Deutschen Imkerbund, Schollengasse 4a, 5307 Wachtberg 3 (Villip),* zu erhalten (s. auch Buchbeilage).

Zur Vorbereitung der Flügel für die Indexmessung sind außerdem notwendig:
– eine kleine gerade *Schere* zum Abschneiden der Flügel,
– ein kleines *Schälchen* zum Sammeln der Flügel,
– *Brennspiritus* zum Einweichen der Flügel,
– eine spitze *Pinzette* zum Greifen der Flügel,

– *Objektträger* zum Messen der Flügel mit dem Mikroskop,
– *Diagläschen* zum Messen der Flügel mit dem Projektor,
– *Klebstreifen* zum Zusammenhalten der Objektträger bzw. Diagläser.

Frage 117: *Was versteht man unter Panzerzeichen, und wie beurteilt man sie?*

Die Grundfarbe der Chitindecke unserer drei wichtigsten Bienenrassen (*Nord-, Carnica-* und *Ligustica*-Rasse) ist Dunkelbraun bis Schwarz. Es können aber Aufhellungen in Form einer mehr oder weniger ausgeprägten Gelbfärbung auftreten (Abb. 141 a, b).

Bei der Arbeitsbiene sind es im Anfangsstadium seitlich am zweiten Hinterleibsring gelegene gelbe Flecken. Sie können winzig und selbst mit der Lupe nur mit Mühe erkennbar sein, dann beachtet man sie als kleine Ecken (e) nicht weiter. Erst wenn sie die Größe von ca. 1 mm^2 erreichen, spricht man von »Ecken« und bezeichnet sie mit »E«. Die seitliche Lage der Ecken hat ihnen auch die Bezeichnung »Flankenzeichen« eingetragen. Manchmal wachsen die Ecken zu einem »Ring« zusammen. Auf der dritten und vierten Hinterleibsschuppe können weitere Ringe folgen (1 R, 2 R usw.). Die Biene erscheint schließlich in ihrem Gesamtbild gelb und gehört dann der *Italiener*-Rasse an. Farbvarianten gibt es aber auch bei der *Carnica*-Rasse. In ihren Ursprungsländern sind Ecken und selbst Ringe nicht selten. Prof. RUTTNER wies zuerst darauf hin, daß das Gelb der *Carnica* zum Unterschied vom Gelb der *Italiener*-Biene mehr lederbraun ist. Die *Nordbiene* hat so gut wie kein Gelb.

Bei den Drohnen sind Panzerzeichen viel seltener als bei den Arbeitsbienen und treten in ihren Anfängen auch nicht als »Ecken«, sondern als kleine, mehr oder weniger unregelmäßige gelbe Flecken auf. Man spricht von »Inseln«. Wie bei den Arbeitsbienen muß man zuerst seitlich auf der zweiten Rückenschuppe des Hinterleibs danach suchen. Diese Schuppe ist im Unterschied zu der besonders schmalen ersten Rückenschuppe breit und groß. Trotzdem sind die ersten Anfänge der Panzerzeichnung im vorderen Abschnitt der Schuppe wegen der starken Behaarung nicht immer leicht zu erkennen. Aber in der Regel sind gleichzeitig auch auf den beiden folgenden Rückenschuppen kleine, seitlich gelegene Aufhellungen zu finden. Sie werden erst sichtbar, wenn man die Hinterleibsringe etwas auseinanderzieht. Man bezeichnet diese Farbtupfen als »kleine Inseln« (i). Sie können in Form von »großen Inseln« (I) deutlicher werden, wobei sie oftmals mit den »Sattelstreifen« zusammenwachsen. Die *Sattelstreifen* sind streifenförmige Aufhellungen des Chitinpanzers am Hinterrand der Rückenschuppen, die von »schwarz« (kaum sichtbar) über »kupfer«, »messing« bis »gelb« reichen. Sie wurden früher zur Körung der Drohnen herangezogen, werden aber heute als Rassenunterscheidungsmerkmal nicht mehr verwendet. Wenn sich das Gelb der Inseln über die ganze Schuppe verbreitet, spricht man von einem gelben Ring »R«. Einem ersten Ring auf der zweiten Rückenschuppe können weitere Ringe auf den nächsten Schuppen folgen.

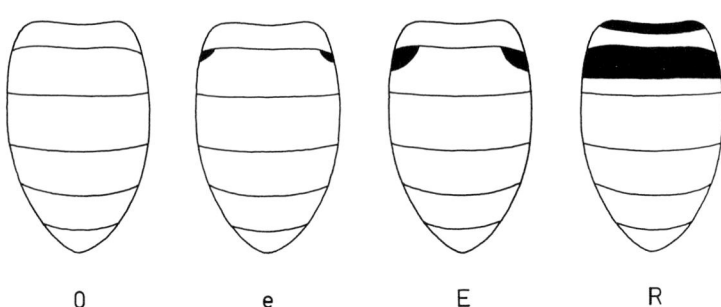

     0   e   E   R

Abb. 141a, b: Die Farbzeichnung des Panzers ist in ihren Anfangsstufen bei Arbeiterinnen und Drohnen nur bedingt vergleichbar.
  a) Bei den Arbeiterinnen treten zuerst an beiden Seiten der zweiten Hinterleibsschuppe kleine dreieckige Gelbstellen auf. Aus den kleinen, kaum erkennbaren Ecken (e) werden große, deutlich sichtbare Ecken (E), die zu einem geschlossenen Ring zusammenwachsen können (R). Weitere Ringe auf den dahinterliegenden Schuppen können folgen (2R, 3R).

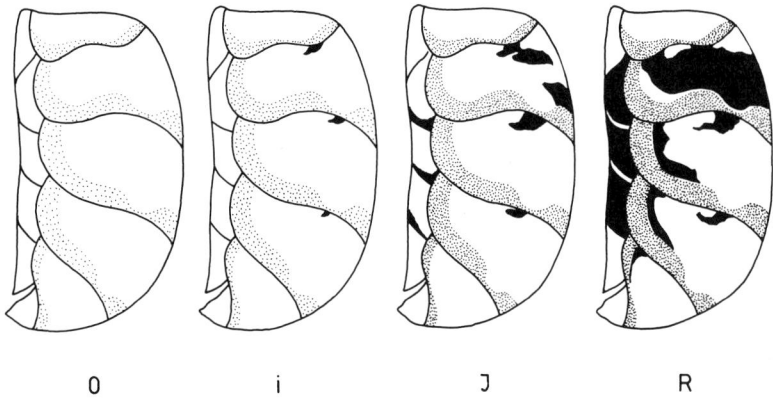

     0   i   J   R

  b) Die Panzerzeichnung der Drohnen beginnt mit kleinen, meist unregelmäßigen, gelben Flecken seitlich an der zweiten und den folgenden Hinterleibsschuppen als sogenannte kleine Inseln (i). Sie können zu großen Inseln (I) werden und schließlich wie bei den Arbeitsbienen einen geschlossenen Ring bilden (R). Auf den nachfolgenden Schuppen können sich weitere Ringe ausbilden (2R, 3R).

Frage 118: *Wie bestimmt man die Haarfarbe?*

Deutlicher als bei den Arbeitsbienen sind die rassetypischen Unterschiede in der Haarfärbung bei den Drohnen ausgeprägt. Die Bestimmung dieses Merkmals ist denn auch auf die männlichen Glieder des Bienenvolkes beschränkt. Nach Prof. GOETZE tritt die Haarfarbe in den Stufen *Grau* (»Sand«, »Lehm«), *Braun* (»Rost«, »Kaffee«), *Schwarz* (»Rauch«, »Ruß«) und *Gelb* (»Erbsen«, »Quitten«) in Erscheinung. Zur richtigen Einordnung der zu körenden Drohnen gibt es *Farbtafeln*, die die vier Farbstufen in den jeweils beiden Nuancen enthalten (Abb. 142). Indem man mit dem auf der Seite liegenden Drohn über die Farbfelder wandert, findet man die ihm gemäße Farbe, wenn sich die Rückenhaare der Brust vom Untergrund nicht mehr abheben. Die Farbtafeln (s. Buchbeilage) kann man beim *Deutschen Imkerbund, Schollengasse 4, 5307 Wachtberg 3 (Villip),* beziehen.

Abb. 142: Farbtafel nach G. GOETZE zur Ermittlung der Haarfarbe bei den Drohnen.

Frage 119: *Wie stellt man die Haarlänge fest?*

An den meisten Körperpartien besitzt die Biene zweierlei Haare, lange und kurze. Als Körmerkmal dient das Überhaar auf dem Rücken des Hinterleibs der Arbeiterinnen, und zwar auf der fünften, d. h. der vorletzten Rückenschuppe. Hier sind die Rückenhaare am längsten. Drohnen werden trotz oder gerade wegen ihrer besonders langen Behaarung nicht zur Bestimmung dieses Merkmals herangezogen.

Die Haarlänge ist bei der Merkmalskörung besonders wichtig, weil sie auf Rassenkreuzungen schnell und deutlich anspricht. Man unterscheidet *kurze,*

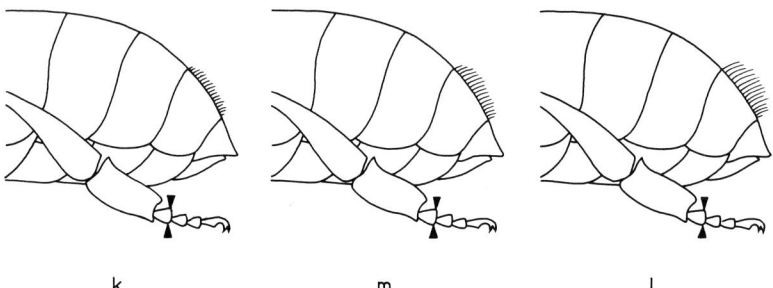

Abb. 143: Die Haarlänge auf der 5. Rückenschuppe der Arbeitsbiene vergleicht man mit der Breite des 2. Fußgliedes (1. Zehenglied!) des Hinterbeins. l = lang, m = mittel, k = kurz.

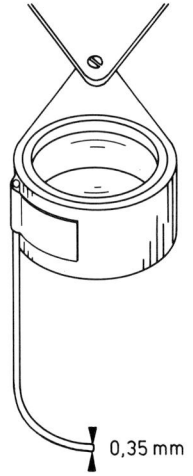

Abb. 144: Als Hilfsmittel bei der Beurteilung der Haarlänge dient ein Draht von 0,35 mm Durchmesser (Rähmchendraht), den man an einer Lupe befestigt und im Bereich des Brennpunktes in das Gesichtsfeld umbiegt und abschneidet. Die Stärke des Drahtes entspricht der mittleren Haarlänge.

mittlere und *lange* Haare. Als Vergleichsmaßstab dient die *Breite des ersten Zehengliedes* (zweites Fußglied) des hinteren Beinpaares. Wenn man die Biene unter der Lupe im Profil gegen eine weiße Unterlage betrachtet und gleichzeitig das Hinterbein so arrangiert, daß auch das erste Zehenglied ins Blickfeld kommt, kann man beides miteinander vergleichen (Abb. 143). Man beurteilt die Haare meistens im mittleren Bereich der Schuppe, dort, wo sie am längsten sind. Allerdings sucht man nicht einen besonders langen Haarbüschel aus, sondern versucht, einen Mittelwert zu gewinnen. Ist das Überhaar so lang, wie das zweite Fußglied breit ist, spricht man von *mittellangen* Haaren (m). Sind die Haare kürzer, bezeichnet man sie als *kurz* (k), und sind sie länger, hat man es mit *langen* Haaren (l) zu tun.

Man kann sich die Beurteilung der Haarlänge aber auch erleichtern, indem man ein Stückchen *Rähmchendraht* von der Breite des ersten Zehengliedes zu Hilfe nimmt (s. **Frage 116**). Das Zehenglied ist im Mittel 0,35 mm breit. Der Draht wird mit etwas Klebeband an einer Lupe befestigt und vorne derart eingebogen, daß sein Ende in den Mittelpunkt der größten Sehschärfe fällt. Wenn man das Drahtende jetzt von hinten her an die Rückenhaare heranführt, läßt sich deren Länge in den drei gewünschten Abstufungen leicht bestimmen (Abb. 144).

Man kann die Haare aber auch noch genauer messen. Dazu braucht man einen *Kleinbildprojektor* (Dia-Projektor) älterer Bauart, bei dem sich das Führungsteil für die Dia-Rähmchen zwischen Lampe und Objektivgehäuse herausnehmen läßt. Dafür schiebt man eine Leiste aus Weichfaserplatte hinein, auf der hintereinander die Bienen im Profil zur Projektionswand aufgenadelt sind. Gleichzeitig mit dem Schattenriß der Bienen wird auch der einer 0,35 mm starken Nadel an die Wand geworfen. Man bestimmt mit einem Meßlineal Nadelstärke und Haarlänge an der Projektionswand und kann durch Bezugnahme auf die bekannte Nadelstärke die wirkliche Haarlänge der Bienen in Millimeterbruchteilen ausrechnen. Das Haar ist *kurz,* wenn es unter 0,35 mm mißt, es ist *mittel* bei einer Länge von 0,35–0,40 mm, und es ist *lang,* wenn es 0,40 mm übertrifft.

Frage 120: *Was sind Filzbinden, und wie wird ihre Breite ermittelt?*

Auf der dritten, vierten und fünften Rückenschuppe der Arbeitsbienen – manchmal andeutungsweise auch auf der zweiten – befinden sich in Form sehr eng gestellter Unterhaare verschieden breite Binden, die zum hinteren Schuppenrand stets einen weniger behaarten dunklen Streifen frei lassen. Diese »Filzbinden« können durch verschieden dichte Behaarung unterschiedlich hell erscheinen. Sie sind aber immer deutlich heller als die dahinter liegende filzbindenfreie Randzone der Schuppe und damit deutlich zu erkennen. Nur

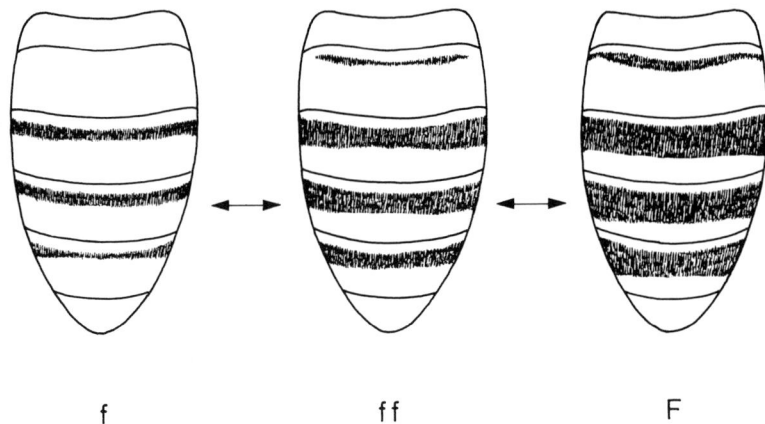

Abb. 145: Die Filzbinde der Arbeiterin auf der 4. Rückenschuppe ist entweder schmal (f), wenn der filzbindenfreie Schuppenrand breiter ist als die Filzbinde; sie ist mittelbreit (ff), wenn sie so breit ist wie dieser Rand und sie ist breit (F), wenn sie breiter als der Rand ist.

Drohnen haben keine Filzbinden, so daß dieses Merkmal dort auch nicht gekört werden kann.

Bei der Beurteilung der Filzbinden blickt man von oben auf den Rücken der Biene und sucht sich die breiteste Filzbinde aus: das ist die auf der *vierten Rückenschuppe* gelegene, also die mittlere der drei deutlich ausgebildeten Binden. Man betrachtet die Filzbinde an der breitesten Stelle, d. h. nicht in der Mitte der Schuppe, sondern etwas rechts und links seitlich davon.

Ähnlich wie bei der Haarlänge unterscheidet man drei verschiedene Stufen. Eine Filzbinde ist *mittelbreit,* wenn sie so breit ist wie der dahinter gelegene dunklere Streifen (ff). Wenn sie schmäler als dieser Streifen ist, wird sie als *schmal* (f), und wenn sie breiter ist, als *breit* (F) bezeichnet (Abb. 145).

Es scheint, daß die *breite* Filzbinde überdeckend (dominant) vererbt wird, so daß breite Filzbinden für sich allein bei der Rassenzuordnung ein irreführendes Bild ergeben könnten. Besonders schmale Filzbinden hingegen besitzen größere Aussagekraft.

Frage 121: *Was versteht man unter dem Cubitalindex, und wie wird er bestimmt?*

Der Flügel der Insekten ist von feinen Adern durchzogen, die zwischen sich unterschiedliche Felder ausbilden. Die Adern sind Verdickungen des Chitins

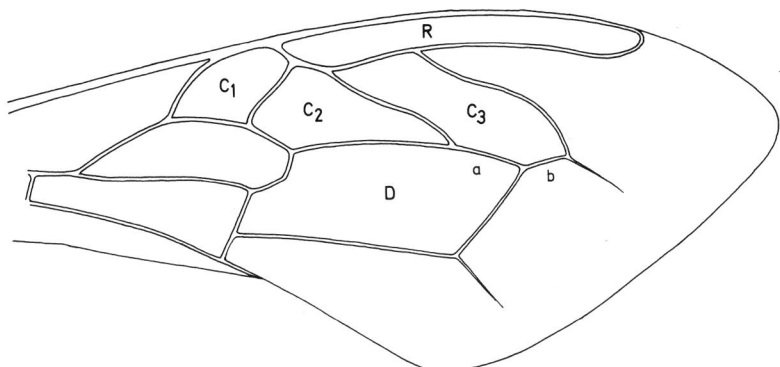

Abb. 146: Abgeschnittener Vorderflügel einer Arbeitsbiene. R = Radialzelle, C_1, C_2, C_3 = 1., 2., 3. Cubitalzelle; a und b sind die beiden Teilstrecken der Grundader der 3. Cubitalzelle; D = Discoidalzelle.

und dienen der Versteifung der Flügelflächen. Ihre Anordnung ist bei den Insekten verschieden, aber die Grundstruktur ist für jede Art charakteristisch. Darüber hinaus gibt es innerhalb der Arten so feine Unterschiede, daß sich Unterarten, also Rassen, mit Hilfe des Flügelgeäders voneinander abgrenzen lassen. Das trifft auch für die Bienenrassen zu. Ebenso bestehen Unterschiede zwischen Arbeitsbienen und Drohnen. Beide Bienenwesen werden auf dieses Merkmal hin gekört.

Betrachten wir den Vorderflügel (Abb. 146), so befindet sich an seinem Vorderrand die langgestreckte *Radialzelle* (R). Darunter liegen die drei *Cubitalzellen* (C), von denen die am weitesten gegen die Flügelspitze gelegene (C_3) die für die Rassenunterscheidung bedeutsamste ist. Unter den Cubitalzellen liegt die große, fast rechteckige *Discoidalzelle* (D). Ihre distale (äußere) Aderbegrenzung stößt auf die basale Ader der dritten Cubitalzelle und teilt diese in zwei Teilstücke, in die Strecke *a,* zur Flügelwurzel, und in die Strecke *b,* zur Flügelspitze zeigend.

Der *Cubitalindex* ist das Verhältnis $a:b$, d. h., er gibt an, wie oft die Strecke *a* in der Strecke *b* enthalten ist. Der besondere Wert dieses Merkmals liegt darin, daß man es sehr genau bestimmen kann und daß sich mit seiner Hilfe bei einer genügend großen Probe (wenigstens 50 Tiere) schon eine geringe Einkreuzung einer fremden Rasse feststellen läßt.

Man kann den Cubitalindex unter der Lupe grob schätzen. Geht die kleine Strecke *b* zweimal in die große Strecke *a,* so spricht man von einem *mittleren* Flügelindex (x), geht sie weniger oft hinein, ist der Index *klein* (−), geht sie öfter hinein, ist er *groß* (+). Geübte vermögen den Cubitalindex auch in Zehner-Bruchteilen zu schätzen. Stets wird nur einer der beiden Vorderflügel jeder Biene betrachtet, entweder der rechte oder der linke.

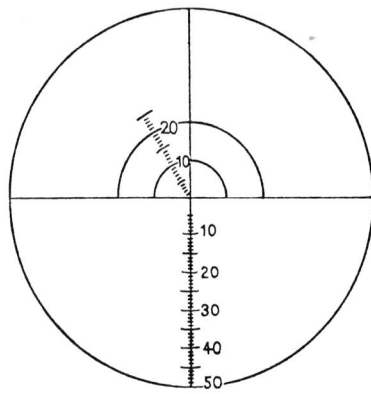

Abb. 147: Die »Meßspinne« eignet sich zur Bestimmung beider Meßstrecken, a und b, in einem Arbeitsgang. Sie wird vornehmlich als Einsatz im Mikroskop verwendet.

Das einfachste, aber am wenigsten genaue Gerät zur messenden Bestimmung des Flügelindex ist eine 8fache Meßlupe, auch *Fadenzähler* genannt, mit $^{1}/_{10}$ mm genauer Einteilung. Die Flügel werden mit einem feinen Scherchen abgeschnitten und mit Hilfe einer Pinzette nebeneinander auf die Klebeseite eines Tesastreifens gedrückt. Darüber legt man eine Glasplatte. Das Ganze wird umgedreht, und die Messung kann durch Aufsetzen des Fadenzählers unmittelbar auf den Tesastreifen beginnen. Um die Flügel rasch nacheinander wegmessen zu können, kann man lange schmale Gläser verwenden, auf denen sie in entsprechend langer Reihe nebeneinander angeordnet werden. Statt eines Tesastreifens kann man auch ein zweites Glas benützen und die Flügel zwischen beide Glasscheiben festklemmen. Das Abdeckglas sollte sehr dünn sein. Brauchbar sind auch die in der mikroskopischen Praxis üblichen »Objektträger«, die allerdings bei 2,5 cm Breite nur 7,5 cm lang sind, so daß man die Flügel hier in zwei Reihen anordnen muß. Zur Vorbereitung der Präparate empfiehlt F. RUTTNER, die abgeschnittenen Flügel in einem Glasschälchen mit etwas zuckerhaltigem, wäßrigem Spiritus zu sammeln und von hier aus mit der Pinzette auf das Trägerglas zu legen. Nach dem Trocknen – sie kleben wegen der Zuckerkomponente am Glas leicht fest – wird das zweite Glas darüber gelegt. Beide Gläser verbindet man am Rand mit einem Stückchen Klebstreifen (Abb. 140).

Die Messung der Aderstrecken mit dem Fadenzähler ist wegen der geringen Vergrößerung nicht nur ungenau, sondern auch sehr mühsam. Bedeutend besser eignet sich ein *Mikroskop* mit etwa 40facher Vergrößerung. Die Flügel werden dazu in derselben Weise präpariert wie für die Arbeit mit dem Fadenzähler. Zur Messung der beiden Aderstrecken muß das Mikroskop ein Okular besitzen, das sich zum Einlegen eines *Okularmikrometers* eignet. Dieses ist ein Scheibchen aus Glas oder durchsichtigem Kunststoff, in das ein feiner Maßstab eingraviert ist. Bedeutend erleichtern läßt sich die Meßarbeit aber durch Benützung einer Spezial-Meßskala, die auch unter der Bezeichnung »Meßspinne«

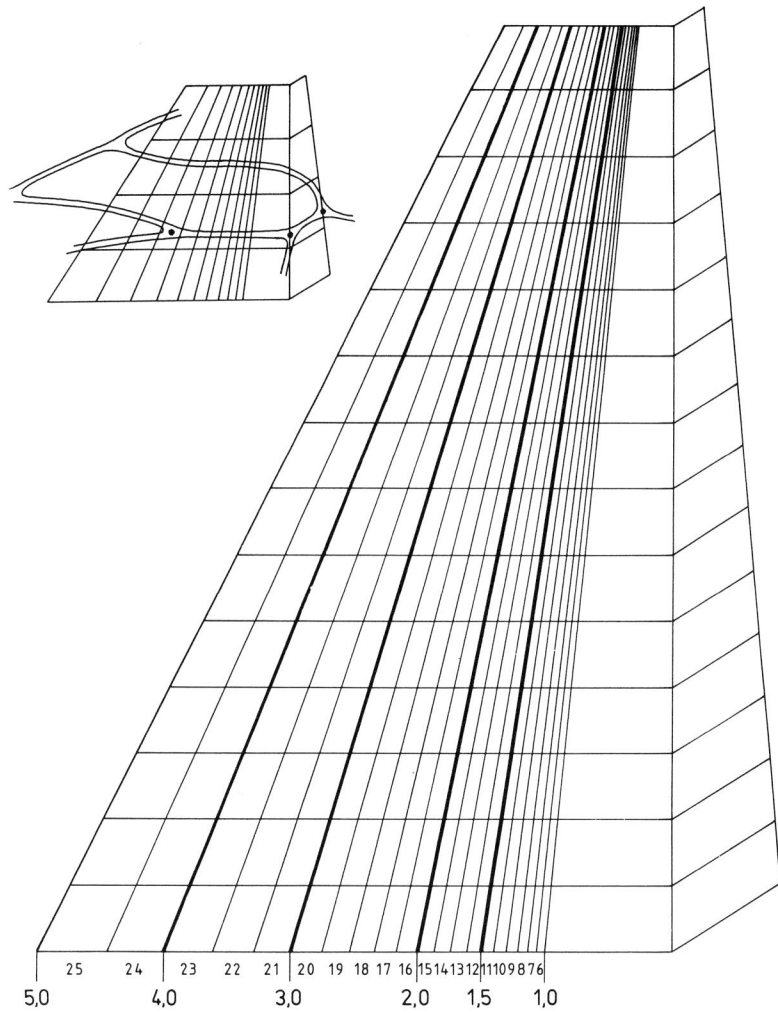

Abb. 148: Zur Bestimmung des Cubitalindex mit dem Indexfächer nach Pfarrer *Herold* (hier mit korrigierter Klasseneinteilung) ist ein Kleinbildprojektor erforderlich.

bekannt ist. Sie ist so beschaffen, daß damit beide Strecken *a* und *b* durch einmaliges Anlegen an die Meßskala gleichzeitig gemessen werden können. Die beiden Meßstrecken bilden nämlich bei allen in Betracht kommenden Bienenrassen einen immer gleichen Winkel von 151°. Die Meßskala ist um genau diesen Winkel gebrochen und von der Knickstelle, als dem Nullpunkt, nach beiden entgegengerichteten Seiten gesondert graduiert (Abb. 147). Beim Ablesen der Meßwerte sind immer die Mittelpunkte der Aderverzweigungen maßgebend.

Bei einer anderen, sehr guten Methode der Indexbestimmung werden die Flügel mit einem Kleinbildprojektor *an die Wand projiziert*. Dazu muß man die abgeschnittenen Flügel zwischen Diagläser klemmen – eng gereiht, damit möglichst viele Flügel auf einem Dia Platz finden. Der Projektor sollte so weit von der Wand entfernt sein, daß eine ca. 40fache Vergrößerung erreicht wird.

Die Messung der Indizes kann man in verschiedener Weise, vor allem mit verschieden rasch arbeitenden Methoden vornehmen. Man kann die Teilstrecken *a* und *b* an der Wand mit einem *Zirkel* abstechen, auf einem *Lineal* abmessen, aufschreiben und das Verhältnis berechnen. Man kann sich auf einer weißen Pappunterlage von der Größe DIN A 4 aber auch einen gewinkelten Maßstab von der Art der vorne beschriebenen *Meßspinne* aufzeichnen und die Strecken *a* und *b* damit in einem einzigen Meßansatz bestimmen. Am elegantesten und am schnellsten aber arbeitet man mit dem *Indexfächer* nach Pfarrer HEROLD (Abb. 148). An eine von oben nach unten in der Länge zunehmende Reihe waagrechter Linien schließt, durch eine Senkrechte abgegrenzt, eine gleiche Reihe um 151° nach oben abgewinkelter kürzerer, aber ebenfalls nach unten länger werdender Linien an. Die waagrechten Linien werden durch einen Fächer von oben nach unten verlaufender Geraden gekreuzt. Dieses Linienschema legt man so über den an die Wand projizierten Flügel, daß der Schnittpunkt der Strecken *a* und *b* auf die Senkrechte des Indexfächers fällt und die Strecke *b* auf eine der abgewinkelten, schräg aufwärts verlaufenden Linien zu liegen kommt. Dabei verschiebt man den Indexfächer so lange, bis die äußere Begrenzungslinie der schrägen Linienreihe den Endpunkt der Strecke *b* schneidet. Die Strecke *a* liegt dabei auf einer der waagrechten Linien des Fächers und wird an ihrem Endpunkt von einer der Kreuzungsgeraden geschnitten. Am unteren Ende des Fächers kann man, der Kreuzungslinie folgend, den Indexwert unmittelbar ablesen. Auch hierbei ist für die Abgrenzung der Meßstrecken immer die *Mitte der Adertreffpunkte* maßgebend.

Frage 122: *Wie kann man das Ergebnis der Indexmessung veranschaulichen?*

Zur Charakterisierung einer Körprobe gibt man den Cubitalindex als *Mittelwert* an, d. h., man zählt sämtliche gemessenen Einzelindizes zusammen und teilt

Abb. 149: Kästchendiagramm für die Indexwerte einer Körperprobe von 50 Bienen eines typischen Carnica-Volkes.

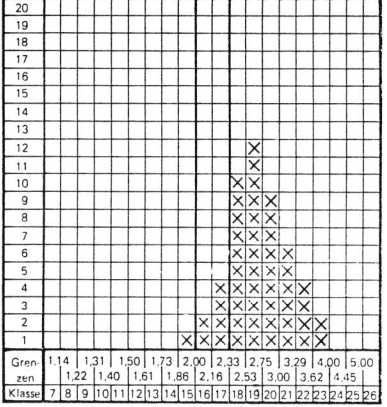

durch die Zahl der Flügel. Außerdem wird der jeweils niedrigste und der höchste der gemessenen Indexwerte angeführt. Bedeutend wertvoller als diese Zahlenwerte ist für die Beurteilung der Rassenzugehörigkeit eines Volkes jedoch die *Variationskurve* der gemessenen Indizes. Dabei wird über einer Grundlinie mit fortschreitenden Indexwerten die Zahl der Bienen mit jeweils gleichem Index als Hochmaß abgetragen. Wenn man ein vorgezeichnetes Kästchenraster benützt, braucht man nur jeden gemessenen Flügelindex als Kreuz in ein Kästchen der zugehörigen Kästchensäule einzutragen und erhält auf diese Weise ein *Stufendiagramm* (Abb. 149). Wenn man die Endpunkte durch einen Linienzug verbindet, entsteht daraus ein *Kurvendiagramm*.

Bei der Darstellung der Indexkurve ist folgendes zu beachten: Die Indizes sind Quotienten, d. h. das Ergebnis einer Teilung zweier veränderlicher Teilstrecken einer gleichbleibenden Gesamtstrecke. Das bedeutet aber, daß sie keine Zahlenfolge mit gleichen Abständen (arithmetische Folge), sondern eine mit wachsenden Abständen bilden. Wenn wir die Cubitalindizes, die in der Regel auf eine Dezimalstelle genau bestimmt werden (also 0,8; 0,9; 1,0; 1,1; 1,2; 1,3 usw.), bei der graphischen Darstellung in gleichmäßigen Abständen auf der Grundlinie (Abszisse) abtragen, erscheint die Kurve im Bereich der höheren Indexwerte auseinandergezogen, im unteren Bereich gestaucht. Bei der Zeichnung der Indexkurve dürfen wir deshalb nicht von der Änderung der realen Indexwerte ausgehen, sondern müssen neue Klassen bilden, denen die gleichmäßige Änderung der gemessenen Strecken zugrunde liegt. Setzen wir, um das plausibel zu machen, die Strecke $(a + b) = 10$ und verändern wir die Teilstrecken um jeweils 1/10, dann erhalten wir die auf S. 108 oben errechneten Indizes mit wachsenden Zahlenabständen.

Natürlich ist dieses Modell für praktische Zwecke viel zu grob. Dazu brauchen wir bedeutend engere Klassen, die wir nach F. RUTTNER durch Änderung der Teilstrecken a und b um 1/60 der gleich 100 gesetzten Gesamtstrecke $(a + b)$, das

Teilstrecke a	:	Teilstrecke b	=	Index bzw. Klassengrenze	Differenz zwischen den Klassengrenzen
5	:	5	=	1,0	
6	:	4	=	1,5	0,5
7	:	3	=	2,3	0,8
8	:	2	=	4,0	1,7

ist 1,66 (abgerundet), erhalten. Die als Klassengrenzen brauchbaren Indexwerte errechnen sich danach in folgender Weise:
50,00 : 50,00 = 1
51,66 : 48,34 = 1,07
53,33 : 46,67 = 1,14 usw.

Für den in der Praxis bedeutsamen Bereich der zu errechnenden Cubitalindizes gibt *Tabelle 3* die korrigierte Klasseneinteilung der Indexwerte an. Die wachsenden Klassenabstände sind dabei der Einfachheit halber fortlaufend numeriert. Bei der Zeichnung der Variationskurven werden statt der durch die

Tabelle 3: Indexklassen zur mathematisch einwandfreien Darstellung von Variationskurven

Indices	Klasse	Indices	Klasse
0,71 – 0,75	1	2,00 – 2,15	16
0,76 – 0,80	2	2,16 – 2,32	17
0,81 – 0,86	3	2,33 – 2,52	18
0,87 – 0,92	4	2,53 – 2,74	19
0,93 – 0,99	5	2,75 – 2,99	20
1,00 – 1,06	6	3,00 – 3,28	21
1,07 – 1,13	7	3,29 – 3,61	22
1,14 – 1,21	8	3,62 – 3,99	23
1,22 – 1,30	9	4,00 – 4,44	24
1,31 – 1,39	10	4,45 – 4,99	25
1,40 – 1,49	11	5,00 – 5,66	26
1,50 – 1,60	12	5,67 – 6,49	27
1,61 – 1,72	13	6,50 – 7,56	28
1,73 – 1,85	14	7,57 – 8,99	29
1,86 – 1,99	15	9,00 – 11,00	30

realen Indexwerte begrenzten Klassen häufig nur noch die korrigierten Klassenzahlen angegeben. Sie können bei gesonderter Ausmessung von *a* und *b* über Berechnungstabellen direkt ermittelt oder bei bestimmten Meßverfahren, z. B. bei Benützung des Indexfächers mit korrigierter Klasseneinteilung, auch gleich anstelle der realen Indizes abgelesen werden.

Wie unterschiedlich die Variationskurve der Cubitalindizes einer Bienenprobe vom *Carnica*-Typ ausfällt, je nachdem, ob ihr reale Indexklassen oder die korrigierte Klasseneinteilung aufgrund der sich gleichmäßig ändernden Teilstrecken zugrunde liegen, zeigt Abbildung 150. Die Verzerrung der linken Kurve ist in der rechten Darstellung behoben.

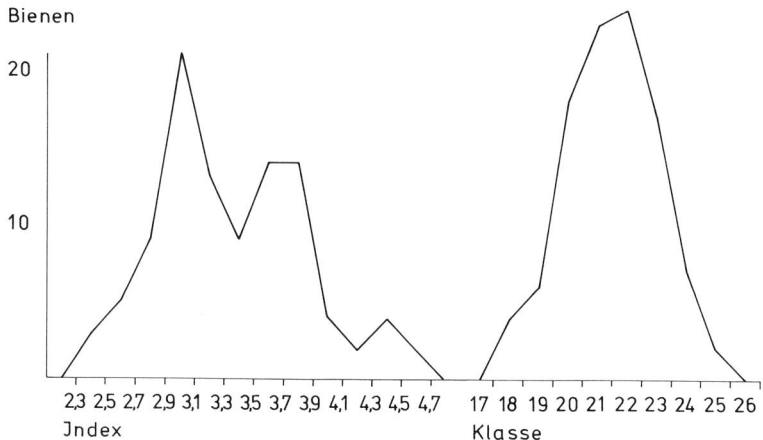

Abb. 150: Indexkurven einer Carnica-Körprobe in arithmetischer (gleichmäßig fortschreitender) Klasseneinteilung (links) und in korrigierter Klasseneinteilung mit wachsenden Zahlenabständen (rechts).

Frage 123: *Wie schreibt man eine Körformel – und was ist das typische Merkmalsbild unserer wichtigsten Bienenrassen?*

Während man die ermittelten Werte des Cubitalindex nach Möglichkeit gleich in ein vorbereitetes Rasterfeld zur Darstellung einer Variationskurve einträgt, werden die anderen Daten der Merkmalskörung zuerst in Form einer Strichliste registriert, dann ausgezählt und am Ende in eine *Prozentzahl* umgerechnet. Bei 50 gekörten Bienen wird also jeder gefundene Zahlenwert innerhalb jeder Beurteilungsstufe eines Merkmals mit 2 multipliziert. Nur der Cubitalindex wird zusätzlich zur Variationskurve als *Mittelwert* angezeigt, wobei in der Regel auch Minimal- und Maximalwert angegeben werden. Das Körergebnis als Ganzes stellt man dann immer in gleicher Reihenfolge (Panzerzeichen, Haarlänge, Filzbinden, Cubitalindex, bzw. bei den Drohnen: Panzerzeichen, Haarfarbe, Cubitalindex) dar. Der Form nach können verschiedene Schreibweisen, auch mehr oder weniger ausgeprägte Kurzfassungen, gewählt werden. Die Körformel für eine Bienenprobe kann z. B. folgendermaßen lauten:

♀♀ 80o20E/86k14m/84F16ff/2,6(1,9–4,0)
♂♂ 92o8I/90gr10ge/2,1(1,6–2,9)

Zur Beurteilung der rassemäßigen Zugehörigkeit der Biene muß man natürlich die *Merkmalseigentümlichkeiten der Rassen* genau kennen. Sie wurden im Laufe der Zeit in mühevoller Arbeit von fachkundigen Wissenschaftlern an reinrassigen Bienen aus den Ursprungsländern ermittelt. Eine übersichtliche Darstellung der Körmerkmale der *Carnica*- und *Mellifica*-Biene findet sich in den *Zuchtrichtlinien* des *Deutschen Imkerbundes*. In der Zusammenstellung in Tabelle 4 sind jeweils die höchstzulässigen Prozentsätze, die die Arbeiterinnen und Drohnen in den einzelnen Beurteilungsstufen innerhalb jedes Merkmals erreichen dürfen, angegeben. Mit anderen Worten, die Tabellenwerte zeigen das typische Merkmalsbild mit den erlaubten Schwankungen der beiden Bienenrassen. Man spricht hier auch vom *Rassenstandard*.

Der Rassenstandard der *Ligustica*-Biene, der in früheren Fassungen der Zuchtrichtlinien noch aufgeführt war, ist in jüngeren Auflagen nicht mehr berücksichtigt. Das hat seinen Grund darin, daß die *Italiener*-Biene mit Ausnahme der Panzerzeichen, die in Form von gelben Ringen erscheinen, in allen

Tabelle 4: Typische Merkmalausprägung der *Carnica*- und *Mellifica*-Rasse mit den zulässigen prozentualen Höchstgrenzen nach den Zuchtrichtlinien des Deutschen Imkerbundes (Stand 1986)

Carnica

Arbeiterinnen:	Panzerzeichen			Haarlänge			Filzbinden			Cubitalindex
Klasse	0/e	E	R	k	m	l	F	ff	f	⌀
bis %	100	30	–	100	30	–	100	50	–	über 2,5

Drohnen:	Panzerzeichen			Haarfarbe				Cubitalindex
Klasse	0/i	I	R	gr	ge	br	schw	⌀
bis %	100	10	–	100	20	–	–	über 1,8

Mellifica

Arbeiterinnen:	Panzerzeichen			Haarlänge			Filzbinden			Cubitalindex
Klasse	0/e	E	R	k	m	l	F	ff	f	⌀
bis %	100	80	–	–	70	100	–	70	100	unter 1,9

Drohnen:	Panzerzeichen			Haarfarbe				Cubitalindex
Klasse	0	i	R	gr	ge	br	schw	⌀
bis %	100	10	–	–	–	100	50	unter 1,5

Abb. 151: Zwei Körproben mit gleichem durchschnittlichen Index (gestr. Vertikale) und gleichen Minimum- und Maximumwerten führen auf Grund ihrer Variationskurven zu einer unterschiedlichen Beurteilung der zugehörigen Völker: Der Nebengipfel im niederen Indexbereich der oberen Kurve weist auf eine Fremdeinkreuzung hin. Die untere Kurve spricht für ein reines Carnica-Volk.

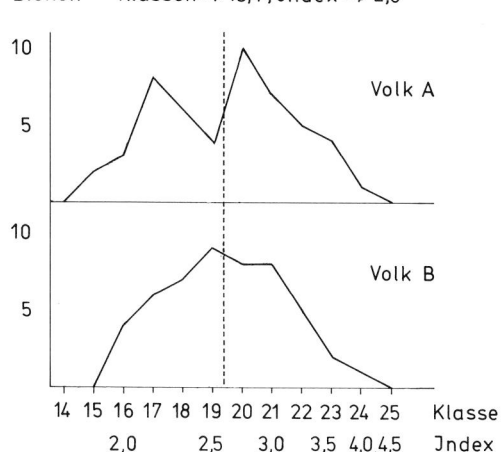

übrigen Merkmalen der *Carnica*-Rasse weitgehend gleicht. Ihr Einfluß bei einer möglichen Einkreuzung in eine *Carnica*-Zucht ist nur an der Farbe erkennbar.

Von Wichtigkeit bei der Beurteilung von Körproben ist die Festlegung, daß Abweichungen vom Rassenstandard bis zu 4% (d. s. 2 Bienen von 50) zulässig sind. Es könnte ja sein, daß man trotz aller Vorsicht die eine oder andere zugeflogene Biene mit in die Körprobe hineinbekommt. Wegen eines solchen »Fremdlings« sollte die Auswahl eines im übrigen bestgeeigneten Zuchtvolkes nicht scheitern.

Besondere Forderungen werden an den *Cubitalindex* gestellt. Er ist, wie wir schon gehört haben, das empfindlichste Merkmal für die Beurteilung von Rassenreinheit bzw. Fremdeinkreuzungen. Von den in den *Zuchtrichtlinien* aufgestellten reichlich detaillierten Vorschriften für die Beschaffenheit der Indexkurve der Arbeitsbienen bei der *Carnica*-Rasse halte ich für wesentlich, daß die Indizes nicht unter 1,8 beginnen dürfen und daß kein Nebengipfel zwischen 2,0 und 2,3 auftreten darf.

Sehen wir uns abschließend die Indexkurve des Volkes an, dessen Körformel vorne angegeben ist. Nach den Zahlenwerten handelt es sich zweifellos um ein rassetypisches *Carnica*-Volk. Dies kann es in der Tat auch sein – muß es aber nicht. Die Variationskurve gibt den entscheidenden Aufschluß. Trotz seines rassegemäßen Indexmittels von 2,6 mit einer Schwankung zwischen 1,9 und 4,0 wird das Volk in Abbildung 151 (oben) von der Variationskurve als Mischling entlarvt, oder, gelinder ausgedrückt, die Kurve mit einem Nebengipfel im unteren Indexbereich läßt eine Fremdeinkreuzung als wahrscheinlich erscheinen. Ein anderes Volk mit dem gleichen durchschnittlichen Cubitalindex von 2,6 und einer Variation zwischen 1,9 und 4,0 stellt sich aufgrund des Verlaufes der Variationskurve dagegen als reinrassig heraus (Abb. 151 unten).

Frage 124: *Soll man auch die Rüssellänge bestimmen – und wie geht man dabei vor?*

Der Rüssel ist das wichtigste Werkzeug der Bienen beim Honigsammeln. Mit ihm tauchen sie in die Tiefe der Blüten ein, um den Nektar aufzusaugen. Bei Pflanzen mit besonders langen Blütenröhren kann es vorkommen, daß der Rüssel den Nektarpegel nicht erreicht. Dann könnte eine gute Tracht vor der Haustüre der Bienen völlig nutzlos für sie sein. Denken wir an den Rotklee!

Als vor Jahren der *Rotkleesamenbau in Deutschland* stärker zunahm, wurde man daran erinnert, daß auch die Rüssellänge zu den Rasseneigenarten der Bienen zählt. In seiner ganzen Ausdehnung vom Löffelchen am unteren Ende bis zur Spitze des Unterkinns am oberen Ende (Abb. 152) bestehen bei den verschiedenen Bienenrassen Unterschiede in den Mittelwerten von 5,8 mm bis 7 mm. Dabei liegen bei unseren mitteleuropäischen Rassen die *Nordbienen* mit durchschnittlich 5,8 bis 6,2 mm im unteren Bereich, die *Carnica-* und *Italiener-*Bienen mit 6,4 bis 6,8 bzw. 6,4 bis 6,7 in der Mitte und die *Kaukasier* mit 6,8 bis 7,0 an der Spitze. Als in den 60er Jahren in mittelfränkischen Rotkleegebieten *Nord-*, *Krainer-* und *Italiener-*Völker nebeneinander getestet wurden, brachten

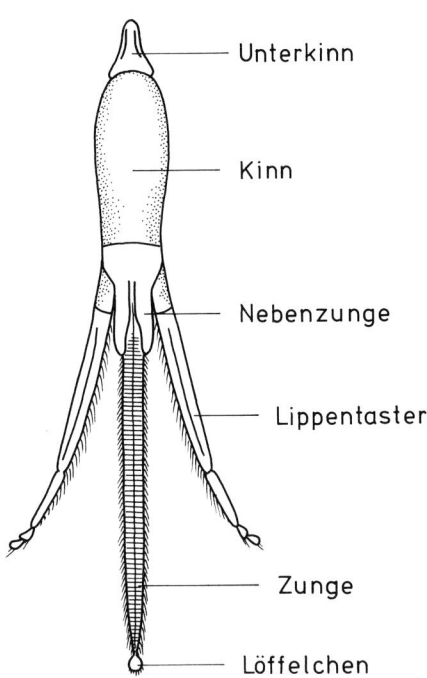

Abb. 152: Den zentralen Teil der Mundgliedmaßen der Biene bildet der Rüssel. Seine maximale Länge reicht von der Spitze des Unterkinns bis zum Löffelchen am Ende der Zunge.

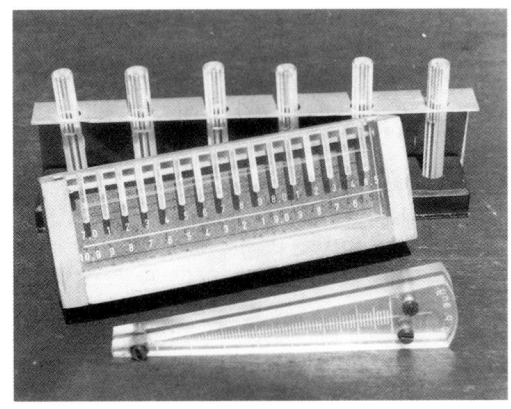

Abb. 153: Verschiedene Geräte zur Messung der Reichtiefe des Rüssels. Vorne: Glossometer nach GONTARSKI, Mitte und hinten: Röhrchen-Glossometer.

immer Angehörige der letztgenannten Rassen die höchsten Erträge. Man kultivierte deshalb den Gedanken, eine Zuchtauslese nach Rüssellänge vorzunehmen.

Es gibt zwei Möglichkeiten, die Rüssellänge zu bestimmen, eine direkte und eine indirekte. Zuerst die indirekte: Hierbei wird nicht eigentlich der Rüssel gemessen, sondern seine *Reichtiefe* bei der Nahrungsaufnahme der Biene. So kann man z. B. die Bienen veranlassen, ihren Rüssel in 2 mm weite, kalibrierte Glasröhrchen zu stecken, die man vorher mit Hilfe einer Injektionsspritze mit Zuckerwasser gefüllt hat (Abb. 153 Mitte und hinten). Nach kurzem Aufenthalt einer solchen Röhrchenbatterie im Bienenstock stellt man fest, wie weit der Flüssigkeitsspiegel in den Röhrchen abgesunken ist. Länger als zehn Minuten soll man die Röhrchen nicht im Volk lassen, da sonst Fehler durch Verdunstung entstehen können. Daß die unterschiedlichen Flüssigkeitsstände in den Röhrchen ein Abbild der individuellen Reichtiefen der Bienenrüssel sind, darf man dennoch bezweifeln. Von Pfarrer HEROLD wurde zur Reichtiefenmessung ein durchsichtiges viereckiges Plastikgefäß verwendet, in dessen Deckel zahlreiche 2 mm starke Löcher eingebohrt waren. Es wurde anstatt mit Zuckerwasser mit Zuckerteig gefüllt, so daß weder die Verdunstung noch die mehr oder weniger waagrechte Aufstellung des Gefäßes im Bienenvolk einen störenden Einfluß haben konnte. In das Kästchen war in der Art einer schiefen Ebene ein Zwischenboden eingefügt, woran sich die Reichtiefe ablesen ließ. Bei längerem Verbleib der Einrichtung im Bienenvolk wird das wohl die maximale Reichtiefe gewesen sein. Eine Weiterentwicklung und gleichzeitige Vereinfachung dieses Prinzips ist in einem Gerät von GONTARSKI zu sehen (Abb. 153 vorne). Es handelt sich um zwei gleiche, keilförmig zugeschnittene Plastikglasplatten, die in 2 mm Abstand parallel zueinander angeordnet sind. Zwischen sie wird Zuckerteig eingefüllt, den die Bienen von der Seite her abnehmen können. Über eine Graduierung auf einer der Glasplatten kann man an der Spitze des zwischen den Gläsern zurückbleibenden Futterkeils ablesen, wie weit die Bienenrüssel reichen. Die Werte fallen höher aus als bei den Vorrichtungen mit runder Bohrung, da die Bienen auch den Kopf noch ein Stück weit in den Schlitz hineinstecken können. Dieses Gerät ist als einziges früher im Fachhandel angeboten worden. Derzeit ist es ebensowenig wie die anderen Einrichtungen erhältlich. Für einen geschickten Imker dürfte es aber nicht unmöglich sein, ein solches »Glossometer« selbst herzustellen.

Zuverlässiger als die Messung der Reichtiefe ist die *direkte Rüsselmessung*. Dazu muß man die Bienen töten und dafür sorgen, daß sie ihren Rüssel ausstrecken. Am besten betäubt man sie dazu mit Äther. Der Rüssel ist ein aus vielen Teilen zusammengesetztes Gebilde, das man unter Zuhilfenahme einer Pinzette als Ganzes von der Kopfkapsel abreißt. Nach Entfernen der äußeren Teile klemmt man das übrigbleibende Mittelstück (Zunge mit Löffelchen, Kinn mit anhängenden Zungentastern und Unterkinn) zwischen zwei Diagläser, die an zwei Seitenrändern mit je einem Stückchen Klebestreifen zusammengehalten werden. Am besten legt man mit dem Rüssel gleichzeitig ein Stück durchsichtiges Millimeterpapier zwischen die Gläser. Wenn man den Rüssel mit einem Projektor an die Wand wirft, kann man gleich (grob) ablesen, wie lang er ist. Da man die Gläser, ehe sie seitlich fixiert werden, mehrmals gegeneinander verschieben muß, um das Präparat gerade auszurichten, kann man zwangsläufig immer nur einen Rüssel eindecken und anschauen.

Das alles geht nicht ohne Mühe und ist sehr zeitraubend. Dabei ist es noch lange nicht sicher, ob die Rüsselmessung auch wirklich den Nutzen bringt, den man sich von ihr erhofft. Auf keinen Fall sind langrüsselige Bienen schlechthin besser als kurzrüsselige. Das gilt nur im Hinblick auf bestimmte Trachten mit langen Blütenröhren, und auch hier scheint nur die langrüsselige Rasse als Ganzes und nicht immer das langrüsselige Einzelvolk im Vorteil zu sein. Bei den vorne genannten Versuchen haben die Völker mit besonders langem Rüssel keineswegs immer die besten Erträge eingebracht. Es scheint, daß andere die Honigleistung beeinflussende Verhaltenseigenschaften ebenso wichtig, wenn nicht noch wichtiger sind. Man kann hier an vieles denken: z. B. an die Geschicklichkeit der Bienen, ihre Wetterempfindlichkeit, ihre Lernfähigkeit u. dgl. Auch Grundtendenzen wie Brutlust, Volksstärke, Schwarmlust usw. können eine Rolle spielen. *Die Leistung ist viel zu komplex, als daß ein Faktor allein dafür verantwortlich gemacht werden könnte – auch nicht die Rüssellänge.*

Frage 125: *Wann ist eine Merkmalskörung sinnvoll?*

Die *Merkmalskörung eines Zuchtvolkes* ist *der letzte Akt* seiner Beurteilung, die mit der Feststellung der Honigleistung und der Eigenschaften des Volkes unter Berücksichtigung seiner Geschwister und Vorfahren beginnt. Auf Bienenständen unter 20 Völkern ist mit der Zuchtauslese wenig zu erreichen. Nach den

Richtlinien des Deutschen Imkerbundes können Imker mit weniger als 20 (Vergleichs-)Völkern auch nicht als *Reinzüchter* anerkannt werden. Für die Leistungskörung eines Zuchtvolkes muß die Leistung von mindestens sechs auf demselben Stand befindlichen Geschwistervölkern nachgewiesen werden. Die Streuung sollte möglichst gering sein, das Zuchtvolk selbst sollte leistungsmäßig zu den besten 40% der Vergleichsvölker zählen. Erst wenn diese Forderungen erfüllt sind und auch die Eigenschaften stimmen, wird man an die Merkmalsbeurteilung herangehen. Sie hat mit Leistung unmittelbar nichts zu tun. Sie kann den Imker aber davor bewahren, von einem Bastardvolk (»Blender«) nachzuziehen, was bei den Nachkommen Aufspaltung und Leistungsabfall zur Folge haben könnte.

Bei *der Körung der Drohnenvölker,* die auf der Belegstelle stets zu mehreren oder in Vielzahl Verwendung finden, sind Honigleistung und Eigenschaften nicht gefragt. Diese Bewertungsaspekte werden auch von den Gattendrohnen der Mutter mitbestimmt, von denen die Drohnen-Söhne keine Erbanlagen haben. Hier genügt die Merkmalskörung der Drohnen. Selbst diese wäre theoretisch nicht nötig, da ja das Muttervolk, aus dem die Königinnen der Drohnenvölker stammen, bezüglich Leistung, Eigenschaften und Merkmale seiner Arbeitsbienen (und Drohnen) gekört wurde. Diese Körung ist ausschlaggebend für die Rasseeinheit der Belegstellendrohnen. Mit anderen Worten: Großmutter und Großväter der Belegstellendrohnen müsse rasserein gewesen sein. Aber in der Praxis gilt es, noch etwas zu bedenken: Auch wenn das wichtige Großmuttervolk der Belegstellendrohnen dem Rassenstandard entsprochen hat, ist bei der üblichen Mehrfachpaarung der Königinnen die Möglichkeit nicht auszuschließen, daß vielleicht auch nur ein einziger der Großväter fremd- oder mischrassig war; weder Körformel noch Indexkurve brachten das zum Ausdruck. Deshalb ist es angezeigt, daß die Drohnen in den »Vatervölkern« merkmalsmäßig auf Rassereinheit überprüft werden.

Mit der Körung, insbesondere der Merkmalskörung, haben wir uns bereits in die »höheren Regionen der Zucht« verstiegen. Wir sind in die Nähe des Bereiches gelangt, den man als *Züchtung* bezeichnet. Dabei geht es um Fragen wie: Was soll man züchten? Wie eng soll man züchten? Wie haltbar sind Zuchtlinien? Wann ist mit Inzuchtschäden zu rechnen? Welche Herkunftskombinationen soll man versuchen? Wie sehen »Zuchtpläne« aus? usw. Das alles ist aber schon nicht mehr Thema dieses Buches.

Dafür noch ein Tröstliches zum Schluß: Jeder Imker, der in irgendeiner Form bei der Verjüngung und Vermehrung seiner Völker Auslese betreibt, befaßt sich bereits mit Züchtung. Ob er nach einem zünftigen Zuchtverfahren oder mit dem Begattungsableger arbeitet, ist in diesem Zusammenhang bedeutungslos. Auch die Merkmalskörung mit der Lupe ist keine Voraussetzung der Züchtung. Wer sie nicht beherrscht oder für zu zeit- und arbeitsaufwendig hält, besitzt immer noch als wertvolles Hilfsmittel seinen *Augenschein.* Wenn er auf seinem oder seines Nachbarn Stand ein Volk findet, dessen Bienen schön grau und pelzig aussehen, ein mehr schlankes als rundliches Hinterteil haben, bei der Völkerbehandlung nicht auffliegen, sondern auf der herausgenommenen Wabe fest sitzen bleiben und nicht am unteren Rand Klumpen bilden und herunterfallen, und wenn dieses Volk mit diesen wunderbaren Bienen auch noch in der Honigleistung gut – besser als die meisten anderen Völker – ist, dann soll er dieses Juwel zur Vermehrung verwenden. Er hat, auch ohne ein großer Meister der Körung zu sein, mit großer Wahrscheinlichkeit das richtige gefunden.

XI. Definition und Erläuterungen von Begriffen aus der Zucht der Biene

Beim Studium der vorangegangenen Kapitel hat sich der Leser bereits mit allen wesentlichen Fachbegriffen aus der Zuchtpraxis eingehend auseinandersetzen können. Um ihm die wichtigsten Begriffe noch einmal einprägsam vor Augen zu führen, sind sie hier in Form eines Fachwortschatzes mit kurzen Definitionen zusammengestellt. Die Sammlung, welche auch Begriffe aus der *Züchtung* mit einbezieht, fußt auf dem veralteten und inzwischen zurückgezogenen Normblatt DIN 11 673 vom November 1966 des Fachausschusses Landwirtschaft im Deutschen Normenausschuß. Die dort enthaltenen Begriffe wurden teilweise neu definiert, erweitert und neu geordnet. Ihre Reihenfolge wird durch fachliche Gesichtspunkte bestimmt.

Wie der Inhalt eines Fachbuches, so ist auch der Fachwortschatz nichts Starres und für alle Zeiten Unveränderliches, sondern etwas, das sich fortentwickelt und das immer weiter fortgeschrieben werden muß.

1. **Natürliche Vermehrung**
1.1 **Schwärmen** Auszug eines Volksteiles mit Königin zwecks Arterhaltung und Vermehrung
1.2 **Vorschwarm** Erstschwarm mit legefähiger alter Königin
1.3 **Singerschwarm** *(Singervorschwarm)* Erstschwarm mit nicht gepaarter junger Königin
1.4 **Nachschwarm** Nach dem Vorschwarm oder Singer(vor)schwarm ausziehender Schwarm mit nicht gepaarter Jungkönigin
1.5 **Heidschwarm** Schwarm aus diesjährigem Vorschwarm
1.6 **Abgeschwärmtes Volk** *(Restvolk)* Nach Schwarmauszug übrigbleibender Teil eines Bienenvolkes
1.7 **Weiselzellen** Zellen zur Aufzucht von Königinnen
    a) Schwarmzellen: Im Zusammenhang mit dem Schwarmvorgang gepflegte Weiselzellen
    b) Stille Umweiselungszellen: Zur Einleitung Stiller Umweiselung angelegte Weiselzellen
    c) Nachschaffungszellen: Außerhalb des Schwarmtriebs bei plötzlichem Verlust der Königin angesetzte Weiselzellen aus umgebildeten Arbeiterzellen
1.8 **Weiselnäpfchen** *(Weiselbecher)* Anfänge von Weiselzellen
1.9 **Weiselrichtig** ist ein Volk mit Königin
1.10 **Weisellos**, ein Volk ohne Königin
1.11 **Umweiselung** *(Stille Umweiselung)* Ersatz einer Königin im Bienenvolk ohne Schwärmen

2. **Zuchtgrundlagen**
2.1 **Zucht** Heranzucht von Königinnen und Drohnen
2.2 **Züchtung** Prüfung, gerichtete Auslese und zielstrebiges Paaren von Tieren mit guter Leistung, erwünschten Eigenschaf-

ten und bestimmten Merkmalen
- 2.3 **Zuchtgut** Das zur Zucht geeignete Bienenmaterial
- 2.4 **Zuchtziel** Erstrebtes Endergebnis der Züchtung
- 2.5 **Zuchtauslese** Fortgesetzte Auslese in Richtung auf das Zuchtziel
- 2.6 **Reinzucht** Paarung von Tieren innerhalb einer geographischen Rasse oder einer Linie. Entsprechend: Rassenreinzucht oder Linienreinzucht. Linienkombination: Zusammenführung verschiedener Linien gleicher Rasse
- 2.7 **Kreuzungszucht** Paarung von Tieren verschiedener Rassen
- 2.8 **Verdrängungszucht** Fortgesetzte Vermehrung reinrassiger Bienen zur Verdrängung unerwünschten Bienenmaterials
- 2.9 **Leistungszucht** Auslese nach Leistung und Verhaltenseigenschaften
- 2.10 **Merkmalszucht** Auslese nach Körpermerkmalen
- 2.11 **Naturrassen** Durch natürliche Auslese entstandene geographische Rassen. Sie unterscheiden sich durch Merkmale und Eigenschaften von anderen Rassen der gleichen Tierart
- 2.12 **Kulturrassen** Durch Auslese vom Züchter geschaffene Rassen mit einer Kombination bestimmter erblicher Kennzeichen (Die Bienenrassen sind Naturrassen)
- 2.13 **Öko-Typen** Regionale Teile einer Rasse
- 2.14 **Stämme** Bestimmte Herkünfte innerhalb einer Rasse
- 2.15 **Linien** Nachkommen des jeweils gleichen Zuchtpaares über mehrere Generationen
- 2.16 **Königinnen** sind nach ihrer Entstehung
  - a) *Schwarmköniginnen:* Vom Ei an zur Königin bestimmt und in Schwarmzellen aufgezogen
  - b) *Stille Umweiselungsköniginnen:* Vom Ei an zur Königin bestimmt, aber in Umweiselungszelle erbrütet, ohne einen Schwarm auszulösen
  - c) *Nachschaffungsköniginnen:* Aus Nachschaffungszellen hervorgegangene Königinnen; nicht ursprünglich zur Königin bestimmt, sondern nachträglich in entsprechende Pflege genommen
- 2.17 **Königinnen** sind nach Art der Paarung
  - a) *unbegattet*
  - b) *reinbegattet:* Mit erwünschten (gleichrassigen) Drohnen gepaart
  - c) *fremdbegattet:* Mit unerwünschten (fremdrassigen) Drohnen gepaart
  - d) *mischbegattet:* Teils mit gleich- und teils mit fremdrassigen Drohnen gepaart
  - e) *unvollständig begattet:* Mit unzureichender Spermienmenge versorgt
  - f) *standbegattet*
  - g) *belegstellenbegattet*
  - h) *instrumentell besamt*
- 2.18 **Königinnen** sind ihrem Alter nach
  - a) *diesjährig:* Im laufenden Jahr geboren
  - b) *einjährig:* Einmal überwintert

c) *zweijährig usw.:* Zweimal überwintert usw.

2.19 **Königinnen** sind in Hinblick auf die Eiablage
  a) *drohnenbrütig:* Unbegattete Königin legt Drohneneier
  b) *fehlbrütig:* Körperbehinderte, überalterte oder kranke Königin legt Drohneneier (*Buckelbrütig* ist ein Bienenvolk mit eierlegenden Arbeitsbienen)

3. Zuchttechnik

3.1 **Zuchtvolk**
  a) Bienenvolk, das den Zuchtstoff liefert (*Zuchtvolk* i. e. S.)
  b) Bienenvolk, das die Drohnen liefert *(Drohnenvolk)*

3.2 **Zuchtstoff** Aus Arbeiterzellen eines Zuchtvolks stammende Eier oder jüngste Larven, die zur Aufzucht von Königinnen vorgesehen sind

3.3 **Eistück** Wabenstück mit Eiern aus dem Zuchtvolk

3.4 **Umlarven** Umbetten jüngster Arbeiterinnenlarven aus einem Zuchtvolk in Weiselnäpfchen aus Wachs oder Kunststoff

3.5 **Pflegevolk** Zur Aufzucht von Königinnen bestimmtes Bienenvolk

3.6 **Zuchtserie** Gruppe von Eiern oder Larven, die einem Pflegevolk zur gleichzeitigen Aufzucht von Königinnen gegeben wird

3.7 **Pflegeverfahren** Verschiedene Verwendungsarten des Pflegevolks zur Aufzucht

3.8 **Begattungsvölkchen** Kleiner Kunstschwarm zur Aufnahme einer Königin während ihrer Paarungszeit

3.9 **Ableger** Aus einem oder mehreren Völkern mittels Brutwaben und Schüttelbienen gebildetes Jungvolk
  a) mit Weiselzelle oder unbegatteter Königin *(Begattungsableger)*
  b) mit begatteter Königin *(Brutableger)*
  c) mit Altkönigin anläßlich der Schwarmverhinderung *(Königinnenableger)*

3.10 **Kunstschwarm** *(Fegling)* Aus einem oder mehreren Völkern zusammengefegtes naturschwarmartiges Bienengemisch mit Königin

3.11 **Belegstelle** Ein geeigneter Platz zur Aufstellung von Königinnen zwecks Paarung mit erwünschten Drohnen
  a) *Belegstand:* Bienenstand, dessen Völker als Drohnenspender für die am Ort zur Paarung aufgestellten Königinnen dienen
  b) *Landbelegstelle:* Belegstelle, in deren Umkreis von mindestens 6 km nur gewünschte Drohnen aus den dort ansässigen oder hingebrachten Völkern fliegen
  c) *Inselbelegstelle:* Belegstelle auf einer bienenfreien Insel, welche mindestens 3 km vom Festland entfernt ist

3.12 **Instrumentelle Besamung** Füllung der Samenblase einer Königin durch Injektion von Drohnensperma in die Eileiter der Königin

3.13 **Reinzucht** Zucht von Königinnen aus gekörten Völkern und Paarung mit Drohnen aus gekörten Völkern (Drohnenvölkern) zumindest gleicher Rasse auf einer anerkannten Belegstelle oder Besamungsstelle

3.14 **Reinzüchter** Züchter im Sinne der Reinzucht
3.15 **Gebrauchszucht** Zucht von Königinnen aus gekörten Völkern ohne Nachweis der Paarungskontrolle
3.16 **Gebrauchszüchter** Züchter im Sinne der Gebrauchszucht
3.17 **Reinzuchtkönigin** Nach den Grundsätzen der Reinzucht gezogene und gepaarte, mit einer Zuchtkarte versehene Königin, deren Reinpaarung durch eine Merkmalsuntersuchung nachgewiesen ist
3.18 **Nachzuchtkönigin** Tochter von gekörter Reinzuchtkönigin
3.19 **Zuchtbuch** Enthält Zuchtbuchnummer und Angabe über Abstammung, Aufzucht, Paarung, Verwendung, Leistung, Eigenschaften und Merkmale der gezüchteten Königinnen
3.20 **Zuchtkarte** Ausweis der Königin mit allen erforderlichen Angaben über sie selbst, das Zuchtvolk und die Paarung
3.21 **Körung**
   a) des Zuchtvolkes: Bewertung der Volksleistung, Vorfahrensleistung, Geschwisterleistung, Eigenschaften und Körpermerkmale von Arbeitsbienen und Drohnen
   b) der Drohnenvölker: Nachweis der Zuchtwürdigkeit der mütterlichen Vorfahren und Bewertung der Körpermerkmale der Drohnen
3.22 **Leistungsprüfung** Prüfung und Beurteilung von Bienenvölkern auf ihre Eignung zur züchterischen Vermehrung
3.23 **Rassenstandard** Erfahrungsgemäß festgesetzte Norm der Eigenschaften und Merkmale einer Rasse
3.24 **Zuchtrichtlinien** Vom *Deutschen Imkerbund* festgelegte Richtlinien für das Zuchtwesen
3.25 **Körschein** Nachweis der Körung mit allen erforderlichen Angaben (Abstammung, Leistung, Eigenschaften, Merkmale)
3.26 **Gekörtes Volk** Bienenvolk, das nach den Zuchtrichtlinien geprüft und als zuchtwürdig befunden worden ist

4. **Zuchtgeräte**
4.1 **Zuchtrahmen** Rahmen im Standmaß mit Querleisten (Zuchtlatten) zur Aufnahme der Weiselbecher mit dem Zuchtstoff
4.2 **Umlarvbesteck** Geräte zum Umlarven, bestehend aus:
   a) kleinem *Messer* zum Einkürzen der Zellen, evtl. auch Schneiden von Zellenstreifen und Zellen
   b) *Umlarv-Löffel* zur Übertragung der zu Königinnen bestimmten Larven
   c) *Futtersaftspatel* zur Entnahme des Futtersaftes aus offenen Weiselzellen
   d) *Eistanze* zur Übertragung einzelner Eier einschließlich Zellgrund

4.3 **Formholz** zum Anfertigen von:
 a) künstlichen Weiselnäpfchen aus Wachs
 b) Futterbechern
4.4 **Kunststoffbecher** Weiselbecher aus Kunststoff
4.5 **Schlüpfkäfig** Käfig zur Aufnahme und zum Schutz einer Weiselzelle und der daraus schlüpfenden Königin
4.6 **Okulierkäfig** Großer Schlüpfkäfig, der außer der Weiselzelle auch Pflegebienen aufnehmen kann
4.7 **Hürdenrahmen** Rahmen im Standmaß zur Aufnahme von Schlüpfkäfigen
4.8 **Siebkasten** *(Schwarmsiebkasten, Feglingskasten)* Kasten zur Trennung der Arbeitsbienen von den Drohnen bzw. der Königin
4.9 **Anbrütekasten** Ein mit jungen Bienen und brutfreien (Futter-)Waben zu besetzender Kasten zur Einleitung der Aufzucht von Königinnen
4.10 **Begattungskästchen** *Ein-* oder *Mehrwabenkästchen* zur Aufnahme eines Begattungsvölkchens. Das Kästchen enthält Raum für Bienen, Wabe(n) und Futter
4.11 **Schutzkasten** Witterungsschutz für Einwabenkästchen
4.12 **Transportkasten** Verschließbarer Kasten oder offenes Gestell zur Beförderung mehrerer Begattungskästchen zu und von Belegstellen
4.13 **Versandkäfig** Käfig zum Versand einer Königin mit Begleitbienen
4.14 **Zusetzkäfig** Behältnis (unterschiedlicher Bauart) zum Zusetzen einer Königin
4.15 **Zeichengerät** Vorrichtung zum Zeichnen der Königinnen nach ihrem Geburtsjahr und zu ihrer leichteren Erkennbarkeit
4.16 **Zeichenfarben** meist als Opalithplättchen
 Es werden 5 Jahresfarben verwendet, und zwar: für die Jahre mit der Endziffer 1 und 6 weiß
 2 und 7 gelb
 3 und 8 rot
 4 und 9 grün
 5 und 0 blau

Namen- und Sachregister

Fett gedruckte Seitenzahlen geben die Hauptfundstelle an; Seitenzahlen mit * weisen auf sachbezogene Abbildungen hin.

Ableger (s. Begattungs-, Brut-, Königinnen-, Sammelbrut-, Drohnenableger)
Abgeschwärmtes Volk (s. Restvolk)
Abmelkverfahren zur Drohnenerzeugung 149
Abschätzen der (Honig)vorräte 187
Absperrgittertasche 40, 41*, 49, 58, 103, 144
Absperrgitterrahmen 40, 41*, 49, 58
Acheleschwaig 189*
Acryl-Nitril-Styrol 42
Afterweisel 171
– zur Drohnenerzeugung 150
Aggressivität 185
Ahnenfolge 181
Ahnentafel 181*
ALBER, M. A. 150
Alu-Streckmetallgitter (s. Fliegengitter)
Ameisen 21
Ameisenkönigin 170
Anbrütekasten 82, 83*
Anbrütevolk (s. Anpflegevolk)
Anbrütezeit bei aufgeteilter Pflege 70, 76
Anpflege und Endpflege 70, 71, 77
Anpflegevolk (= Anpfleger) 70f., 74, 76, 77, 78, 85, 102, 103
Antibiotikum 128
Apis mellifica carnica 182
– – caucasica 182
– – ligustica 182
– – mellifica 182
arithmetische Folge 207, 209
Äther 194
Aufgeteilte (= Zweigeteilte) Pflege (s. Zuchtverfahren)
Aufsteckgitter
– für Körbienen 193*
– zum Zusetzen 172, 173*

Aufsteckrahmen (s. Aufsteckgitter)
Aufspaltung 192, 215
Aufzuchtbehälter (s. Weiselbecher)
Auslese (s. Zuchtauslese)
Außenstand 175

Ballonversuch 154*
Bannwabe 66, 68
Bastardvolk 211, 215
Baubienen 68, 173
Baurahmen 19
Baurahmenwachs 41
Bautraube 173
Becherzucht 115, 116*
Begattung (s. Paarung)
Begattungsableger 56, 88, 107, 111, 119, 215
– Bildung 139*, 140
– bei Integrierter Königinnenzucht 88, **138f.**
– aus Schwarmvolk 140
Begattungskästchen (s. Einwaben-, Mehrwaben-)
– Füllen 129, 130, 132*
– versch. Typen **119f.***, 134
Begattungsvölkchen 107, 111, 117, 119, 130, 140, 143, 155, 160, 167 (s. Einwaben-, Mehrwaben-)
– Auflösung 160, 161*, 162
– Aufstellung 133, **135**, 136*, 137
– Aufstellungsort 135f., 152
– Aufstellungszeit 137
– Auszug 129, **137f.**, 163
– Bauen 133, 137
– Beweiseln 132f.
– – mit Zelle 133, 134*
– Bildung 129ff.
– Füttern 125, **126f.***, 137
– Heilbehandlung 128f.
– Kellerhaft 133, 134, 137
– zur Königinnenaufbewahrung 163

– Kontrolle 159f.*
– Transport 123, **134f.***, 137
– Überhitzung 134, 137
– Wiederbeweiselung 124, 125, 133, 134*
Begleitbienen
– bei der Aufbewahrung von Königinnen 69*, 101, 167, 168*
– beim Königinnenschlupf 115, 116*, 117
– beim Königinnenversand 163ff.*
– beim Zusetzen 172
Belegstand 158
Belegstelle 14, 15, 56, 110, 130, 135, 136*, 144, 152ff.*
– Großraum- 158
– Hochgebirgs- 142, 153*, 154, 156, 157
– Land- 153, 154, 156, 157
– Prüfung auf Sicherheit 153ff.
Belegstellendrohnen (s. Zuchtdrohnen)
Belegvolk (s. Drohnenvolk)
Benzinoform 29
Besamung, instrumentelle (= künstliche) 14, **142f.***
Besamungsapparat 142, 143*
Beweiselung
– von Begattungsvölkchen 132f.
– von Brutablegern 175*
– brutloser Völker 172
– drohnenbrütiger Völker 172
– Jahreszeit 171
– Wetter und Tracht 171
– von Wirtschaftsvölkern 171
Beweiselungskammer im Zander-EWK 164
Beweiselungsverfahren (s. Zusetzverfahren)
Bieneneier (s. Eier)
Bienenhaus 186, 193
Bienenherkünfte (s. Herkünfte)

222

Bienenprüfhöfe (s. Prüfhöfe)
Bienenrassen (s. Rassen)
Bienenrüssel (s. Rüssel)
Bienensitz, enger 62*
Bienenstämme (s. Stämme)
Blenden am Bienenstock 67, 68*
Blender 215
Bogenschnitt 35*
Brutableger 139, 163
– Aufstellung 175
– Bildung 174f.
– zur Weiselzucht 61, 62, 75
– zur Um(Be-)weiselung 174
– zur Überwinterung von Königinnen 169*
Brutmilbenkrankheit (s. Varroatose)
Brutschrank 69, 73, 77, 78, 81, 110, 115*, 117, 132, 141, 168*
– Luftfeuchte 111, 112, 167
– Temperatur 111, 144, 166, 167
Brillenlupe 39, 40*
buckelbrütig 160
Buckfast-Biene 182

Carnica-Rasse 19, 25, 64, 75, 147, 155, 182, 183, 184, 185, 197, 207, 209, 210, 211, 212
Chloroform 194
Cordovan-Drohnen 155, 156
Cordovan-Königinnen 155, 156
Cordovan-Mutante 155
Cordovan-Test 155
Cubitalindex 192, 195, 196, **202ff.**, 210, 211
Cubitalzelle 203*

DEUTSCHER IMKERBUND 128, 188, 196, 199
DEUTSCHER NORMENAUSSCHUSS 217
Diagläser 196, 197, 205, 214
Diaprojektor 196*, 201, 205, 206, 214
Discoidalzelle 203*
dominant 202
DREHER, KARL 155
Dreiwaben-Anbrütekasten 82, 83
Drohnen (s. auch Zuchtdrohnen)
– Entwicklungszeit 147
– geschlechtsreife (= paarungsreife) 146, 148, 157
– paarungsbereite (= begattungsfähige) 147, 149, 154
– Sommerabtrieb 148, 151
– Vaterlosigkeit 158
– Verflug 148, 156
– Anzahl pro Volk 147
Drohnenableger 149, 150, 156
Drohnenabsperrgitter 156*
Drohnenabtrieb 148, 151*, 152
Drohnenaufzucht 145ff.
Drohnenbau 17, 150
– pro Volk 147
Drohnenbesatz auf Belegstellen 157f.
Drohnenbrut 17
– pro Volk 147
drohnenbrütig 149, 160, 172
Drohneneier(ablage) 147, 150
– nach CO_2-Begasung der Königin 149
– nach Unterkühlung der Königin 149
Drohnenmütterchen (s. Afterweisel)
Drohnenrahmen 146
Drohnensaison 151f.
Drohnensammelplätze 154, 155, 157
Drohnenschlacht (s. Drohnenabtrieb)
Drohnensiebkasten (s. Feglingskasten)
Drohnentrieb
– Lenkung 147
– u. Reizfütterung 151
– unterschiedlicher 148
Drohnenvolk, -völker 14, 151, 181, 215
– pro Belegstelle 153, 156ff.
– Entweiseln 152
– Verteilung im Belegstellengebiet 153
Drohnenwabe(n)
– Anzahl pro Volk 148f.
– erstes Eigelege 146
– wiederholtes Bestiften 149
– im Winter 146
– Zellenzahl 149
Dunkle Biene 182, 183 (s. Mellifica-Rasse)
DZIERZON, Pfarrer 182

Ecken, Merkmalskörung 197, 198*
Eckvölker 186

EICHHORN, B. 51
Eigenschaften der europäischen Bienenrassen 183ff.
Eigenschaftskörung (s. Körung)
Eier
– Alter 50, 57f., 110
– Kälteempfindlichkeit 110
– versprengte 160
Eierstöcke 53, 54*, 81
Eingewöhnen
– der Zuchtbecher 43f.
– des Zuchtstoffs 44
Einkreuzung 203, 211
Einwaben(begattungs)kästchen 119f.*, 123, 124, 126, (s. Begattungskästchen)
Einwaben(begattungs)völkchen 121, 124, 130, 135 (s. Begattungsvölkchen)
Einweiselung (s. Beweiselung)
Eischläuche 81
Eistanze 50*
Eistück 44, **58***
Eiversand 58*, 59
Eiweiß(futter)teig (s. Pollenersatzteig)
Eizange 47
Endpflegevolk (= Endpfleger) **71,** 74, 75, 76, 77, 78, 82, 84, 85, 91, 92, 102, 144
Entweiselung von Drohnenvölkern 152
Enzym 127
Erbanlagen 182
Erbgang der Biene 14, 181
Erbgut 27, 182
Erbsprung (s. Mutation)
Erlanger Betriebsweise 86
Erlanger Dreiwaben(begattungs)kästchen 122*, 123*
Erlanger Feglingskasten 176, 177*
Erlanger Klein-EWK 119*, 120*, 121*, 123, 126, 132, 135, 138, 163, 164
Erlanger Magazinbeute 169

Fadenzählerlupe (s. Meßlupe)
Farbtafeln nach GOETZE 199*, Beilage
Faulbrut 186
Federleisten 36, 37*
Feglingsbildung (s. Kunstschwarmbildung)

223

Feglingskasten 130, 131*, 161, 176*, 178
Feuchtekammer 195
Filzbinde(nbreite) 192, 195, **201f.***, 210
Finisher (s. Endpflegevolk)
Flankenzeichen (s. Panzerzeichen)
Fliegengitter (= bienendichtes Gitter)
– u. Begattungsableger 139*, 140
– u. sog. Zucht im weiselrichtigen Volk 71f.
Flügelgeäder 195, 203*
Flügelindex (s. Cubitalindex)
Flügelstutzen 170
Folbex VA 86, 178
Formalin 195
Formholz 29, 30*, 31*, 33*, 100
Fortpflanzung (s. Vermehrung)
FOTI, N. 167
Freilandimker(ei) 138, 186
Freiluftschwarm 161*, 162
Fremddrohnen 153, 154, 155, 156, 157, 158
Fremdeinkreuzung (s. Einkreuzung)
Frühbrüter 185
Fukopoll 146, 151
Fumidil B 69, 126, 167
Fußglied, zweites 200*, 201
Futterbecher für Schlüpfkäfig 113, 114*
Futterglas, Kunstschwarmbildung 132, 161, 178
Futtergläschen (s. Tränkröhrchen)
Futterkammer
– im Begattungskästchen 120*, 122*, 126, 127, 137
– im Versandkäfig 163, 166
Futtersaft (s. auch Königinnenfuttersaft)
– bei Eiumbettung nach ÖRÖSI PÁL 51
– beim Feuchten Umlarven 45, 55, 74
– als Ursache für Kastenunterschiede 52
– rassenspezifischer 64
– verschwendeter 65
– u. Ammenalter 82
– u. Madenalter 95, 99
Futtersaftdrüsen 19

Futtersaftgewinnung (s. Königinnenfuttersaft)
Futtersaftrestmenge 81, 108f.
Futterschied 88, 125, 139*, 140, 174
Futter(saft)spatel 43, 45, 101, 103, 104*
Futtersaftstauung 21
Futtertasche (s. Futterschied)
Futterteig
– für Ableger 174
– für Begattungsvölkchen 120, 126, **127**, 128, 137
– mit Fumidil B 128
– in Glossometer 213
– ohne Honig 127
– Ingrediensien 127
– Konsistenz 127
– für Schlüpfkäfig 113, 114
– für Versandkäfig 163, 166, 167
– für Zusetzkäfig (= Zuckerteigverschluß) 161, 172, 174, 175*
Futterteigbereitung 127, 128*
Futterteigverschluß für Zusetzkäfig 161, 172, 174, 175*

Gebrauchszucht 191
Gefriertrocknen (s. Lyophilisieren)
Gefriertruhe (s. Tiefkühltruhe)
Gelée royale (s. Königinnenfuttersaft)
Gemüll 117
Geschwister(körung) 186, 214
GERSTUNG, Pfarrer 21
Gitterrahmen (s. Aufsteckgitter)
Gittertasche für Körbienen 194
Glossometer 213*
GOETZE, G. 199
GONTARSKI, H. 213
Graue Biene 182 (s. Carnica-Rasse)
Großmuttervolk 182, 215
Großraumbelegstelle (s. Belegstelle)

Haarfarbe 193, 199f.
Haarlänge 193, 195, **200f.***, 202, 210
Halbrähmchen 125
Handlupe 195, 196*, 200*, 201
Hartverschluß 172

Hauptkörung 194
Heidebiene(n) 19, 21, 27, 63, 64
Heideimker 147
Heide(tracht) 184
Heilfutterteig 128f.
HEINECKE, HORST 115
Herkünfte 183, 189, 191
HROLD, E. Pfarrer 196, 205, 206, 213
Heulen 67
Hinterbeinferse 54*
Hochgebirgsbelegstelle (s. Belegstelle)
Hochstopfen 42, 43*
Hochzeitsflüge (s. Paarungsflüge)
Hofstaat 15*
Hohlstopfen 42, 43*
Honigleistung 186, 189, 191, 214, 216 (s. Körung)
– Bestimmung der – 186
Honig(tau)tracht 91, 93
Hummeln 21
Hungerschwarm 137
Hürdenrahmen 114*, **115**, 168
Hybriden (s. Rassenhybriden)
Hybridzucht 14, 182, 200
Hygrometer 112

Illertisener Milbenplatten 86
Imaginalhäutung 80
Index (s. Cubitalindex)
Indexfächer 196, 205*, 206, 209, Beilage
Indexklassen 207, 209
– korrigierte 208, 209
Indexkurve(n) 207, 208, 209*, 211*
Inseln, Merkmalskörung 197, 198*
Inselbelegstelle (s. Belegstelle)
Insektennadeln 195, 196
Insektenstrip 166
INSTITUT FÜR BIENENKUNDE, OBERURSEL 196
instrumentelle Besamung 14, **142f.***
Integrierte Königinnenzucht 84, **86**, 87*, 140
Invertin 127, 128
Italiener-Rasse (s. Ligustica-Rasse)

JENTER, K. 51, 52
Jungfernwabe 25, 91

Jungfernwachs 41
Jungfernzeugung 181

Karbol 195
Kärtner Bauernstöcke 184
Kärtner Biene 182
Kästchendiagramm 207*
Kaukasische Biene 182, 185, 212
Keimzelle(n) 181
Kellerhaft
– Begattungsvölkchen 133, 134, 137
– Kunstschwarm 177
– Sammelschwarm 161
Kernvölkchen 125*
Kinn, Rüssel 212*, 214
Kirchhainer Begattungskästchen 122, 123, 124*
Kitten der Biene 185
Klassen (s. Indexklassen)
Kleinstableger 169*
Kleinbildprojektor (s. Diaprojektor)
Klein-EWK (s. Erlanger –)
Klemmfedern 36, 37*
Klemmleisten 36, 37*, 49
Klemmstopfen 36, 37*, 48*, 49*, 50, 52
Knospung 21
Kohlendioxid-Begasung der Königin 149
Königin
– Alter 171
– Aufbewahrung 68, 69*, 167, 168*, 169*
– begattete 15*
– – Verwendung 159ff.
– – Aufbewahrung 167ff.
– beschädigte 129
– Eigenschaften 53
– Entwicklung 52, 81
– Entwicklungsverzug 81
– Entwicklungszeit 85, 144
– fehlerhafte 111
– flugbehinderte (kupierte) 170
– fremdrassige u. Beweiselung 171
– Gewichtsbestimmung 53*
– Kastenmerkmale 53, 54*, 81
– Körperkontrolle 111
– paarungsbereite 147
– (Puppen)gewicht 33, 53*, 78, 80, 108f.
– Überwinterung 167, 169*

– unterkühlte 149
– Zeichnen **118f.***, 170
Königinnenableger 68, 69, 152
Königinnenaufzucht (s. Weisel-(zellen)pflege)
Königinnen-Bank 168
Königinnenfuttersaft 24, 50, **95ff.**
– Ablagerung 95, 97, 99, 101
– Aufbewahrung 105f.
– Beschaffenheit 106
– Entnahme aus den Zellen 103*, 104f.*
– Gewinnung 95ff.
– – Menge pro Volk 95, 96, 101, 102, – pro Zelle 96, 97*, 98*
– – Pflegemethoden 101f.
– – Zeitabfolge 202f.
– Inhaltsstoffe 95
– lyophilisieren 106
– reinigen 105
– seihen 105
– Wert 95
Königinnenringtausch 191, 192*
Königinnensubstanz 17, 21, 23, 25, 60, 67, 72, 73, 171, 174
Königinnenversand 163ff.
Königinnenversandkäfig 163, 164*, 165, 167
Königinnenzellen (s. Weiselzellen)
Körung 14, 16, 180ff., 216
– nach Eigenschaften 180, **187ff.**, 191, 214, 215
– nach (Honig)leistung 180, **186f.**, 191, 214, 215
– nach Merkmalen 180, 191, **192ff.**
Körung der Drohnenvölker 215
Körbienen
– Alter 193
– Anzahl pro Körprobe 194
– Zustand 194
Körformel **209ff.**, 215
Körmeister 194
Körmerkmale 192f., 195ff.
Körpermerkmale (s. Körmerkmale)
Körprobe 193, 211
Krainer Biene 182, 184 (s. Carnica-Rasse)
Kreuzungszucht (s. Hybridzucht)

KREYENBÜHL 183
Kringell 190*
Kühlschrank 105
künstliche Besamung (s. Besamung)
Kunstschwarm 162, 163
– Bildung 137, **175ff.**
– zur Umweiselung 174
– zur Weiselzucht 65
Kunstschwarmkasten (s. Feglingskasten)
Kunststoffbecher (s. Weiselbecher)
– zur Futtersaftgewinnung 99
– Materialbeschaffenheit 42
– an Stelle von Wachsbechern 41
– Wiederverwendung 42f.
Kunststoffmittelwand 51
Kupieren der Königin 170
Kurvendiagramm 207

Lachgas 194
Landbelegstelle (s. Belegstelle)
Landbiene 183
Larven (s. Zuchtmaden)
Legepause der Königin 163, 166
Leimring 135
Leistungskörung (s. Körung)
Leistungsprüfung 163, **186f.**, 189, 191, 192, 194 (s. Körung)
Ligustica-Rasse 25, 64, 102, 182ff., 197, 210, 212
Linien, reine 143, 215
Linienkreuzung 143
Linienzucht 158
Lippentaster, Rüssel 212*, 214
Lockenwickler
– als Schlüpfkäfig 113*, 114*, 132
– als Versandkäfig 164, 166*, 167
– zum Zusetzen 172, 173*
Lockkönigin 154
Löffelchen, Rüssel 212*, 214
Lohnbesamung 142
Lüftung(sgitter bzw. -schlitze)
– im Anbrütekasten 82, 83*
– im Begattungskästchen 122, 124, 125
– im Feglingskasten 131, 178
Lüneburger Heide 27, 63
Lüneburger Stülper 147
Lupe (s. Handlupe)
Lyophilisieren 106

225

Magazinbeute 73, 102, 156, 169
Maidrohnen 94
Mangeldrohnen 148
Marburger Feglingskasten 130, 131*
Master-queen-grafting-tool 38*, 39
Mehrfachpaarung 155, 215
Mehrwaben(begattungs)kästchen 119, **121 ff.**, 124*, 125*, 126, 153
Mehrwaben(begattungs)völkchen 121, 122*, **123 ff.***, 130, 133, 135, 162, 164
- Wiederbeweiselung 110, 111, 124
- Wiederverwendung 111, 123
Mellifica-Rasse 19, 25, 155, 182, 183, 184, 185, 197, 210, 212
MERCK 127
Merkmalsbeurteilung (s. Körung)
Meßlupe 195, 196*, 204
Meßokular 196
Meßspinne 196, 204*, 206
Mikroskop 195, 196*, 204, 205
Milchsäure 127
Mineralstoffe, Königinnenfuttersaft 95
Mischfutter für Drohnen 148
Mischling (s. Bastardvolk)
Mischpaarung 156
Mutation 13
Muttervolk 182, 215

Nachlarven 63
Nachschaffung, natürliche
- Ablauf 23 ff.
- Gegens. zu Schwärmen u. Stille Umweiselung 25, 60
Nachschaffungskönigin 26
Nachschaffungsstimmung 72, 171
Nachschaffungstrieb 27, 60
Nachschaffungszellen, wilde 24*, 25, 26, 27, 65, 66, 71, 74, 84, 133, 152, 172, 174
Nachschaffungszucht 16, 27, 28, 141
Nachschwarm 20, 21, 140, 170
Naturschwarm (s. Schwarm)
Nebengipfel, Indexkurve 211
Nebenzunge, Rüssel 212*
Nelkenöl 135
NEUNER, KONRAD 156

Nigra-Stamm 152, 183
Norbiene, -rasse (s. Mellifica-Rasse)
Normblatt, Zuchtbegriffe 217
Nosemaseuche 128, 129, 163, 186

Oberkieferzahn, Königin 53, 54*
Objektträger 196*, 197, 204
Ohrwaschl (Belegstelle) 152*
Okularmikrometer 204
Okulierkäfig 69*, 101, 115, 167, 194
Ökotypen 183
organische Säuren, Königinnenfuttersaft 95
Orientierungsflüge 193
ÖRÖSI PÀL 50
Opalithplättchen 118
Ovariolen 81

Paarung 14, 22, 107 ff., 111, 137, 152, 153, 159, 163
- kontrollierte 142, 152
- Mehrfach- 155, 157
Paarungsergebnis 124, 140, 159
Paarungsflüge 21
- Drohnen 147, 154
- Königin 135, 154
Paarungsreife, Drohn, Königin 147
Paketbienen 185
Panzerzeichen 193, 195, **197 ff.**, 198*, 210
Perizin 86
PESCHETZ 183
Peschetz-Stamm 183
Pflegeansatz, wiederholter bei Futtersaftgewinnung **95 ff.**, 99
Pflegebereitschaft 60, 63, 64, 75, 94 (s. auch Zuchtstimmung)
Pflegefähigkeit 60, 109
Pflegestimmung (s. Zuchtstimmung)
Pflegeverfahren (s. Zuchtverfahren)
Pflegevolk (im Gegens. zu Zuchtvolk) 28, 44, 144
- Bienensitz 62
- Eigenschaften 60 f.
- Futterversorgung 60, 108
- u. offene Brut 84

- Rassenzugehörigkeit 64
- Volksstärke 61, 62*
- überaltertes 107
- unverjüngtes 78 ff.
- Umwelteinflüsse (s. Weisel(zellen)pflege)
- Veranlagung 63, 94
- Vererbung 64
- Verfassung 91 ff.
- weiselbeschränktes 60
Pinzette 103, 195, 196*, 204, 214
Plexiglas 42
Pollenangebot u. Schwärmen 20
Pollenersatz(teig)
- bei der Drohnenaufzucht 146, 151 f.
- bei der Königinnenaufzucht 92
Pollentracht u. Weiselpflege 91
Pollenversorgung
- der Drohnenvölker 146, 151
- des Pflegevolkes 92, 93
Pollenwabe(n) 102, 146, 151
Polyäthylen 42
Polypen 22
Polystyrol 42, 99, 100
Preßtuch 105
Preßbecher 33*
Projektor (s. Diaprojektor)
Prüfgruppe 190
Prüfhöfe **189 ff.***, 191, 193
Prüfvölker 190, 193
Prüfköniginnen 190
Punktleuchte 39, 40*

Queen-bank 168*

Radialzelle 203*
Rähmchendraht 195, 200, 201
Raps(tracht) 20, 91, 184
Rassen der Biene 21, 180
- europäische 182 ff.
- Eigenschaften 183 ff.
- geographische 14
- Merkmalsunterschiede 192 ff., **195 ff.**
Rassenhybriden 14, 142, 143, 183
Rassengemisch 19
Rassenkreuzung (s. Hybridzucht)
- wilde 142
Rassenmischgebiet 192
Rassenreinheit 158, 211, 215
Rassenreinzucht (s. Reinzucht)

Rassenstandard **210f.**, 215
Räuberei 175, 185
– stille 175
Reichtiefe, Rüssel 213, 214
Reinigungsflüge 169
Reinpaarung 155, 156
Reinzucht 143, 180, 191, 192
Reinzuchtdrohnen 155
Reinzüchter 194, 215
Reizfütterung
– bei der Drohnenaufzucht 151
– des Pflegevolkes 92
Restfuttermengen (s. Futtersaftreste)
Restvolk, nach Schwarmabgang 139
rezessiv 155
Ringbuch 187, 188*
Ringe, Merkmalskörung 197, 198*
Ringtausch (s. Königinnenringtausch)
Ringschnitt beim Königinnenschlupf 116
Röhrchenglossometer 213*
Rotklee(tracht) 184, 212
Rotklee(samen)anbau 212
Rückstandsbildung, Varroatosebehandlung 86
Rückvereinigung 174
Rüssel, Gliederung 212*
Rüssellänge 184, 185, 212ff.
Rüsselmessung, direkte u. indirekte 213f.
RUTTNER, F. 156, 197, 207
RUTTNER, H. 156

Salletalm 155
Same (s. Sperma)
Sammel(brut)ableger 65
Sammelschwarm 161, 164
Sanftmut 185, 188
Sattelstreifen, Körung 197, 198*
Schaumstoff 57, 122, 124, 125
Schaumstoffblock zu Zellentransport 57*, 111
Schlupf der Königin
– kontrollierter 111, 112, 119
– mit Begleitbienen 115ff.
Schlüpfkäfig(e) 53*, 107, 110f., **112ff.***, 133, 141, 144, 168
Schlupfzeit, Königin 112
Schröpfen schwarmlustiger Völker 129

Schutzhäuschen für EWKs **119ff.***, 135, 137, 138, 153
Schwarm 22*
– zur Bildung von Begattungsvölkchen 129
– natürlicher 20ff., 64, 176, 178
– biologisch gesehen 21
– einschlagen 162
– u. Leistungsprüfung 186
– als Pflegevolk 64, 67*, 75
Schwarmanlaß 20
Schwarmfangkasten (s. Feglingskasten)
Schwarmgeschehen 18, 21
Schwarmkönigin 26, 61, 141
Schwarmkontrolle 170
Schwarmlocker 161f.*
Schwarmlust 17, 20, 27, 60, 63, 64, 129, 141, 142, 174, 184, 185, 186, 191, 214
Schwarmstimmung (s. Schwarmlust)
Schwarmtrieb (s. Schwarmlust)
Schwarmträgheit 27, 185, 186
Schwarmursachen 21
Schwarmverhinderung 186, 187
Schwarmvolk 27, 186
Schwarmvorbeugung 65, 84, 187
Schwarmzeit u. Beweiselung 171
Schwarmzellen 18*, 19, 22, 25, 26, 27, 61, 139, 140
– ausschneiden 141
– verschulen 141
Schwarmzellenverwertung 139ff.
Schwarzenau 189*
Schwefelschnitte 194
Schweizer Begattungskästchen 122
Schweizer Zellenstanze 36, 37*
Schweizer Umlarvlöffel 38*
Sebalder Reichswald 152
Seerosen 22
Sexualphase 18
Skalpell 30, 103
SKLENAR 183
Sklenar-Stamm 183
Siebkasten (= Drohnensiebkasten, s. Feglingskasten)
SMITH, M. V. 95, 98, 102, 105
Sonnenwachsschmelzer 41
Sojapoll 146, 151
Spatel (s. Futter(saft)spatel)

Spätbrüter 185
Sperma 150, 181
Spielnäpfchen 18*
Stämme 183
Stammeskreuzung 143
Starter (s. Anpflegevolk)
Stechlust 185
STICKLER, J. 51
Stille Umweiselung 22, 23, 25, 60
Stille Umweiselungskönigin 26
Stille Umweiselungszelle(n) 22, 23*, 25, 26
Stille Räuberei (s. Räuberei)
Stockkarte 188, 189*
STÖHR, CHRISTIAN 113
Streckmetallgitter (s. Fliegengitter)
Strichliste 209
Stufendiagramm (s. Kästchendiagramm)
Styrodur 57
Styropor 57, 121
System, vernetztes 94

Tauchen von Weiselnäpfchen (s. Weiselbecher)
Tesastreifen 204
Tetrachlorkohlenstoff 29
Tiefkühltruhe 106, 193, 195
Tierzuchtgesetz, Bayer. 157
Tracheinflüsse, Honigleistung 186
– Weisel(zellen)pflege **91**, 94, 108
Tränkröhrchen für Okulierkäfig 69*, 115
Transport von angebrüteten Zellen 56, 57*
– von Begattungsvölkchen 123, **134f.***
– von Eiern (s. Eiversand)
– von schlüpfreifen Zellen 110f.*
Transportkiste für Begattungskästchen 134*
Trogbeute 72, 73, 102
Troiseck-Stamm 183

Überlaufen der Pflegebienen 67, 68
Uhrmacherlupe 39, 40*
Umhängen 139
Umlarven
– Doppelt – 46, 47, 108

- Feucht – 45, 46, 74
- Trocken – 45, 46
- Verfahren **38 ff.***, 51*, 52, 63

Umlarvalter (s. Zuchtmaden)
Umlarvlöffel 38*, 39
Umlarvschlauch 38*, 39
Umsteckverfahren 51*
Umweiselung (s. Stille –, Beweiselung)
- Belegstellenvölker 158

Umwelteinflüsse auf die Weiselpflege 91 ff.
Unterkinn, Rüssel 212*, 214
Unterkühlen
- der Königin 149
- der Weiselzellen 110, 112

Vatervolk, -völker (s. Drohnenvolk)
Variationskurve (s. Indexkurve)
Varroabehandlung, -kontrolle 176, 178
Varroamilbe 85, 86
Varroatose **85 f.**, 178
Verdrängungszucht 158
Verflug
- der Bienen 185, 186, 193
- der Drohnen 148, 156
- der Königinnen 135, 160

Verhaltenseigenschaften (s. Eigenschaften)
Verkaufszüchter 171
Verkühlen der Weiselzellen 110
Vermehrung
- geschlechtliche 21, 22, 181
- künstliche 26, 159, 174, 180, 215, 216
- natürliche **13**, 17, 93
- ungeschlechtliche 21, 22

Versandkäfig (s. Königinnenversandkäfig)
Versandkasten (s. Transportkiste)
Verschulen
- von Königinnen 107, 117
- von Weiselzellen 107, 110, **112 ff.***

Verschulkäfig (s. Schlüpfkäfig)
Vitamine, Königinnenfuttersaft 95
Volksstärke
- Pflegevolk 60
- Zucht (= Pflege)ableger 62

Vorderflügel 195, 203*

Vorfahren(körung) 181, 186, 214
Vorkörung 194, 195
Vorselektion 163
Vorschwarm 20, 21, 139

Wabentasche
- aus Absperrgitter (s. Absperrgittertasche)
- aus bienendichtem Gitter (s. Gittertasche)
- als Futtertasche (s. Futterschied)

Wabensitz 185, 188
Wachsbecher, Herstellung **29 f.***, 32 (s. Weiselbecher)
Wachsheber 31
Wachspatrone (s. Zusetzpatrone)
Waldtracht 184
Wanderung, Wanderplätze 186, 190
Wasserstrahlpumpe 104, 105
Weichfaserplatte, bituminierte 122
Weiselbecher 18, 24*, 26, 27
- angebrütete 56, 57*, 69, 74, 75 f.*, 84, 102, 103, 158
- eingewöhnen 43, 44
- Erstversorgung 64
- Fassungsvermögen 100
- Formgebung 33, 100
- Größe **33 f.**, 35
- aus Kunststoff 29, **41 f.**, 43*, 44, 51, 86, 87*, 98*, **99 ff.**
- pressen 33
- tauchen 29, **30***, 32, 99, 100
- aus Wachs **29 ff.***, 33*, 41, 43, 99 f.*
- weiselbeschränkt 60

Weiselkrüge (s. angebrütete Weiselbecher)
Weiselnäpfchen, -wiege (s. Weiselbecher)
Weiselstoff, -substanz (s. Königinnensubstanz)
Weiselunruhe 25, 66, **67**, 132
Weiselzellen 26
- Alter 77, 110
- angebrütete (s. angebr. Weiselbecher)
- angeschnittene 141*
- Beschaffenheit
- – innere 34*
- – äußere 80*, **107 f.***

- Größe (= Länge) 46, 47*, 107
- Kältempfindlichkeit 110, 112
- Oberflächenstruktur 107*
- schlüpfreife 110, 111, 112
- Stoßempfindlichkeit 110
- Unterkühlung 110
- Verschulen 31, 107, 110, **112 ff.***

Weisel(zellen)pflege 60 ff.
- u. Bienensitz 62
- u. Jahreszeit 61, 62, 90, **93**
- u. Reizfütterung 92
- u. Schwarmlust 61
- u. Tracht **91**, 94, 108
- u. Umwelt 91 ff.
- u. Wetter 94
- Verfahren (s. Zuchtverfahren)

Wespen 21
Wiederbeweiselung
- von Begattungsvölkchen 124, 125, **133 f.**
- von Völkern 171

Wiederholungszucht **76 f.**, **78 ff.**, 95 ff., 108 f.
Wildbau 121
Winterfestigkeit 185
Wintertraube 169
Wochenendimker 140, 174
Wohlgemuth(zusetz)käfig 172, 173*
WRISNIG 183

ZANDER, ENOCH 29, 44, 52, 53, 61, 183
Zander-Becher 33*
Zander-EWK 119*, 138, 164
Zander-Schlüpfkäfig 113, 114*, 116, 133
Zander-Siebkasten 130, 131*
Zanderwabe 83, 187
Zander-Zuchtrahmen 45*
Zander-Zusetzkäfig 172, 173*, 175*
Zehenglied, erstes 200*, 201
Zeichenfarben 118
Zeichnen der Königin **118 f.***, 170
Zeichennetz 118*
Zeitplan, Zucht 144
Zellen-Saugling 88, 89*, **140**
Zellenschneiden 36
Zellenstanzen 36, 37*
Zellenstanze (s. Schweizer –)
Zellenstreifen 36, 47, 48*, 49

228

Zellgruppen, -nester 37, **48f.***, 52, 53
Zelluloseazetat 42
Zuchtauslese 21, 180, 181, 182, 186, 213, 215
Zuchtbecher (s. Weiselbecher)
Zuchtbegriffe 217ff.
Zuchtbestimmungen (s. -richtlinien)
Zuchtdrohnen 145*, 150*, 153, 215
– absperren 156
– Bereitstellung von – 149, 153, 157
– gleiche Abstammung 158
Zuchtfolge (s. Wiederholungszucht)
Zuchtkönigin (s. Königin)
Zuchtlatten 30, 31*, 36, 37, 43f., 45*, 48*, 75, 76*, 103*, 104
– Plazierung am Zuchtrahmen 44
Zuchtlinien (s. Linien)
Zuchtmaden
– Alter 46, **52, 55,** 95, 99, 103
– Kälteempfindlichkeit **55,** 56, 57, 86
Zuchtpläne 215
Zuchtrahmen **30,** 31, 32*, 37*, 43, 44, **45*,** 49*, 75, 76*
Zuchtrichtlinien des Deutschen Imkerbundes 128, 153, 154, 210, 211, 215
Zuchtserie
– Größe 74ff.*
– ungleichaltrige 63
– Anzahl bei Wiederholungszuchten 76ff., 78ff.
Zuchtstämme (s. Stämme)
Zuchtstimmung 28, 61, 93
Zuchtstoff
– (andere) Aufbereitungsarten 50ff.*
– Alter
– – Ei 50
– – Made 52ff.
– Eingewöhnung 44, 45*
– Gewinnung 40, 49, 58
Zuchtstoffverbrauch 39, 49, 50
Züchtung 14, 180, 215, 217
Zuchtvolk (im Gegens. zu Pflegevolk) 14, 28, 44, 60, 144, 180, 181, 211, 214, 215
Zuchtverfahren, Zucht
– aus dem Ei 28, 36, **47ff.*,** 50*, 51, 52ff.
– mit auf(= zwei)geteilter Pflege **69ff.,** 75, 76*, 77f., 84, 85, 102*, 144
– im weisellosen Volk 61, 64f., 76, 86, 93, 95, 101, 102
– – weisellos u. brutlos 65
– – entweiselter Schwarm 65
– – Kunstschwarm 65
– – mit neun Tage abgesperrter Königin **65,** 66*, 84, 85
– – neun Tage weisellos **64,** 85
– – Sammelbrutableger 65
– – zwei Stunden weisellos (»eben entweiselt«) **65,** 67*, 84, 85
– im weiselrichtigen Volk
– – sog. Zucht im – **71,** 72*
– – (echte) Zucht im – 26, **71ff.*,** 77, 85, 86, 101, 102f.
Zuchttermine (= Zeitplan) 144
Zuchtzentrale 191
Zuckerteig (s. Futterteig)
Zunge 212*, 214
Zungentaster (s. Lippentaster)
Zusetzen (s. Beweiseln)
Zusetzkäfige 172f. (s. Aufsteckgitter, Lockenwickler, Zander-, Zusetzpatrone)
Zusetzpatrone 132, 133*, 172, 173*
Zusetzverfahren, Zusetzen
– über Brutableger 174
– über Kunstschwarm 174
– im zwei Stunden weisellosen Volk 172
– im neun Tage weisellosen Volk 172
Zweigeteilte Pflege (= aufgeteilte –, s. Zuchtverfahren)
Zwergköniginnen 108*, 109
Zwischenableger 191

229

Karl Weiß

Der Wochenend-Imker

Eine Schule für das Imkern mit Magazinen.
5., durchgesehene Auflage. 256 Seiten. 14 Tafeln.
124 z. T. farbige Abbildungen. Geb. DM 32,–.

Das richtungsweisende Lehr- und Handbuch für Hobby- und Erwerbsimker bringt mit einem 7-Tage-Turnus System in die Bienenzucht. Der Anfänger findet Rezepte, die er ohne viele Umstände in die Praxis umsetzen kann. Neben grundlegenden Informationen enthält dieses Buch 14 Tafeln mit kurzgefaßten Arbeitsanleitungen, die den Einstieg in die jahreszeitlich wechselnden Maßnahmen erleichtern. Dem Magazinbetrieb gehört die Zukunft.

„Spannender und informativer kann man ein Thema kaum anpacken, wie es der Autor, Leiter der Bayerischen Landesanstalt für Bienenzucht in Erlangen, hier getan hat. Der Anfänger erfährt alles, was er wissen muß, um Bienenhaltung mit Erfolg zu betreiben. Dazu enthält das Buch eine Fülle praktischer Tips und Hinweise für den Alltag. Kurzum ein Buch, das man bedenkenlos empfehlen kann." *Landwirtschaftliches Wochenblatt*

„Ein ungewöhnliches Bienenbuch. Es ist für den Anfänger geschrieben, gibt aber aufgrund seiner völlig unkonventionellen Betriebsanleitung in der Völkerführung dem beschlagenen Imker gleichermaßen entscheidende Impulse. Es ist ein Buch der Magazinimkerei mit dem Anliegen, die Arbeit an den Bienen nicht nur zeitlich soweit wie möglich zu straffen, sondern auch leicht überschaubar zu machen." *Feld und Wald*

Ehrenwirth Verlag München

Karl Weiß
Bienen-Pathologie

Krankheiten – Schädlinge – Vergiftungen – gesetzliche Regelungen.
Ein Lern- und Arbeitsbuch.
256 Seiten mit 85 Abbildungen und 17 Tafeln.
Geb. DM 34,–.

Das Bienenvolk lebt auf engstem Raum zusammen. Krankheiten wirken sich hier besonders heftig aus – und gefährden immer das ganze Volk. Man muß die Bienenkrankheiten kennen und erkennen, man muß über ihre Erreger, Mikroorganismen und Parasiten, ebenso wie über Schädlinge und vielerlei Vergiftungserscheinungen Bescheid wissen, um sie bekämpfen zu können. Dieses Buch des Erlanger Bienenwissenschaftlers verschafft dem Praktiker das erforderliche Wissen und hilft ihm, die jeweils wirksamen Mittel zur Vorbeugung und Behandlung zu finden.

„Schon beim Durchblättern des übersichtlichen Buches mit zahlreichen guten Zeichnungen wird klar, daß es sich um ein sehr hilfreiches Buch für die Praxis handelt.
Das Buch ist ein Spiegelbild der umfangreichen Erfahrung des Verfassers und seines großen praxisbezogenen Instituts. Klar und verständlich geschrieben, auf das Wesentliche beschränkt, vermittelt es ein umfangreiches Wissen, aus dem der mit Bienenkrankheiten befaßte Veterinär ebenso wie der Bienensachverständige und der fortschrittliche Imker großen Nutzen ziehen kann. Man darf ihm mit gutem Gewissen eine weite Verbreitung wünschen." *Die Biene, Gießen*

Ehrenwirth Verlag München

Die Fachbücherei des erfolgreichen Bienenzüchters 1986

Ehrenwirth Verlag München

Bruder Adam
Meine Betriebsweise
4., erweiterte Auflage. 100 S. 35 Fotos. DM 20,–.

Friedrich Karl Böttcher
Bienenzucht als Erwerb
Ein Handbuch für den wirtschaftlich arbeitenden Imker. 5. Auflage. 318 Seiten. 132 Abb. DM 48,–.

Bernd Dany
Pollensammeln heute
Anleitung für wirtschaftliches Pollensammeln.
3. Auflage. 128 Seiten. Zahlreiche Abb., DM 24,–.

Eva Englert
Imkern im Blätterstock
96 Seiten, über 25 Fotos. DM 20,–.

Eva Hauck / K. H. Küthe / K. Stute / O. Wahl
Giftschäden an Bienenvölkern
160 Seiten. 33 Abbildungen. DM 26,–.

Edmund Herold / Karl Weiß
Neue Imkerschule
Theoretisches und praktisches Grundwissen.
7. Auflage. 272 S. Viele z. T. farbige Abb. DM 34,–.

Edmund Herold
Heilwerte aus dem Bienenvolk
Honig, Pollen, Gelee royale, Wachs, Kittharz, Bienengift und deren Bedeutung für die Gesundheit des Menschen. 9. Aufl., 228 S. 50 Abb. DM 24,–.

Herold / Pieterek
Das kleine Imker-ABC
Eine Sammlung imkerlicher Begriffe.
192 Seiten. Zahlreiche Abbildungen. DM 22,–.

Ray Hill
Propolis / Kittharz – das natürliche Antibiotikum
64 Seiten. Pbck., DM 9,80.

Werner J. Kloft / Hartwig Kunkel (Hrsg.)
Waldtracht und Waldhonig in der Imkerei
Herkunft, Gewinnung und Eigenschaften des Waldhonigs. 2., ergänzte u. erweiterte Aufl. 328 S. 174 Abb., davon viele vierfarbig. DM 78,–.

Franz Lerner
Blüten, Nektar, Bienenfleiß
Die Geschichte des Honigs.
232 Seiten. Zahlreiche Abbildungen. DM 36,–.

P. E. Norris
Honig – der heilsame Energiespender
64 Seiten. Pbck., ca. DM 9,80.

Ernst Pohl
Die Imkerfibel
Ein grundlegendes Handbuch für den Anfänger.
4. Auflage. 100 Seiten. 52 Abbildungen. DM 20,–.

Heinz Ruppertshofen
Der summende Wald
Waldimkerei und Waldhygiene. 6., verbesserte u. erweiterte Auflage. 212 Seiten. 71 Fotos. 27 Funktionsdarstellungen und Zeichnungen. DM 26,–.

Friedrich Ruttner
Zuchttechnik und Zuchtauslese bei der Biene
Anleitungen zur Aufzucht der Königinnen und zur Kör- und Belegstellenpraxis. 5., erg. u. bearb. Auflage. 148 Seiten. 51 Abb., 1 Farbtafel. DM 24,–.

Georg Schuster
Imkern im Flachzargenmagazin
64 Seiten mit Fotos und Zeichnungen. Pbck., ca. DM 9,80.

Anne und Jacques Six
Im Reich der Bienen · Bildband
25 x 23,5 cm, 96 Seiten, 81 Farbfotos. DM 48,–.

Vinzenz Weber
Das Wachsbuch
Erzeugung und Behandlung des Bienenwachses, Geräte, Verarbeitung, Fertigwachs, das Kittharz. 3., überarbeitete Auflage. 194 Seiten mit 49 Fotos und 17 Zeichnungen. DM 26,–.

Karl Weiß
Der Wochenend-Imker
Eine Schule für das Imkern mit Magazinen.
5. Auflage. 256 Seiten. 14 Tafeln. 124 Abb. DM 32,–.

Karl Weiß
Bienen-Pathologie
Krankheiten – Schädlinge – Vergiftungen – gesetzliche Regelungen. Ein Lern- und Arbeitsbuch.
256 Seiten mit 85 Abb. u. 17 Tafeln. Geb. DM 34,–.

Karl Weiß
Zuchtpraxis des Imkers in Frage und Antwort
Königinnenzucht, Drohnenzucht, Futtersaftgewinnung, Paarung, Körung.
240 S. 155 Abb., davon 40 Fotos in Farbe. Geb. DM 34,–.

Der Imkerfreund
Organ des Landesverbandes Bayerischer Imker. Schriftleitung: Dr. Pieterek. Erscheint jeden Monat. Einzelheft DM 6,50. Im Jahresabonnement DM 35,– + Porto. Bitte kostenloses Probeheft anfordern.

Preisänderungen vorbehalten.

Ehrenwirth Verlag · 8000 München 86